Stewart Lee Allen

In Teufels Küche

Von Liebe, Lust und verbotenen Genüssen

Aus dem Amerikanischen
von Steve Klimchak

Rütten & Loening
Berlin

Die Originalausgabe unter dem Titel
In the Devil's Garden. A Sinful History of Forbidden Food
erschien 2002 bei Ballantine Books, New York.

ISBN 3-352-00696-2

1. Auflage 2003
© Rütten & Loening Berlin GmbH 2003
© 2002 by Stewart Lee Allen
This translation published by arrangement with The Ballantine
Publishing Group, a division of Random House, Inc.
Einbandgestaltung Wolfram Söll, München
Druck und Binden GGP Media, Pößneck
Printed in Germany

www.ruetten-und-loening.de

für Nina J.

»Die Schlange impfte die Frucht mit ihrem Gift, welches die Versuchung der Wollust ist, die erste unter allen Sünden; und sie beugte den Ast zur Erde, und ich pflückte die Frucht, und ich aß.«
>
> Evas Bericht vom letzten Tag im Garten Eden aus:
> *Die Moses-Apokalypse* (1. Jahrhundert n. Chr.)

> »Ich bin schwach vor Verlangen.«
> Marguerite Duras, *Der Liebhaber* (1978)

Inhalt

Einleitung – Über Sünde, Sex und verbotene Früchte 9

1. Kapitel – Wollust 13
2. Kapitel – Völlerei 61
3. Kapitel – Stolz 91
4. Kapitel – Trägheit 129
5. Kapitel – Gier 163
6. Kapitel – Blasphemie 197
7. Kapitel – Zorn 231
Die achte Todsünde 267

Danksagung 275
Anmerkungen 277
Literaturverzeichnis 292

Einleitung – Über Sünde, Sex und verbotene Früchte

Jackson lag auf der Küchenanrichte, und sein Vater wechselte ihm die Windeln, als plötzlich eine mächtige goldene Fontäne zwischen seinen Schenkeln emporstieg. Jackson sperrte die Augen auf. *War ich das? Wahnsinn! Das macht Spaß!* Einen Augenblick lang schien der kleine Geysir in der Luft zu stehen, bis er in sich zusammenstürzte, genau über dem Kopf des Vaters, dem es warm den Rücken hinunterlief. Die umstehenden Verwandten waren aus dem Häuschen. Jacksons Mutter Paula gab ihrem Sohn einen Kuß zur Belohnung. Selbst Troy, der besudelte Vater, tätschelte dem Kind zärtlich die Hand. Erwähnenswert ist dies, weil Jackson im nächsten Moment, während er noch triumphierend mit den Armen wedelte, eine dicke grüne Weintraube über die blauen Kacheln der Anrichte auf sich zurollen sah. Und schwups, steckte er sie sich in den Mund. Paula fiel die Kinnlade herunter. »Nein, Jackson!« schimpfte sie. »*Das ist pfui, das darfst du nicht essen!*« Sie pflückte das Früchtchen aus Jacksons Mund, und prompt fing das Kind an zu schreien.

Mein Neffe hat an diesem Tag eine einfache Lektion gelernt: Pinkel ruhig deinen Vater an, bespucke deine Mutter, aber *das* darfst du nicht essen! Und genau darum geht es in diesem Buch; um verbotene Lebensmittel und ihre Geschichte, von der Schokolade über die Foie Gras bis zu Pommes Frites, vom Garten Eden bis heute. Jacksons kleines Abenteuer macht deutlich, wie tief manche kulinarische

Vorschrift in uns verwurzelt ist. Nicht umsonst heißt es, »man ist, was man ißt«. So rankt sich um jedes tabuisierte Lebensmittel oder Gericht eine spannende Geschichte. Schon in der Bibel wird die Geschichte von der verbotenen Frucht benutzt, um einen Grundzug des Menschen zu beschreiben. Seither sind kulinarische Ge- und Verbote so häufig für religiöse und politische Zwecke mißbraucht worden, daß Lust und Frust des Essens heute entscheidend davon geprägt sind. Glaubt man der Werbung, so schmecken sowieso nur diejenigen Speisen delikat, die bei uns den Nervenkitzel des »Sündhaften« auslösen.

Viele der gebräuchlichsten Lebensmittel standen irgendwann in der Geschichte schon einmal auf dem Index. Der Bann, mit dem sie belegt wurden, beruhte dabei meist auf der Zuschreibung einer mehr oder weniger schlimmen Sünde, weshalb ich das Buch nach den sieben Todsünden unterteilt habe: Wollust, Völlerei, Stolz, Trägheit, Gier, Blasphemie und Zorn. In jedem dieser Kapitel geht es um Genüsse, die ihrer Lasterhaftigkeit wegen verboten wurden oder in bestimmten Gesellschaften Widerwillen erregten. Den Anfang macht die Wollust, in Gedenken an Evas erste Verführung mit den bekannten Folgen. Überhaupt ergeben Essen und Sex eine brisante Mischung. Ein Viertel aller Menschen, die den Geschmackssinn verlieren, leiden auch unter fehlender Libido, und Sigmund Freud glaubte, unsere sexuellen Lustgefühle würden mit dem Saugen an der Mutterbrust geweckt. Die Nachfrage nach Aphrodisiaka hatte die Ausrottung ganzer Tierarten zur Folge oder den Sturz von Königen, wie das Beispiel der Schokolade zeigt, ohne die die Französische Revolution wohl undenkbar gewesen wäre.

Sünde für Sünde erfährt der Leser viel Wissenswertes über den Einfluß früher Gottesbilder auf bestimmte Eßriten in Afrika und Europa genauso wie über die Tricks moderner Fast-Food-Ketten, die uralte Jagdinstinkte in uns wecken, um ihre Produkte an den Mann zu bringen. *Wen* wir zum Essen nach Hause einladen, ist mindestens ebenso wichtig und aufschlußreich wie das servierte Essen selbst. Deshalb handelt dieses Buch auch von Sinn und Unsinn der Etikette und davon, welche Auswirkungen diese Regeln hatten, angefangen mit der Kreuzigung Christi. Berühmte Fehden zwischen berühmten Köchen, welche halb Europa entzweiten, fehlen ebensowenig wie deren Rezepte. Schließlich muß man Joel Robuchons Püree einfach probiert haben, um das Gefühl von Lähmung *und* Ekstase nachzuempfinden, das die Kartoffel im England des 18. Jahrhunderts in Verruf brachte. Ein Menüvorschlag aus den Tagen des alten Rom gibt dagegen einen Eindruck von der Genußsucht und Dekadenz, die Cäsars Weltreich einst zu ersticken drohte.

Manches kulinarische Tabu erschien unseren Vorfahren so heilig, daß sie wohl lieber verhungert wären, als es zu brechen. Noch heute unterwirft sich knapp die Hälfte der Weltbevölkerung Tag für Tag einer Beschränkung des Speiseplans, seien es nun die Hindus mit ihren heiligen Kühen, die Juden mit ihrer koscheren Küche oder der westlich geprägte Vegetarier in seinem Gesundheitswahn. Für viele Menschen sind solche Regeln ein wichtiger Bestandteil ihres Selbstbildes, ihrer Beziehung zu Gott wie zu ihren Mitmenschen. Die Regeln sind es, die einer Gesellschaft ihr Profil geben. Selbst bei uns im Westen, wo explizite Verbote selten geworden sind, spielen Eßtabus unterschwellig noch immer eine große Rolle. So meinen einige Wissenschaftler, daß die psychischen Ursachen von Krankheiten wie Anorexie, die jährlich Tausende von Opfern fordert, in komplexen sozialen Deformationen infolge alter Tabus zu suchen sind.

Was mich beim Schreiben dieses Buches am meisten verblüfft hat, war die Selbstverständlichkeit, mit der Menschen über ihre Nächsten richten, sie verurteilen, bekämpfen oder umbringen, nur weil diese etwas anderes auf dem Teller haben als sie selbst. Die Geschichte der verbotenen Speisen wirft nicht nur ein anderes Licht auf das Weltgeschehen, sie verrät auch so manches über das Wesen der menschlichen Lust und macht mitunter aus einem ganz normalen Mittagessen eine Meditation über unser Verhältnis zu Genuß und Abscheu, zum Heiligen und zum Profanen.

Doch zurück zu jenem ersten Apfel ...

1. Kapitel – Wollust

»Die Frau sah den Baum an: er war prächtig, seine Früchte sahen verlockend aus, und man sollte auch noch klug davon werden! Sie pflückte eine Frucht, biß davon ab und gab sie ihrem Mann, und auch er aß davon. Da gingen den beiden die Augen auf, und es wurde ihnen bewußt, daß sie nackt waren.«
Genesis, 3:6–7

Menü der Wollust

APÉRITIF
Blaue Schokolade
(Rezept Seite 50)

SALAT
Salade de Jardin
Spätlese-Äpfel aus dem Garten Eden, mit Feigenblättern garniert

ENTREE
Fruits des Hommes
Marinierte Seegurke an Crème fraîche

PLAT PRINCIPAL
Pâté »Mon Petit Chou«
Hausgemachte Lingamini an Liebesapfel-Basilikum-Sauce

DESSERT
Chocolat du Barry
Süßspeise à la Louis XV. mit frischer Schlagsahne
Linkshändig zu genießen

Ein Glas »Drei-Penis-Wein« wird in der Bibliothek serviert

Der erste Bissen

Es war noch dunkel, als wir das Kloster verließen. Die Dämmerung brach durch die tiefblaue Nacht, begleitet von einem eisigen Regen. Weit unter uns schlug die Meeresbrandung gegen die Klippen, während sich unser Pfad linker Hand den einsamen Berg Athos hinaufschlängelte.

»Tolle Weihnachten«, brummte ich, als George und ich endlich in einer Höhle Unterschlupf fanden. Ich gab ihm einen durchweichten Keks. »Heute ist doch der Fünfundzwanzigste, oder?«

»Schon«, antwortete George, ein Grieche, den ich in einer Berghütte kennengelernt hatte, die von einem ausnehmend griesgrämigen Mönch geleitet wurde. »Aber wünsch bloß keinem hier oben frohe Weihnachten! Die Mönche am Berg Athos glauben, die Geburt Christi habe in Wahrheit im Januar stattgefunden. Sie werden nicht gern dran erinnert, daß der Rest der Welt am falschen Tag feiert.«

Der Athos ist ein über zweitausend Meter hoher Berg auf einer Landzunge im Nordosten Griechenlands. Auf drei Seiten von der Ägäis umschlossen und auf der vierten von einem dichten Wald ohne Straßen, war die Gegend von jeher fest in der Hand der griechisch-orthodoxen Kirche, die sie seit dem 11. Jahrhundert erfolgreich vor fremden oder gar modernen Einflüssen abschirmte. Militärposten kontrollieren jeden Besucher. Ausländer haben hier nur unter strengen Auflagen Zutritt, Frauen gleich gar nicht. Seit tausend Jahren hat kein weibliches Wesen, ob

Mensch oder Tier, den Berg erklommen. Bewohnt wird er einzig von ein paar hundert Mönchen, die in ihren Kutten durch die in den Fels gehauenen Klostergebäude streifen, genau wie ihre Brüder vor zwölfhundert Jahren. Es gibt hier weder elektrischen Strom noch asphaltierte Wege oder Autos. Alles Eßbare, das nicht explizit in der heiligen Schrift genannt wird, ist für die Mönche tabu. Selbst die Zeitrechnung ist am Berg Athos eine andere, da die Bruderschaft bis heute am Julianischen Kalender festhält. Dieser datiert die Geburt Christi auf Mitte Januar statt auf den 25. Dezember. Neben der Bewirtschaftung der kargen Böden, die mühsam von Hand geschieht, sind die Mönche hauptsächlich mit Singen, Beten und dem Kopieren alter Handschriften beschäftigt.

Ein fast perfekt konserviertes Stück europäisches Mittelalter, genau der richtige Ort, um herauszufinden, wie der Apfel in den Garten Eden kam. Im Alten Testament wird die genaue Natur der Frucht vom Baum des verbotenen Wissens mit keinem Wort erwähnt. Was gerade dem Apfel diese zweifelhafte Ehre verschaffte, ist bis heute ein Geheimnis. George und ich waren unterwegs zu einem Mönch, der in einem Kloster hoch oben im Bergmassiv lebte und uns angeblich mehr dazu sagen konnte.

Nach dem Frühstück hatten wir uns an den Aufstieg gemacht, von den Steilfelsen immer weiter hinauf Richtung Gipfel. Der Regen wurde zu Schnee, und wenig später stapften wir durch eine Landschaft, die in silbrig schimmernden Hermelin gehüllt schien. Dazwischen funkelten rötlich die Früchte an den vereisten Stechpalmen. Es war, als wanderten wir durch eine Märchenlandschaft, so klirrend und klar wie im Bilderbuch. Noch im Laufe des Morgens wuchs die Flockenpracht zu einem Schneesturm an. Erst verschwand der Pfad, dann die Bäume, am Ende der ganze Berg. Ich sah nur noch wildes Schneegestöber, das sich immer mehr in ein surreales Nichts auflöste, je dicker die Eisschicht auf meiner Brille wurde. Wir versanken bei jedem Schritt bis zu den Knien im Schnee, als ich plötzlich mit dem Kopf gegen irgend etwas stieß. Es war George, der sich stöhnend beide Hände vors Gesicht hielt. Es dauerte eine Weile, bis ich verstand, daß ihm die Wimpern festgefroren waren.

Ich taute sie auf, indem ich meine Hände auf seine Augäpfel legte. Langsam dämmerte uns, daß der Berg heute wohl keine Besucher empfangen wollte. Also machten wir kehrt und wollten auf demselben Weg zurück, den wir gekommen waren. Doch wir waren hoffnungslos verloren. Nur durch Zufall entdeckten wir nach langem Umherirren eine windschiefe Hütte. Ein paar Minuten später wärmten wir uns an einem kleinen Kanonenofen auf, während uns zwei alte Mönche mit Bärten bis zur Gürtelschnalle amüsiert musterten. Die beiden waren Einsiedler, sogenannte »Gotteskinder«, die dem Komfort des Klosterlebens entsagt hatten und ein Leben in der Wildnis vorzogen. Sie hatten sich offenbar zusammengetan, als sie zu alt wurden, um für sich allein zu sorgen. Sie kamen mir vor wie ein altes Ehepaar. Der eine, stillere von beiden bereitete uns eine Mahlzeit aus rohen Zwiebeln und Brot, dazu Selbstgebrannter, während George erklärte, was uns hergeführt hatte. Da holte der andere Mönch auf einmal ein kleines rotes Äpfelchen hervor.

Alles in der Natur, sagte er auf griechisch (George übersetzte), sei Ausdruck des göttlichen Willens: die Form der Wolken, das Rauschen des Windes, der Geschmack des Obstes. Der Mönch stach sein Messer in den Apfel. Er deutete auf die mattgrünen Safttropfen, die sich an der Klinge sammelten. »Na los«, sagte er, »probiert schon.«

George und ich tippten eine Fingerspitze in den Fruchtsaft und leckten daran. Man schmeckte die prickelnde Honigsüße, gefolgt von einer Säure, die einem den Mund zusammenzog. Die Süße, übersetzte George, sei die Versuchung, die uns von Gottes Wort ablenken soll. Aus diesem Grund werde jede Mahlzeit am Berg Athos von einer Bibellesung begleitet, damit die Mönche ihr Essen bloß nicht zu sehr genössen. Leckereien wie Schokolade seien sowieso verboten. Die anfängliche Süße des Apfels symbolisiere also seine Verführungskraft. Der saure Nachgeschmack dagegen offenbare seine teuflische Seite, denn mit Saurem assoziieren wir Gift, und Gift galt den mittelalterlichen Gelehrten als Teufelswerk. Mancher, so der Mönch weiter, sehe in dem süß-sauren Geschmack des Apfels in der Tat einen Hinweis auf die Versuchung Evas; die anfängliche Süße stehe für die »honigsüße Zunge« der Schlange, der saure Nachgeschmack für die Vertreibung aus dem Paradies.

Der Mönch schnitt zwei dünne Scheiben von dem Apfel und bot sie uns an. »Seht ihr die Schale? Rot wie die Lippen einer Frau«, sprach er. »Und das Fruchtfleisch, wie Zähne und Haut so weiß.« Er forderte uns auf zu essen. Der Apfel schmeckte knackig frisch. Selbst das wurde als Zeichen der Sünde gedeutet, denn die meisten Früchte werden im reifen Zustand weich. Nur der Apfel bleibt fest, was Alchimisten wie Vincent de Beauvais für »widernatürlich« hielten und somit für ein »Zeichen des Teuflischen und der amoralischen, grausamen und irrigen Natur« des Apfels. Unser Freund halbierte sodann die Frucht und zeigte uns das Gehäuse. »Seht ihr«, sagte er, »im Innern des Apfels steckt das Zeichen Evas.« Kein Zweifel, der Kern des Apfels erinnerte aus dieser Perspektive der Form nach an das weibliche Geschlecht. Das alles fand ich nicht sehr überzeugend, doch der Mönch war noch nicht fertig. Er holte einen zweiten Apfel aus der Tasche und halbierte auch diesen, jedoch horizontal. »Seht ihr die Sternform? Wenn man den Apfel so aufschneidet, dann bilden die Samen, die eben noch eine Vagina darstellten, nun einen fünfzackigen Stern. Ein Pentagramm, das Symbol Satans.« Das Muster war nicht viel größer als eine Cent-Münze, aber klar erkennbar. Noch furchteinflößender, jedenfalls für den religiösen Eiferer, mußten die rasch auftretenden braunen Stellen rundherum wirken. Sie waren zwar nur das Ergebnis der raschen Oxidation an der Luft, doch es sah tatsächlich so aus, als hätte Luzifer sein Zeichen in den Apfelkern regelrecht eingebrannt.

»Der Obstbaum birgt göttliche Geheimnisse«, schrieb einst die Mystikerin Hildegard von Bingen, »welche nur die Auserwählten kennen.« In diesen Worten spiegelt sich der Geist der mittelalterlichen Scholastik, die sich auf den Platonschen Gedanken stützt, alle irdischen Dinge seien nur Schatten ihrer wahren Begriffe aus dem Reich der Ideen. Platon hatte, als er diese Theorie entwarf, abstrakt gesprochen, doch die frühen Christen hatten das Reich der Ideen kurzerhand zum Himmelreich umgedeutet und folglich angenommen, alles Irdische sei Symbol des göttlichen Willens. Die Aufgabe des Priesters glich damit der eines Psychiaters Jungscher Prägung: Er interpretierte Gottes »versteckte« Botschaften und erklärte sie dem einfachen Volk. Die verführerische Farbe des Apfels, sein ambivalenter Geschmack, die verdächtige Anordnung seiner Samen und vor allem das im Innern verborgene Pentagramm, all das war Beweis genug, daß der Baum des verbotenen Wissens tatsächlich ein Apfelbaum gewesen sein mußte.

Als unser Eremit geendet hatte, fügte er lachend hinzu,

die Bibel erwähne die böse Frucht mit keinem Wort. Erst die römisch-katholische Kirche habe den Apfel dazu auserkoren. Nach griechisch-orthodoxem Glauben sei die verbotene Frucht lediglich ein Symbol für Hochmut und Fleischeslust. Mit weit ausholender Geste schloß er: »Es sind bloß Äpfel, Freunde, die wir mit Gottes Segen jetzt vierteln wollen. Ein Stück für jeden von uns.« Mit breitem Lächeln teilte er den Apfel auf.

»Los doch, eßt!«

In süßen Duft gehüllt

Noch lange nach jenem Weihnachten am Berg Athos beschäftigte mich eine Bemerkung des Eremiten, der die Verdammung des Apfels als »Lüge des Papstes« bezeichnet hatte. Ich wußte natürlich, daß sich griechisch-orthodoxe und römisch-katholische Christen seit Jahrhunderten nicht grün waren; die Worte des Mönches mochten also einfach Ausdruck der alten Rivalität sein. Doch ein Blick auf die Landkarte Europas zu vorchristlicher Zeit läßt noch eine zweite Erklärung zu. Die damalige Welt zerfiel, grob gesagt, in zwei kulturell ganz verschiedene Teile. Rund um das Mittelmeer im Süden lebte ein mediterranes Völkchen von dunklem Teint, das dem Wein zugetan war. Der Traubensaft war das bevorzugte Rauschmittel, eine Art Zaubertrank, der seit der Zeit des Dionysos-Kultes reichlich genossen wurde. Im Norden dagegen herrschten wilde Stämme, Germanen und Kelten vor allem, die aufgrund der klimatischen Verhältnisse in ihrer Heimat dem Apfel statt der Traube frönten. Anstelle von Wein, so weiß man, schenkten sie bei religiösen Zeremonien eine Art alkoholischen Apfelmost aus. Ihr gelobtes Land hieß Avalon, die »Insel der Äpfel«, wo der Most in Strömen floß.

Die dionysischen Südländer brachten ihre heidnischen Kulte im Laufe der Zeit in die römisch-katholische Kirche ein, während die Rituale der nordischen Druiden eine andere Variante des Christentums prägten. Selbstverständlich waren sich beide Kirchen spinnefeind. Mönche aus dem Norden hätten niemals zusammen mit römisch-katholischen Priestern an einer Tafel gespeist oder gebetet, und die Utensilien, die die jeweils anderen bei Tisch benutzten, betrachtete man als Teufelswerk. Der Vatikan seinerseits erklärte die keltischen Rituale für blasphemisch und drohte den Missionaren, die in Nordwesteuropa ihre Bastion hatten, mit Verfolgung. Im 4. Jahrhundert hatte sich der Konflikt derart zugespitzt, daß er das christliche Europa zu spalten drohte. Und eines schönen Tages baumelten auf einmal Äpfel am verbotenen Baum der Erkenntnis.

Ein Apfel fiel von den vielen am Baum der Sünde,
in süßen Duft gehüllt und mit holdem Seufzer
betörte er Evas begierige Sinne.

Diese Schilderung von Evas Erbsünde verfaßte der römische Dichter Avitus um das Jahr 470 nach Christus auf dem Höhepunkt des christlichen Nord-Süd-Konfliktes.[1] Man mag es für Zufall halten, daß ausgerechnet das heilige Obst der Kelten zum Symbol des verbotenen Wissens wurde, doch macht so manches daran stutzig. Erstens finden sich in einigen biblischen Schriften versteckte Hinweise, daß es sich bei der sündigen Frucht um eine Feige handelte. Zweitens ist das Wort, mit dem Avitus sie bezeichnet, eine römische Neuschöpfung: *pomum* für Apfel, geht auf *Pomona* zurück, den heidnischen Gott der Ernte. Genausogut hätte man bei der altgriechischen Bezeichnung *malum* bleiben können, was sowohl »böse« als auch »Frucht« bedeutet. Geradezu ideal. Warum also einen neuen Ausdruck erfinden? Wirklich sicher werden wir es nie wissen, doch die offenbare Anspielung auf die heidnische Gottheit mußte die Anhänger des noch jungen Glaubens unweigerlich daran erinnern, daß die alte Irrlehre gotteslästerlich sei, verbotenes Wissen eben.

Es war keine Seltenheit, daß die frühen Christen heidnische Gottheiten für eigene Zwecke vereinnahmten. In diesem Fall allerdings handelte es sich nicht um die sonst übliche Aneignung, schließlich wurden der ursprüngliche Mythos vom Apfel und die mit ihm verbundenen Gefühle ins glatte Gegenteil verkehrt. Für die Kelten trug der Apfel die Essenz göttlicher Weisheit in sich, die denjenigen, der ihn aß, in einen paradiesischen Zustand versetzte. Nach christlicher, genauer gesagt römisch-katholischer Deutung führte die durch den Apfel inspirierte Weisheit geradewegs ins Verderben. Das war keine Vereinnahmung, sondern ein Frontalangriff, und zwar ein so erfolgreicher, daß dieselbe Masche ein Jahrtausend später in der Neuen Welt wieder zum Einsatz kam. Die Azteken Mexikos glaubten, daß die Menschen einst in einem Garten Eden gelebt und sich von Blüten ernährt hatten. Einer Blume namens Xochitlicacan wurde nach altem Aztekenglauben die positive Kraft des Göttlichen zugeschrieben, kaum anders als dem Apfel in der keltischen Mythologie. Um den Glauben der Azteken zu unterhöhlen, verbreiteten die spanischen Missionare des 16. Jahrhunderts jedoch eine andere Version der Vertreibung aus dem Paradies, mit eben jener Blume in der Rolle des Apfels. Zeitgenössischen Berichten zufolge war es nicht zuletzt die Vernichtung ihrer heiligen Blumen und Pflanzen, aus denen sie ihre rituellen Tränke bereiteten, die der Kultur der Azteken den Todesstoß versetzte.[2]

Die Christen des frühen Mittelalters nahmen ihre religiösen Symbole viel zu ernst, als daß sie sich der Konsequenzen solcher Umdeutungen nicht bewußt gewesen wären. Das galt besonders für jemanden wie Avitus. Sein »Sündenfall des Menschen« ist eine der ersten literarischen Adaptionen eines Bibelstoffes, deren Erfolg beim Publikum dem Autor den Beinamen »christlicher Vergil« einbrachte. Da Avitus einige Zeit im keltischen Norden gelebt hat, war ihm sicher bewußt, mit welcher Frucht das Wort *pomum* assoziiert werden würde. Die römischen Christen mußte der gute Ruf des Apfels im populären Volksglauben derart beunruhigt haben, daß sie ziemlich bizarre Märchen über die dunkle Seite des Apfels erfanden. In einer solchen Geschichte, wahrscheinlich aus dem 8. Jahrhundert, wird Christus an einem Apfelbaum gekreuzigt. Ein »wilder Apfel«, stellvertretend für die Irrlehre der Kelten, wird dort ebenso an den Baum genagelt, der Saft dringt in den Körper des Messias ein und dörrt diesen allmählich aus.[3] (Derartige Propaganda ist historisch betrachtet übrigens keine Seltenheit. Auch islamische Gelehrte bedienten sich ihrer rund fünfhundert Jahre später, als sie die Weintraube der Christen zur Frucht des verbotenen Wissens erklärten.)

Die Verunglimpfung des Apfels tat dem Verzehr des Obstes keinen Abbruch, doch war sie ein nützliches Werkzeug, um den frischbekehrten Glaubensbrüdern die Gefahren heidnischen Denkens vor Augen zu führen. Jeder gottesfürchtige Bauer wurde beim Biß in einen Apfel daran erinnert, daß er seine irdische Mühsal diesem von den Großeltern noch heißgeliebten Obst verdankte. Der Geschmack mochte ihn lehren, wie verführerisch der Irrglaube der ketzerischen Sekten erscheinen konnte. Zeitgleich veränderten sich auch die volkstümlichen Ansichten über den Apfel. War er bei den Kelten noch von der leuchtenden Weisheit des Sonnengottes durchdrungen, der dem keltischen *abal* für »Apfel« wohl den Namen gab, so galt er den christlichen Gelehrten später als »Venusfrucht« und damit als Symbol der Fleischeslust. Fortan war das Obst als sündiger Liebesapfel verpönt, dem sogar die Übertragung von Geschlechtskrankheiten nachgesagt wurde.

Die weitreichendste Umdeutung erfuhr der Apfel in der Sage von König Artus und Merlin, jenem Mythenzyklus, der in vielerlei Hinsicht das Neue Testament der keltischen Christenheit darstellt. In der Urfassung sind Merlins übernatürliche Kräfte eng an *abal* gebunden. Bei seinen Prophetien stand er bevorzugt unter einem Apfelbaum voll reifer Früchte, und in der berühmten Ode »Vom Apfelbaum« besingt er dessen besondere Rolle während der Renaissance des Druidenglaubens nach der Unterwerfung durch die Römer. »Der große Apfelbaum, voll prächtiger Früchte«, heißt es in einer Version des Gedichts, »steht wild und einsam im Wald von Cleyddon! Alle suchen ihn, vergebens, bis Cadwaladr den Sachsen trotzt. Oh, siegreiche Briten, angeführt vom tapferen Artus, ihr werdet es zufrieden sein. Der Glücksbote kündet endlich vom Frieden, an diesem glorreichen Freudentag.« Mit dem Apfelgarten, der in Merlins Gedicht erwähnt wird, ist Avalon gemeint, die mythische Insel der Äpfel, auf der sich König Artus der Sage nach zur Ruhe setzte, bis er seinem Volk in höchster Not zu Hilfe eilte. Das Gedicht geht bis in das 5. Jahrhundert zurück. Etwa zur selben Zeit führte der echte König Artus eine Rebellion gegen die Römer an, und Avitus verfaßte seinen Mythos von Eden. Als die offizielle christliche Version der Artussage gut siebenhundert Jahre später zu Papier gebracht wird, hat sich die Bedeutung des Apfels radikal gewandelt. In dieser Version aus der Feder des tiefgläubigen Geoffrey von Monmouth heißt es über den Zauberer Merlin, er sei »dem Wahnsinn verfallen (...) mit Schaum vor dem Mund«, verursacht (wie könnte es anders sein) durch den übermäßigen Verzehr von Äpfeln. Der Papst hatte inzwischen auch den Ausschank von Apfelmost bei religiösen Zeremonien verboten.

Die ganze Geschichte nahm für den Apfel zum Glück ein glimpfliches Ende. Auch verehrten die keltischen Druiden noch eine Vielzahl anderer Bäume; so waren etwa Eichen- und Eschenhaine ihre bevorzugten Orte der Meditation. Ein solcher heiliger Wald markiert auch den Anfang jener Tradition, die uns alljährlich zu Weihnachten eine Tanne ins Wohnzimmer stellen läßt, um uns an ihrem Duft zu erfreuen und sie mit Kugeln zu dekorieren. Sie baumeln von den Zweigen wie einst der kostbare *abal*, stilisiert zwar und kommerzialisiert, aber noch genauso rot oder grün wie ein echter Boskop oder Granny Smith. Eine späte Hommage an die uralte Geschichte vom Paradies.

Der heilige Apfelsaft

Vom heiligen Apfelmost der Kelten ist kaum mehr bekannt, als daß er wohl so ähnlich geschmeckt haben muß wie ein Trank namens *Lamb's Wool*. Der Name ist vom keltischen *lama nbhal* oder *la mas ubhal* abgeleitet, wie das große Apfelerntefest einst hieß. Seine merkwürdig körnige Konsistenz erhält das Getränk von Zutaten wie zerstampften Bratäpfeln, Brot und manchmal sogar Eiern. Vielleicht ahmt man so noch heute das dickflüssige Urgetränk nach, das eher einem alkoholhaltigen Porridge ähnelte, vergleichbar den Fruchtbieren, die in Teilen Afrikas gebraut werden. Sie sind Mahlzeit und Getränk zugleich und werden wie *Lamb's Wool* traditionell in einer Schüssel serviert.

Seine religiöse Bedeutung erhielt das Getränk durch den

begleitenden Ritus des »wassailing«, der immer noch hier und da auf den britischen Inseln gepflegt wird. Dabei wird der älteste Apfelbaum weit und breit mit dem Getränk begossen, eine Schrotsalve abgefeuert und gerufen: »Dir zu Ehren, alter Apfelbaum/ auf daß du blühest und gedeihest/ und viele Früchte trägst/ die unsere Körbe und Säcke füllen!/ Hurray!«

> 6 Äpfel
> 1 l kräftiger Cidre (oder Cidre mit Ale gemischt)
> 5 bis 10 EL Honig oder brauner Zucker (je nach Belieben)
> 1/2 TL Zimt
> 1/2 TL Nelkenpfeffer (gemahlen)
> 1 gute Prise Muskatnuß (gemahlen)

Die Äpfel entkernen und im Ofen bei 200° circa 45 Minuten backen, bis sie weich sind und aufzuplatzen beginnen. Den Cidre (mit oder ohne Ale) in eine große Schüssel geben, Honig oder Zucker nach und nach darin auflösen, bis zur gewünschten Süße. Gewürze hinzugeben. Gut 10 Minuten köcheln lassen. Die Backäpfel etwas zerdrücken, je einen in einen Krug geben und den heißen Cidre darübergießen. Mit Zimt abschmecken. Reicht für 6 Personen.

Der Liebesapfel

Daß ausgerechnet der unscheinbare Apfel zur Frucht des verbotenen Wissens erklärt wurde, ist einer der größten Propagandacoups in der Geschichte des Christentums. Anfangs hing man der Vorstellung an, eine derart sündige Frucht müsse von so sinnlicher Pracht sein, daß sie nur in den tropischen Breiten eines sehr fernen Landes gedeihen könne, wo Nacktheit und freie Liebe ebenso alltäglich sind wie Moskitos, kurz: im Garten Eden. Und den fand jeder halbwegs gebildete Mensch der frühen Neuzeit auf der Weltkarte eingezeichnet, gleich vor der indischen Küste. Christoph Kolumbus war sich der geographischen Lage des Gartens Eden so sicher, daß er auf seine berühmte Entdeckungsreise zwei Männer mitnahm, die Hebräisch und Chaldäisch beherrschten, jene Sprachen, die, so glaubte man, im Paradies gesprochen wurden. Bei seiner Ankunft in Südamerika erklärte Kolumbus die Mündung des Orinoko im heutigen Venezuela für die Einfahrt nach Eden. Allerdings scheute er die Reise stromaufwärts aus Angst, die Cherubinen, jene geflügelten Wesen, die den Garten bewachten, könnte seine Schiffe angreifen.

Als dann Kolumbus ein überaus sinnliches Gemüse aus der Neuen Welt mitbrachte, konnten seine Zeitgenossen daraus nur den einen Schluß ziehen. Die Frucht, die wir heute Tomate nennen, war im damaligen Europa zunächst als *pomo amoris* bekannt, als Liebesapfel.[4] Die Ungarn gingen noch weiter und tauften sie *Paradiesapfel*. Die Tomate erfüllte alle Kriterien einer verbotenen Frucht: glutrote Farbe, saftiges Fruchtfleisch, ein intensiver, prickelnder Geschmack. Das mußte ein Aphrodisiakum sein. Was die Menschen besonders verstörte, war die Ähnlichkeit der Tomate mit einem anderen Gewächs, das »Satansapfel« oder auch »Liebesapfel« genannt wurde: die Alraunfrucht. Sie galt als Gewächs des Bösen und biblisches Verführungsmittel, das schon Lea eingesetzt hatte, um Jakob zu betören. »Du mußt heute bei mir schlafen«, sprach sie, »ich habe dafür mit den Liebesäpfeln meines Sohnes bezahlt.«

Pflanzenkundlern war seit dem Mittelalter die betäubende Wirkung der Alraune bekannt. Doch das war nicht das eigentliche Problem. Ihr teuflisches Image verdankte sie vielmehr der Tatsache, daß ihre Wurzelform an eine verwachsene Menschengestalt im Miniformat erinnert (oder auch an einen Penis, je nach Betrachter). Damals hielt man die Wurzel für ein lebendiges Wesen, einen Dämon, der seinem Besitzer ein geheimes Wissen einflößte. So brachte der angebliche Besitz einer Alraunwurzel einst Jeanne d'Arc auf den Scheiterhaufen. Nach verbreiteter Ansicht gedieh die Pflanze am besten unter Galgenbäumen, gedüngt von Blut und Ausscheidungen der Hingerichteten. Rückte man einer Alraune mit der Axt zu Leibe, so würde sie markerschütternde Schreie ausstoßen, welche die Anwesenden um den Verstand brachten. Die einzige Möglichkeit, an die Wurzel zu gelangen, bestünde darin, einen schwarzen Hund an den Stamm zu binden, sich die Ohren mit Wachs zu verschließen und das Tier so lange mit frischem Eselsfleisch zu locken, bis es das kreischende Gewächs aus dem Boden riß. Für den Hund war das bestimmt kein Vergnügen.

Sowohl Tomate als auch Alraune gehören zur Familie der Nachtschattengewächse. Beide tragen grell leuchtende Früchte, die eine rot, die andere gelb. Zwar gelang es, beide Pflanzen zu kreuzen, dennoch sind sie deutlich voneinander verschieden. Um so überraschender, daß das gemeine Volk sie jahrhundertelang für ein und dasselbe Gewächs hielt, eben den Liebesapfel. Den Gerüchten, die über die Pflanzen aus dem Garten Eden in Umlauf waren, entsprang so mancher Aberglaube. Einige Kirchenmänner meinten, die Alraune sei Gottes erster Versuch gewesen, einen Menschen zu erschaffen (daher die eigenartige Wurzelform). Folglich mußte sie natürlich aus dem fernen Eden stammen, das gleichzeitig als Heimat der Tomate galt. Dazu paßt die These, der italienische Name der Tomate, *pomodoro* (wörtlich »goldener Apfel«), spiele auf die goldenen Äpfel aus dem antiken Garten der Hesperiden an. Offenbar hielten die frühchristlichen Gelehrten den umwallten, von einem zehnköpfigen Drachen bewachten Garten tatsächlich für das Paradies und seine sagenumwobenen Früchte für die Verlockung Evas. Kurzerhand wurde die Tomate zur zweiten verbotenen Frucht des Gartens Eden erklärt.[5] Als die Tomate Anfang des 18. Jahrhunderts von einem gewissen Dr. Siccaary nach Nordamerika eingeführt wurde, pries der zwielichtige Importeur das Gemüse als Quell des ewigen Lebens und versprach vollmundig, »wer nur genug davon ißt, erlangt Unsterblichkeit«.

Die gottesfürchtigen Christen Europas hatten die Tomate lange verschmäht, bis sie Anfang des 18. Jahrhunderts doch Verbreitung fand, vor allem in Italien, wo man sie als dekoratives Püree zum Garnieren von Speisen verwendete.[6] Der Rest der Welt blieb eher skeptisch. Es hieß, vom Verzehr der Tomate würden einem die Zähne ausfallen und ihr Geruch mache wahnsinnig. Manchem erschien sie schlicht zu häßlich für den Verzehr. Bis ins 20. Jahrhundert hinein galten Tomate und Alraune auch in Literatenkreisen als »böse Frucht, voll des Verrates und der Täuschung«, wie es Henri LeClerc formulierte. Doch die christlichen Gemüter beunruhigte nicht nur die vermeintliche Wesensverwandtschaft mit der Alraune, auch der moralische Wert der Tomate selbst wurde bezweifelt. Dagegen erfreute sich die Kartoffel, die etwa zur selben Zeit aus der Neuen Welt nach Europa kam, sehr viel größerer Beliebtheit. Obwohl von langweiligem Aussehen und Geschmack (und nicht gerade leicht verdaulich), war die höfische Gesellschaft von ihr begeistert, wenn auch eher mit Blick auf das niedere Bauernvolk. Während der folgenden zweihundert Jahre wurde die Kartoffel an jeden armen Teufel verfüttert, den man zu fassen bekam, besonders in den katholischen Ländern, wo man die unscheinbare Knolle beinahe in den Heiligenstand erhob. Einer der Gründe war wohl nicht zuletzt der Name, den ihr die Inkas gegeben hatten; er lautete *papa* wie das italienische Wort für »Papst«. Dieser zufälligen Übereinstimmung verdankt die Kartoffel den Beinamen »Papstfrucht« oder auch das englische »po(pe)-tato« (von *pope* = »Papst«). Die Begeisterung für die Kartoffel gipfelte Ende des 18. Jahrhunderts in dem Ersuchen einiger katholischer Geistlicher an den Heiligen Stuhl, man möge dem einfachen Volk »den Genuß dieser köstlichen Frucht ans Herz legen«.

Inzwischen hatte der Heilige Vater die Tomate schon auf die Liste der sündigen Lebensmittel gesetzt. »Es gibt kein größeres Übel auf der Welt«, notierte der katholische Moralwächter und Abt Chiari zu jener Zeit, als die Tomatensauce geboren wurde, »als (die Unsitte) jedes Gericht in dieser neumodischen, roten Tunke zu ersäufen.«[7] Die Tatsache, daß die Tomate zuerst in pürierter Form auf die Teller kam, machte sie um so verdächtiger; sie war anfangs gar nicht dazu bestimmt, verspeist zu werden, sondern diente eher dekorativen Zwecken. »Der Mensch ist seiner Natur nach kein Saucenesser«, hatte der heilige Clement von Alexandria schon im 3. Jahrhundert erklärt und damit nicht etwa das Fehlen von geeignetem Löffelbesteck beklagt. Saucen waren Teufelswerk, weil sie dem Essen eine ästhetische Note verliehen, die zu Völlerei und anderen Todsünden wie Wollust, Gier und Stolz verleitete. Der Glanz der Tomate, ihr intensiver Geschmack, das triefende Fruchtfleisch, all das war dem Klerus nicht geheuer. Die Tomate entflammte Leidenschaften, derer die runzelig braune Kartoffel unverdächtig war. Die Keuschheit der Kartoffel offenbarte sich außerdem in ihrer asexuellen Fortpflanzung: Statt aus Samen wachsen ihre neuen Triebe bekanntlich direkt aus dem Pflanzenkörper – die botanische Variante der unbefleckten Empfängnis. Der Liebesapfel, voller Saft und Samen, weich und wohlschmeckend, verführte dagegen den Unbedachten, seine Zähne in das blutrote Fleisch zu senken und den Säften freien Lauf zu lassen. Das allein war Beweis genug für die unmoralische, lüsterne, ganz und gar unchristliche Natur der Tomate. Und ein solcher Vorwurf wog damals schwer, wie das Beispiel der Königstochter zeigt, die im 11. Jahrhundert die Gabel nach Venedig brachte. Zum Dank wurde sie vom religiösen Oberhaupt der Serenissima mit einem Fluch belegt. Als die Prinzessin wenig später an einer gräßlichen Krankheit verstarb, erklärten die Priester, das sei nur die gerechte Strafe gewesen für ihre Verherrlichung des Essens, da sie sich die Speisen »in appetitlichen Happen auf einer kleinen, goldenen Gabel mit zwei Zinken zum Mund führte«.[8]

All diese Angriffe aber konnten weder der Gabel noch der Tomate etwas anhaben. Das letzte Land, das dem Liebesapfel verfiel, waren die USA, die spätere Hochburg des Ketchup. Dessen Pionier war ein Mann namens Robert Johnson, der im Jahr 1820 verkündete, er wolle öffentlich ein Exemplar des teuflischen Gemüses verzehren. Von nah und fern pilgerten daraufhin Schaulustige in seinen Heimatort in New Jersey, um Johnson tot umfallen zu sehen. Gegen Mittag trat er auf die Veranda seines Hauses und rief der Menge zu: »Wovor habt ihr Angst? Ich werde euch zeigen, daß man die Dinger essen kann!« Sprach's und biß in eine Tomate, daß es nur so spritzte. Vereinzelt fielen Zuschauer in Ohnmacht, doch Robert Johnson überlebte.

Der Legende nach soll er später eine Fabrik für Tomatenkonserven aufgemacht haben.

Das Ketchup mit den tausend Gesichtern

Das Geschrei war groß, als Robert Johnson in das blutrote Ding biß, und in den Straßen herrschte Aufruhr. Bis vor wenigen Jahren wurde die Heldentat Johnsons alljährlich im August wieder aufgeführt, obwohl sie sich so wohl nie ereignet hat. Andrew Smith, einer der besten Kenner der Materie, hat in seinem Buch *The Tomato in America* mehr als 500 verschiedene Versionen der Heldensaga vom Tomatenesser dokumentiert. In einer spielt Thomas Jefferson die Hauptrolle, in einer anderen ein Sklave aus Westafrika.

Mit ebenso viel Vorsicht ist die Behauptung zu genießen, Tomate und Ketchup seien zwei Seiten derselben Medaille. Schon im antiken Rom kannte man eine Art Ketchup namens *garum* aus fermentierten Fischresten und Blut, die man gute zwei Monate lang in der Sonne stehen ließ. Geschmacklich dürfte das Ergebnis mit den Thai-Fischsaucen von heute verwandt gewesen sein, wie auch das Wort Ketchup eine Ableitung vom vietnamesischen *ketsiap* sein mag. In Europa wurde aus *garum* mit der Zeit eine Lake zum Einlegen von Anchovis. Erst im 19. Jahrhundert kam jemand auf die Idee, ein paar Tomaten dazuzugeben. Anfangs existierten zahllose Varianten des Urketchup, doch dann wurden im Jahr 1906 alle fermentierten Sorten in den USA verboten. Damit war endgültig der Weg frei für das klebrige, süße Zeug, das der Kulinarbanause von heute auf alles Eßbare schüttet.

Die große Zeit der Vielfalt von *ketsiap* bis *ketchup* war also das 19. Jahrhundert. Damals gab es Sorten mit Hummer oder Pfirsich, Walnuß oder Bier, Meerrettich oder Pilzen. Andrew Smith beschreibt in seinem Buch die ungewöhnlichsten Rezepte, doch mein persönlicher Favorit ist und bleibt das karibische Bananenketchup: zuckersüß, heiß, einfach köstlich. Das folgende Rezept habe ich von einem senegalesischen Koch aus Paris, der es für eine Spezialität seines Landes hielt, jedoch wird es üblicherweise der jamaikanischen Küche zugeordnet. Gehen Sie bei der Zubereitung genauso vor wie beim Einkochen von Marmelade und halten Sie das Ketchup stets gut gekühlt:

1 getrocknete Chilischote
6 reife Bananen (geschält und in Scheiben geschnitten)
200 ml Apfelessig
1 Handvoll Rosinen
1 kleine Zwiebel (grob gehackt)
2 Knoblauchzehen
150 ml Tomatensauce
500 ml Wasser
50 ml milder Ahornsirup
10 gehäufte EL brauner Zucker
1/2 TL Chilipfeffer
2 TL gemahlener Nelkenpfeffer
1/2 TL Zimt
1/2 TL Muskatnuß
1 gute Prise gemahlene Gewürznelken
1 TL Salz
1 gute Prise schwarzer Pfeffer
6 EL dunkler Rum

Die Chilischoten 15 Minuten in warmem Wasser einweichen, dann Stiel und Samen entfernen. Die Bananen im

Mixer pürieren und mit dem Apfelessig in eine große Pfanne geben. Rosinen, Zwiebeln, Knoblauch und Tomatensauce mit etwas Apfelessig ebenfalls pürieren und in die Pfanne geben. Wasser hinzugeben, gut umrühren, das Ganze bei mittlerer Hitze aufkochen und anschließend auf kleiner Flamme ohne Deckel eine Stunde köcheln lassen. Ist die Mischung zu dickflüssig, Wasser nachschütten. Dann Sirup, Zucker und Gewürze, einschließlich Salz und Pfeffer, hinzugeben und nochmals dreißig bis vierzig Minuten köcheln lassen, bis beim Umrühren die dickflüssige Masse am Löffel haftenbleibt. Mit Rum abschmecken, vom Herd nehmen und abkühlen lassen. Schließlich noch einmal pürieren und durch ein feines Sieb seihen. In einem luftdichten Behälter im Kühlschrank bis zu zwei Wochen lang haltbar.

Giftgrün

Der eine Hobbygärtner pflanzt Blumen, der andere Kakteen; ich habe meinen Kräutergarten. Der tiefgrüne Basilikumbusch, den ich täglich gieße, mißt gerade fünfzehn Zentimeter, aber er riecht herrlich, so würzig und frisch. Jedesmal, wenn ich eine Handvoll Blätter für meine Tagliatelle abzupfe, schleudere ich der Pflanze ein paar deftige Obszönitäten entgegen, wie es in Italien früher Brauch war. Die Pasta schmeckt dann gleich noch mal so gut.

Alexander der Große brachte das Basilikum im 4. Jahrhundert von einem Beutezug durch Indien mit nach Europa. Seit jeher begleitete das exotische Gewächs die Sage von dem schönen Mädchen Vrinda. Es ist eine ziemlich undurchsichtige Geschichte voll eifersüchtiger Götter, Dämonen und himmlischer Verführungen, in deren Verlauf Vrinda von der Ermordung ihres Ehemannes erfährt. In ihrer Verzweiflung wirft sie sich mit auf den Scheiterhaufen, auf dem der Leichnam ihres Liebsten brennt, und wird selbst ein Opfer der Flammen. Die Hindu-Götter honorieren Vrindas hingebungsvollen Treueakt, indem sie die Asche ihres Haares in ein duftendes Gewächs namens *tulsi* verwandeln, dem ihre Priester fortan huldigen.[9] Noch heute wird in manchen Teilen Indiens vor Gericht der Eid durch Auflegen der Hand auf ein Büschel Basilikumblätter geschworen, und Millionen gläubiger Hindus beginnen den Tag mit einer Gebetsrunde um die heimische *tulsi*-Pflanze, neben der sie abends eine Öllampe entzünden.

Wie das Basilikum hat sich auch die Geschichte von Vrinda seit Alexanders Zeiten so sehr gewandelt, daß sie mit der Urfassung nur noch wenig gemein hat. Zuerst wurden die vielen Gottheiten gestrichen, später Vrindas schrecklicher Selbstmord. Am Ende war aus Vrinda das Mädchen Lisabetta geworden, das ihrem toten Geliebten, unfähig, von ihm Abschied zu nehmen, den Kopf abschneidet und in einem mächtigen Basilikumtopf vergräbt. Lisabetta wässert ihn mit ihren Tränen, bis sie eines Tages an gebrochenem Herzen stirbt. Dank des besonderen Düngers wächst die Pflanze zu solcher Größe, daß die Menschen scharenweise zu ihr pilgern.

Damals wie heute ist das Muster gleich: Mädchen liebt Jungen, Junge kommt um, Mädchen wird verrückt und das Grünzeug berühmt. Allerdings ist Lisabettas Geschichte dem europäischen Geschmack angepaßt. Spielten bei den Hindus noch ewige Liebe und Hingabe die Hauptrolle, so interessierte man sich in Europa offenbar mehr für die Gruselstory vom wahnsinnigen Mädchen, das ihrem Geliebten den Kopf abhackt. Der morbide Charme dieser Version entspricht einem Liebesideal, das die Historikerin Margaret Visser als »eine tiefe Verwirrung, eine ungestüme

Macht« charakterisiert hat, die »den Menschen aus dem Gleichgewicht wirft und zu Gewalttaten treibt«. Der englische Romantiker Keats nimmt das Motiv in seinem Gedicht *Isabella* auf, in dem er schildert, wie der verwesende Kopf des Geliebten dem Basilikumstrauch sein ganz besonderes Aroma verleiht.

> *Und so getränkt wie nie ein Kraut zuvor*
> *Erhob es sich in grüner Üppigkeit*
> *Und duftete wie nie ein Kraut zuvor*
> *Auf Florentiner Beeten weit und breit.*
> *Wann sproß auch je Basilikum empor*
> *Auf einem Boden, so voll Fruchtbarkeit*
> *Wie Menschenleid, wie Herzensnot und Tod!*
> *Wann war's ein Menschenkopf, der Dünger bot!*

Die Verbindung des Basilikums mit dem Wahnsinnsmotiv war später auch der Grund für die Umbenennung des *tulsi*. In dem Wort Basilikum steckt der Name des mythischen Skorpions Basilik, der nach einer alten Legende vom Hirn desjenigen Besitz ergreift, der an der Pflanze riecht. So erklärt sich auch die eigentümliche Sitte der Italiener, beim Zupfen der Basilikumblätter »verrückt zu spielen« und Obszönitäten zu rufen – eine Anspielung auf die Gefahren für den eigenen Gemütszustand. Die Öllampen, die die Hindus neben ihren Basilikumtöpfen anzünden, symbolisieren übrigens nicht nur Vrindas unendliche Liebe, sondern auch ihren vom Feuer verzehrten Körper. Ihr Liebesopfer begründete eine bizarre Tradition, *sati* genannt, nach der Witwen zusammen mit ihren verstorbenen Ehemännern auf dem Scheiterhaufen verbrannt wurden. Immer wieder werden derartige Fälle aus Indien berichtet. Häufig gehen die Witwen, wenn auch kaum freiwillig, mit einem Bund Basilikumblätter in den Tod.

Tulsi Ki Chai

Den meisten Indern ist Basilikum viel zu kostbar, um es in der Küche zu verwenden. Man bereitet jedoch einen Tee daraus, den *tulsi ki chai*, der vor Erkältung schützt. Das folgende Rezept stammt von Bhoopendr Singh, einem Koch, den ich in dem Örtchen Orchha in der Provinz Madhya Pradesh kennenlernte:

Einen halben Liter Wasser zum Kochen bringen. Eine Handvoll Basilikumblätter hineingeben und auf kleiner Flamme circa vier Minuten ziehen lassen. Dann zwei Teebeutel oder die gleiche Menge losen Tee hinzufügen. Mit sechs Teelöffeln Zucker süßen, kurz aufkochen lassen und vom Herd nehmen. Ein bis zwei Basilikumblätter zerkleinert in zwei Tassen geben. Den Tee darübergießen und servieren. Normalerweise wird er pur getrunken, wer ihn mit einem Schuß Milch bevorzugt, sollte sie zusammen mit den Teebeuteln und dem Zucker zugeben. Außerdem wird der Tee in Indien meist mit Nelken, Pfeffer oder Muskat verfeinert, weshalb man statt des schwarzen Tees auch die neuerdings erhältlichen Chai-Mischungen verwenden kann.

Von der Lust, gefressen zu werden

Bereits die biblische Geschichte von Adam und Eva handelt von der Verbindung von Essen und Sex, die schon immer eine große Faszination auf den Menschen ausgeübt hat. Empirische Studien belegen, daß achtundneunzig Prozent aller Verführungen mit einem Abendessen beginnen. Besonders in der Literatur kommt diese Neigung oft auf subtile Weise zum Ausdruck. So wimmelt es zum Beispiel im Werk des russischen Schriftstellers Nikolai Gogol vor Festmählern, die Experten als beredte Symbole für sexuelle Handlungen lesen, welche der Autor aber mit keiner Silbe erwähnt. In der Erzählung *Der Sorotschinsker Jahrmarkt* wird das Stelldichein einer untreuen Ehefrau mit einem Priester als ein solcher Festschmaus beschrieben. »Da sind meine Gaben, Afanasij Iwanowitsch«, sagt die Frau, als sie die Kammer des Priesters betritt. »Zuckerfrüchte, Weizenklöße, Krapfen und Striezel!« Der Priester macht sich sogleich über das Gebäck her, den Blick in den tiefen Ausschnitt der Hausfrau gerichtet, und säuselt: »Aber mein Herz, Chawronja Nikiforowna, schmachtet nach einer anderen Speise, die süßer ist als alle Klößchen und Kräpfchen.« In einer anderen Geschichte mit dem Titel *Altväterliche Gutsbesitzer* geht es um ein Liebespaar, das sich Tag und Nacht gegenseitig füttert. Gedörrter Fisch und Kascha, Quarktaschen und Beeren, Pfannkuchen mit Speck und Pilzen, geschmorte Birnen, Buchweizengrütze und Melonen, und natürlich Piroggen. Jeden Tag eine andere Köstlichkeit. Als die Frau im Sterben liegt, lauten die letzten Worte, die ihr Mann an sie richtet: »Vielleicht möchten Sie etwas essen, Pulcherija Iwanowna?« Noch Jahre nach ihrem Tod rührt das Lieblingsgericht seiner Gattin, Gott hab' sie selig, den Mann zu Tränen.

Trotz Gogols schwierigem Verhältnis zum Essen (er starb an den Folgen exzessiven Fastens) war die Verbindung zum Sex wohl auch für ihn allzu naheliegend. Hier wie dort nehmen wir etwas Warmes, oder jedenfalls Aufgewärmtes, in uns auf. Die Aussicht darauf regt den Speichelfluß an, ohne den unsere Geschmacksknospen nutzlos wären, genauso wie die Vagina beim Vorspiel ein Sekret absondert, das den Verkehr erst zum Genuß macht. Der eigentliche Akt (des Essens in diesem Fall) läßt die Lippen anschwellen, wie Klitoris und Penis beim Sex. Mit der Zunge zählen sie zu den primären erogenen Zonen des menschlichen Körpers, bedingt durch Struktur, Dichte und Empfindlichkeit der Nervenenden.

Daß Liebesakt und Essen so viel gemeinsam haben, kommt nicht von ungefähr. Aufschlußreich sind in diesem Zusammenhang vor allem die Unterschiede im Zugang der Geschlechter. Während die Küche bei Gogol ein Ort wilder Ausschweifungen ist, beschreibt sie die US-Autorin Willa Cather als »Herz eines jeden Hauses«, wo »der Duft alter Freundschaft und die Erinnerung an längst vergangene Kindertage« gegenwärtig sind. Cather sieht in der Küche eine Art Tempel der häuslichen Geborgenheit, so »wie die gemütliche kleine Kajüte eines Bootes auf eisiger See«. Cathers Romane über die amerikanische Pionierzeit sind voller Beispiele für die weibliche Tendenz, das gemeinsame Essen als einen Akt des Teilens zu begreifen, der deshalb nicht weniger sexuell aufgeladen ist.

Auch wenn es zur Sache geht, bedienen sich Schriftstellerinnen oft eines anderen Tones als ihre männlichen Kollegen. In einer Geschichte aus Dorothy Allisons Erzählband *Trash: Stories* erinnert sich die Erzählerin an die kulinarischen Eskapaden mit ihrer Geliebten, speziell an die Zutaten, die beide beim anschließenden Sexspiel benutzten. Auberginen spielen dabei eine nicht unwesentliche Rolle, wobei ansonsten die Suche nach der wahren Liebe im Vordergrund steht. »Bei meinen Liebhaberinnen erinnere ich mich vor allem daran, was wir zusammen aßen, was sie aus dem Kühlschrank holten, nachdem wir uns oft stundenlang geliebt hatten. Nur einmal hatte ich eine, die nichts essen wollte. Wir blieben nicht lange ein Paar.«

Genau das haben Essen und Sex aus weiblicher Sicht gemein: beides sind Erfahrungen des Teilens, die zur Sättigung führen. Die Soziologin Carole Counihan kam bei einer vergleichenden Untersuchung von 489 Geschichten rund um das Essen, erzählt von Kindern zwischen drei und fünf Jahren, zu folgendem Ergebnis: Mädchen verbinden mit dem Essen rund doppelt so häufig wie Jungen ein Gefühl der Nähe. Für die Jungen steht dagegen eher das Beschaffen und Verspeisen der Beute im Vordergrund. Kein Wunder, daß sie sich mit den Tischmanieren schwerer tun. In der Erzählung *Die Gabe des Apfels* vergleicht Tennessee Williams das Essen damit, »beim Liebesakt (…) den letzten süßen Moment hinauszuzögern, der doch unaufhaltsam näherrückt. Und am Ende fühlt man sich irgendwie betrogen.« Ähnlich muß es Ernest Hemingway gegangen sein, der in *Ein Fest fürs Leben* verrät, das Schreiben mache ihn, ebenso wie der Sex, einfach leer. Seine Mittel gegen diese innere Leere sind ein Teller Austern und dazu ein guter Weißwein. »Der kühle Saft aus der Schale, begleitet vom Prickeln des Weines, vertrieb die Trübsal, und ich schmiedete wieder fröhlich Pläne.«

Das Gefühl der Leere, das Hemingway und Williams nur zu gut kannten, mag daher rühren, daß sich Männer das Objekt ihrer Begierde gerne einverleiben wollen. »Von deinem Fleisch werde ich zehren«, heißt es bei einem berühmten Dichter aus elisabethanischer Zeit, der damit eine Tradition von Metaphern begründete nach Art der »cremig-zarten Haut«, der »Pfirsichwangen« oder »kirschroten Lippen« – eine Redeweise, die Margaret Atwood in ihrem Roman *Die eßbare Frau* auf die Spitze treibt. Darin bereitet eine Hausfrau eine Süßspeise in der Form ihres Körpers, auf daß sich ihr Mann daran labe. Der Marquis de Sade, jener französische Schriftsteller des 18. Jahrhunderts, dessen Obsessionen um Schmerz, Liebe und Essen den Begriff Sadismus prägten, hätte daran sicher Gefallen gefunden. Sein Roman *120 Tage von Sodom* ist das unbestrittene Vorbild des »Ich habe dich zum Fressen gern«-Genres. In einer dort beschriebenen Szene werden zwei halb verhungerte Kinder vor einer reich gedeckten Tafel aneinandergefesselt. Da sie nicht an die Leckerbissen herankommen, fangen sie schließlich an, sich gegenseitig aufzufressen. Menschenfleisch, meint de Sade, sei das beste Aphrodisiakum. Da ist das Frühstück, das der Marquis empfiehlt, vergleichsweise ordinär: ein dampfendes Omelett, auf dem nackten Hintern einer Frau serviert und mit »spitzer Gabel« gegessen.

Königliche Schokolade

Nach zwei Dingen verlangte der Marquis de Sade während seiner Kerkerhaft in Paris am meisten: Ersatz für die Mahagoni-Dildos, die ihm bei seinem Zeitvertreib entzweigebrochen waren, und Schokolade, »schwarz wie Satans Arsch«. Beides gehörte für den vornehmen Marquis untrennbar zusammen, denn nur die Schokolade verschaffte ihm jene überschäumende Libido, die er für seine zehn Orgasmen täglich benötigte. Eine ähnlich schokoladige Sex-und-Peitschen-Orgie hatte de Sade überhaupt erst ins Gefängnis gebracht. Sein eigentliches Verbrechen bestand jedoch darin, daß er Frauen und den Pöbel mit Schokolade gefüttert hatte.

Das erste Kulturvolk, das der süßen Versuchung erlag, waren wohl die Olmec Mittelamerikas um 1500 vor Christus. Vielleicht waren es aber auch die Maya; so genau weiß man das nicht. Es ist ja noch nicht einmal sicher, ob die Olmec überhaupt existierten. Sicher ist nur, daß fast alle frühen Kulturen auf dem amerikanischen Kontinent

Schokolade kannten und schätzten. Teilweise dienten Kakaobohnen sogar als Zahlungsmittel. Ein Ei kostete drei Bohnen, für ein Schäferstündchen mit einer Hure mußte man zwölf »hinblättern«. Der Aztekenherrscher Montezuma soll Millionen Schoten als Privatschatz gehortet haben. Archäologen fanden jedenfalls gut erhaltene Schatullen voll »Schokoladengeld«, Kakaobohnen aus gebranntem Ton, die täuschend echt gearbeitet waren.

Der tatsächliche Verzehr von Schokolade blieb der Herrscherfamilie vorbehalten, deren Mitglieder sich nach dem Essen einen Schluck genehmigten, so wie wir heute einen Verdauungsschnaps trinken. Je nach Zubereitung gab es Schokolade in allen möglichen Farben: blaugrün, rot, rosa, orange, schwarz und weiß. Manche Sorten waren mit wildem Honig verfeinert, andere mit Vanille oder »Tollkirsche«. Aus dem süßen Fruchtfleisch der Schoten wurde ein alkoholisches Getränk gebraut. Nichts davon ähnelte den glänzenden dunklen Tafeln, die wir so lieben. Damals war Schokolade flüssig, ein zähes, kaltes Gebräu, mit scharfem Chili gewürzt, wahlweise auch mit Milch oder Zucker.

Der Normalsterbliche kam nur ein einziges Mal in dessen Genuß – auf dem Schafott. Wer zur Opferung bestimmt war, trank zuerst einen ordentlichen Becher *itzpacalatl*, ein Gemisch aus Schokolade und Menschenblut, bevor ihm vom Hohepriester das Herz aus dem Leib geschnitten wurde. Angeblich machte der Trunk die Opfer gefügiger, doch hatte er auch eine mystische Bedeutung. Im Glauben der Azteken bildete die Kakaoschote das Herz des Menschen; ihm entsprang sein Lebenselixier, das Blut. Als potentes Aphrodisiakum war Schokolade für Frauen und Priester tabu, Montezuma dagegen trank von seinem Spezialmix angeblich bis zu fünfzig Becher am Tag, um seinen vielen Frauen etwas bieten zu können.

Obwohl die Ureinwohner Amerikas der Kakaopflanze auch eine Stärkung des Kampfesmuts zuschrieben, hat sich nur der Glaube an die aphrodisierende Wirkung bis heute erhalten. Wissenschaftler halten das alles zwar für puren Aberglauben, weil das in der Schokolade enthaltenen Koffein und Theobromin für eine anregende Wirkung viel zu gering dosiert sei.[10] (Die einzig nachgewiesene potenzsteigernde Wirkung von Koffein besteht übrigens darin, daß die Spermien nicht so schnell ermüden.) Euphorisierende Substanzen wie Phenylethylamine oder Serotonin sind in noch geringeren Mengen enthalten.

Trotz seines schlechten Rufs war der Kakaotrunk der Azteken besonders bei der Damenwelt der ersten europäischen Einwanderer beliebt. Einer der ersten Bischöfe Mexikos verdammte den Trunk als »von Hexen gebrautes Teufelszeug«, nachdem er mitbekommen hatte, was seine Schäfchen während der Messe so eifrig schlürften. Der Versuch, die Frevler aus dem Gotteshaus zu werfen, endete in einer Keilerei. Also verlegten die Gläubigen ihre Messe in die eigenen vier Wände, bis der Bischof schließlich einlenkte – wenn auch unfreiwillig: Er wurde vergiftet. Ironischerweise war das Gift einem Schokoladentrunk beigemischt worden.

Im 17. Jahrhundert bereiste der englische Abenteurer Thomas Gage das mexikanische Hochland bei Chiapas, wo sich die grausige Tat ereignet hatte. Gage berichtet von der knappen Erklärung, die die Giftmischerin für den Tod des Kirchenmannes parat hatte. Es sei kaum verwunderlich, so die Femme fatale, daß dem »erklärten Feind der Schokolade« diese nicht bekommen sei. Alsbald hatte es die Dame auch auf Gage abgesehen, der ebenfalls Geistlicher war. Sie überhäufte ihn mit Schokoladenpräsenten, die er anfangs ignorierte. Schließlich sandte sie Gage eine unmißverständliche Nachricht – eine überdimensionale Banane, in deren Schale ein Herz, »durchbohrt vom Pfeil des blinden Amor«, geritzt war. Gage schickte die Banane umgehend zurück, mit einer ebenfalls in die Schale geritzten Botschaft: »Fruta tan fria, amor no cria.« Zu deutsch etwa: »Frucht so kalt, der Liebe kein Halt.« Am Ende mußte der arme Gage aus der Gegend fliehen, bevor die enttäuschte Liebhaberin auf dumme Gedanken kam.

Von da an war der Frontverlauf abgesteckt. Die Kirchenoberen forderten die Missionare auf, von dem Teufelszeug die Finger zu lassen, was wiederum besonders die Franziskaner verärgerte, die nicht schlecht am Kakaoexport nach Spanien verdienten und sogar die Meinung vertraten, heiße Schokolade könne bedenkenlos während der Fastenzeit genossen werden. Gemälde wurden in Auftrag gegeben, auf denen Engel dargestellt waren, die fastenden Heiligen dampfende Krüge darboten, als wollten sie sagen: Nehmt einen Schluck! »Oh, du göttliche Schokolade!« beginnt ein Gedicht aus jener Zeit, »auf Knien gemahlen/ mit Händen bereitet, zum Gebet gefaltet/ und getrunken mit dem Blick gen Himmel!« Als Königin Maria-Theresia um 1660 den Kakao beim französischen Adel bekannt machte, war die Aufregung groß. Ihr Gatte, Ludwig XIV., tadelte sie, weil sie ihre Schokolade in aller Öffentlichkeit trank, was gegen die guten Sitten verstieß.[11] Doch die Vorbehalte waren schnell überwunden, und die *chocolat*, inzwischen mit Milch und Zucker zubereitet und mit Jasmin verfeinert, wurde hoffähig. Zu Zeiten der puritanischen Hofdame Madame Maintenon war das Getränk wieder kurzzeitig verpönt, denn es machten Gerüchte die Runde, wonach sein allzu häufiger Genuß Frauen pechschwarze Babys bescherte. Der Nachfolger auf dem französischen Thron, Ludwig XV., verordnete seiner Mätresse Madame de Pompadour eine Diät aus Trüffelcremesuppe und heißer Schokolade, um ihren Liebeshunger anzuregen. Die Pompadour wurde allerdings nur immer fetter, bis man sie am Ende zur »königlichen Beraterin« degradierte. Dahinter verbarg sich die verzweifelte Suche des Königs nach einer Frau, die seine sexuellen Vorlieben zu befriedigen vermochte. Erst Madame du Barry, die Prinzessin, Hure und Domina von Königs Gnaden, füllte diesen Part glänzend aus.

Die Azteken behielten am Ende also recht: Ihre heilige Schokolade war zum Getränk der Götter geworden, zumindest ihrer selbstherrlichen Stellvertreter auf Erden. Im Europa der Barockzeit bestand die Bevölkerung aus drei Ständen mit jeweils typischem Getränk. Bauern und Arbeiter tranken Bier, das aufstrebende Bürgertum griff zu Stimulanzien wie Kaffee oder Tee, der Adel hingegen, für den Arbeit ein Schimpfwort war, war süchtig nach Schokolade. »Wohin man im 17. und 18. Jahrhundert den Blick wendet, die Schokolade erscheint als Statusgetränk des Ancien Régime«, schreibt der Historiker Wolfgang Schivelbusch.[12] Zahlreiche Gemälde aus der Zeit zeigen vornehme Damen und Herren in entspannten Posen bei einer Tasse Kakao, und auch Charles Dickens benutzte über ein Jahrhundert später die extravaganten Schokoladenrituale des Monsignore in dem Roman *Zwei Städte* zur Charakterisierung der Dekadenz des französischen Adels. Dann war da noch Cosimo III., der letzte Medici-Fürst, ebenso berüchtigt für die Plünderung seines toskanischen Landes wie für sein Geheimrezept: Schokolade mit Jasmin. Er genehmigte sich mit Vorliebe ein Täßchen, während er Hinrichtungen beiwohnte. Die unangefochtene Königin der Schokolade ist und bleibt jedoch die bereits erwähnte Madame du Barry, die letzte Mätresse Ludwigs XV. Als einfache Frau aus dem Volk verdankte sie den Sprung ins Bett des Königs und in die höchsten Kreise der Macht allein ihrem Talent, die sexuellen Phantasien des absolutistischen Herrschers zu erfüllen. Ihr Geheimnis? Schokolade! In der einst populären Sammlung *Anecdotes sur Mme. la Comtesse du Barry* findet sich eine Schilderung, wie sie dem König mit Hilfe heißer Schokolade zu einer Erektion verhilft, um ihn dann nach allen Regeln der Kunst zu befriedigen. Für den Historiker Robert Darnton liegt die tiefere Bedeutung dieser Anekdote in der Darstellung von Ludwigs doppelter Impotenz als Mann und als Herrscher. »Das Zepter des Königs war ebenso erschlafft wie sein Penis.«

Doch der Schokolade eilte nicht nur der Ruf eines Aphrodisiakums voraus, sie sorgte auch im Politischen für Furore. Bücher wie die *Anecdotes* gehören zur Gattung der Libelles – verbotene, politische Schriften über das Leben bei Hofe, die ihre subversive Botschaft verschlüsselt unters Volk brachten. So wird des Königs frühere Mätresse, Madame de Pompadour, an einer Stelle dafür gerühmt, daß sie überall auf ihrem Weg weiße Blütenblätter hinterlasse. Dies galt, Darnton zufolge, jedoch als Symbol für die Syphilis. Mit anderen Worten, Frankreichs First Lady war eine Hure, die den Marmorboden von Versailles mit ihren syphilitischen Ausscheidungen befleckte. Der oft geäußerte Vorwurf, Madame du Barry habe die unnatürlichen Triebe ihrer Liebhaber überhaupt erst mit Hilfe der Schokolade entfacht, hat einen einfachen Grund: Das zunächst gebräuchliche *cacao* war bald durch *chocolat* ersetzt worden, weil ersteres zu sehr an *caca* erinnerte, das umgangssprachliche Wort für Kot. Wenn es also in der Libelle *La Comtesse du Barry* von 1878 heißt, Madame habe die Schokolade »unter ihrem Kleid« serviert und »jedermann vergnügte sich bei einer Orgie nach römischem Vorbild«, so ist dies wohl eine kaum verdeckte Anspielung auf den damals beliebten Analverkehr.[13] Dafür waren die aus der Antike überlieferten Orgien berüchtigt. Ist also die wiederholte Erwähnung von Madames unstillbarem Heißhunger auf Schokolade als Hinweis auf die Sexualpraktiken der »Königin der linken Hand« zu verstehen, die sie in ihrem eigenen Bordell, der *Maison de Gourdan*, perfektioniert hatte? In dem populären *Drame en cinq actes* ist davon die Rede, Madame du Barry habe »des Königs Schokolade mit Honig versüßt (...) und Majestät sogleich veranlaßt, der französischen Sprache ein neues Verb zu schenken«. Worum mag es sich wohl bei dem »neuen« Akt gehandelt haben? Offenbar reichte damals schon ein Tasse heiße Schokolade, um die hartgesottensten Herrscher Europas in Ekstase zu versetzen.

Tlaquetzalli

Der wohl geheimnisvollste Schokoladentrunk der Geschichte ist der der Azteken. Offenbar gab es ihn in zwei Varianten. Die heiligere von beiden hatte eine dichte Schaumkrone, deren genaue Zusammensetzung umstritten ist. Das einzige mir bekannte Rezept ist nachzulesen in *The Food and Life of Oaxaca* von Zarela Martínez. Die Autorin glaubt, das Geheimnis der Rezeptur liege in einer besonderen Kakaosorte namens *pataxtle*. Nachdem man die Bohnen gut ein halbes Jahr lang im Boden vergraben hatte, bis sie ausgeblichen waren, verarbeitete man sie in einem aufwendigen Verfahren zum sogenannten *espuma* oder Schaum, vergleichbar mit steif geschlagenem Eiweiß. Das Ganze wird kalt auf einen Getreidetrunk namens *atole* gegeben. Die *pataxtle*-Bohne wächst ausschließlich in der Gegend um Oaxaca, doch Martínez empfiehlt, ersatzweise könne man auch eine andere Sorte verwenden.

Die zweite Brauart der Aztekenschokolade war der ebenfalls kalt getrunkene *tlaquetzalli* (»kostbarer Stoff«), mit reichlich scharfem Chili. Die genau Rezeptur ist unbekannt, doch mag der Trunk mit den ersten europäischen Mixturen verwandt gewesen sein. Das folgende, leicht abgewandelte Rezept stammt angeblich aus dem England des Jahres 1652. Puristen mögen den Kopf darüber schütteln, daß ich Magermilch statt Wasser für die Zubereitung empfehle. Die kalte Mischung aus Süß und Scharf wirkt auch so sehr erfrischend.

>   2 getrocknete Chilischoten
>   1 l kalte Magermilch
>   1 TL Fenchelsamen
>   8 Blöcke *Ibarra* oder andere mexikanische Schokolade mit Zucker und Zimt

Die Chilischoten circa 20 Minuten in warmem Wasser einweichen. Stengel und Samen entfernen, die Schoten in Stücke schneiden, mit den anderen Zutaten in einen Mixer geben und auf der höchsten Stufe zerkleinern. Die oberste, schaumige Schicht mit einem Löffel abschöpfen und in eine Schale geben, dann die restliche Flüssigkeit aus einiger Höhe hineingießen, so daß es eine schaumige, lockere Masse ergibt. Entweder gleich trinken oder durchseihen, um feste Bestandteile auszufiltern. Danach nochmals schaumig schlagen. Mengenangaben reichen für drei bis fünf Portionen. In gekühlten, goldverzierten Schildkrötenpanzern servieren.

Der schwule Allesfresser

In ihrem Essay *Essen, trinken und schlafen, wie es sich für einen guten Christen gehört* erzählt Margaret Sidney die rührende Geschichte einer Familie, deren Junge am Eßtisch homosexuell wird. »Der Vater hebt besorgt den Blick von seinem Teller oder ertappt sich während der Arbeit beim Gedanken daran, ob seine Frau sich nicht vielleicht doch irrt«, heißt es in der 1886 in der Zeitschrift *Good Housekeeping* erschienenen Geschichte. »Die Eltern wollen ihrem kleinen Tom helfen, ein richtiger Junge zu werden, statt sein mädchenhaftes Verhalten noch zu unterstützen. Doch wie ihm das saftige Roastbeef schmackhaft machen und die heiße Folienkartoffel, die er bisher standhaft verweigert?«

Mann ißt nun einmal Fleisch, heißt es; wohlgemerkt »Mann« mit zwei n: der Mannhafte, Macho und Machetenmann, der auf »Hero-Sandwiches« und saftiges Beefsteak steht. Nichts für Schwule. Wieso sollen Männer zwar auf Fleisch stehen, nur nicht auf andere Männer? Antike griechische Helden wie Milos von Croton protzten damit, an einem Abend einen ganzen Bullen vernaschen zu können, und einen Knaben zum Dessert. Damals galt das noch beides als Beweis der Männlichkeit, besonders bei den kriegerischen Spartanern. »Ein dorischer (spartanischer) Edelmann des 7. Jahrhunderts vor Christus gab über den Geschlechtsakt seine Manneskraft an den Jüngeren weiter«, schreibt der Historiker Thorkil Vanggard. »Durch die Päderastie wurden die besten Eigenschaften des Erwachsenen, die nach damaligem Glauben im Phallus gespeichert waren, auf den Jungen übertragen.«

Die Spartaner taten auf analem Weg (gerne auch im Tempel des Apollon), was anderswo oral erledigt wurde.

Bei einem Eingeborenenstamm auf Papua-Neuguinea werden die Jungen im Alter von acht Jahren in einen reinen Männerhaushalt gebracht, um ganz wie einst in Sparta von »Männersaft« genährt zu werden als Ausgleich für das jahrelange »weibische« Essen.[14] Ganz oben auf der Liste steht frischer Samen durch regelmäßige orale Befriedigung der Älteren. Die Eingeborenen betrachten dies als eine Art des Säugens, das die Jungen, sobald sie fünfzehn geworden sind, wiederum den jüngeren angedeihen lassen. Hierbei handelt es sich, so die Anthropologen Robert Stoller und Gilbert Herdt, um ein fein austariertes Gleichgewicht von Geben und Nehmen. Sobald ein älterer Junge versucht, einen jüngeren zu befriedigen, gilt dies als »pervers und abstoßend«, mit einem Wort: homosexuell. Bei der späteren Hochzeit füllen die Männer ihren Samenvorrat übrigens wieder auf, indem sie den weißen Rindensaft eines bestimmten Baumes trinken.

Es gibt tatsächlich eine lange Liste verbotener Lebensmittel, die in Verdacht standen, nicht einfach nur Lust, sondern die »falsche« Lust zu erregen. In einer frühen Fassung des Neuen Testaments wurde der Verzehr von Hasen als Sünde gebrandmarkt, weil man annahm, den Tieren wachse jährlich ein neues Rektum. Der Genuß ihres Fleisches mußte demnach sodomitische Gedanken fördern. An derselben Stelle heißt es, der Verzehr des Wiesels mache unbändige Lust auf Oralsex, weil sich die Tiere angeblich auf oralem Weg fortpflanzten. Der Verzehr von Hyänen war ebenso tabu wegen der allseits bekannten Eigenart der Tiere, bei Vollmond ihr Geschlecht zu wechseln. Dem ahnungslosen Feinschmecker drohten folglich bisexuelle Neigungen.[15]

Die gefährlichste aller homosexuellen Speisen ist und bleibt der Süßwasserfisch. Der ägyptische Gott Osiris verlor einst in grauer Vorzeit seinen Penis bei einer jener kosmischen Schlachten. Das Körperteil fiel in den Nil und wurde von einem Fisch mit Namen *oxyrhynchus* verschlungen, was die Ägypter derart abstoßend fanden, daß sie den Fisch zum Symbol für Ekel und Abscheu erkoren. Bei religiösen Zeremonien wurde er mit den Worten verunglimpft: »Horus von Edfu (alias Osiris) triumphiert über alles Böse in der Welt.« Im benachbarten Somalia benutzt man die Redewendung »mit einem Fischmaul sprechen«, wenn man jemanden wahlweise als sexuell pervers oder der Lüge bezichtigen will. Auch in vielen modernen Kulturen gilt Fisch nach wie vor als das feminine Pendant zu Fleisch. Andererseits gibt es auch Gerichte, die der Weiblichkeit abträglich sind. Zwar begründen die Frauen von heute ihre Vorliebe für grünen Salat mit dem Wunsch nach einer schlanken Figur, doch saftiges Grün wurde schon in uralten Mythen der Griechen mit Weiblichkeit in Verbindung gebracht, da man dem grünen Salat die Verminderung tierischer Triebe zuschrieb, die für Frauen als unstatthaft galten. So entwickelte sich der Salat zur typischen Frauenkost. Schon im Amerika des 19. Jahrhunderts, als Schlankheit noch nicht das allgemeine Schönheitsideal war, litten junge Frauen häufig unter der »grünen Krankheit«, verursacht durch einseitige Ernährung mit Süßigkeiten und Salat. Ratschläge zur richtigen Ernährung für Frauen beschränkten sich auf die Themen Fisch und Salat, dicht gefolgt vom Nachtisch. Und wer kennt nicht die kuriosen Zeitungsmeldungen, nach denen es wissenschaftlich bewiesen sei, daß Vegetarierinnen öfter Mädchen zur Welt bringen als Schwangere, die Fleisch essen. In dem Buch *Word Is Out: Stories of Some of Our Lives* wird der Fall einer Teenagerin geschildert, die zur »Heilung« ihrer lesbischen Neigung von ihrem Psychiater eine strenge Salatdiät verordnet bekam. »Meine Mahlzeiten bestanden aus grünem Salat, begleitet von Gebeten«, schreibt Whitey, die Protagonistin. »Ich war überzeugt, daß (...) darin die Lösung meiner Probleme bestand und ich meine Mutter so glücklich machen würde.« Als die Kur erfolglos blieb, wurde das Mädchen von ihren Eltern in die Psychiatrie eingewiesen, wo sie vier Jahre lang blieb. Dort machte Whitey ihre ersten lesbischen Erfahrungen.

Peking Libido

Die Chinesen sind wahre Weltmeister im Allesvertilgen. Sie essen Katzen, Hunde, Affenhirn, Fischinnereien und Gorillapranken. Auch vor tibetischen Lamas machen sie nicht halt, und selbst die edlen Windhunde Taiwans landen, sobald sie auf der Rennstrecke ausgedient haben, im Kochtopf. Völlig inakzeptabel erscheint uns im Westen der Appetit der Chinesen auf vermeintlich aphrodisierende Lebensmittel. Man könnte glauben, da habe sich jemand die Liste der bedrohten Tierarten vorgenommen und eine nach der anderen abgehakt. So ist die zuletzt stabile Tigerpopulation unlängst wieder in Gefahr geraten, vor allem wegen der Nachfrage nach den Penissen der Tiere. Tigerpenis-Extrakt in Pillenform oder »Drei-Penis-Wein« (eigentlich eher ein Schnaps) erfreuen sich in China immer noch großer Beliebtheit. Aus ähnlichen Gründen wird rund 50 000 Seehunden im Jahr das gleiche Körperteil abgeschnitten. Ihr bestes Stück ist rund fünfmal so teuer wie der ganze restliche Kadaver. Der Preis für Rhinozeroshorn liegt in China aktuell bei 54 000 Dollar je Kilo. Die Eier der vom Aussterben bedrohten Riesenschildkröte sind ebenfalls im Angebot.[16]

Der Reiz solcher Mittelchen ist jedoch durchaus universell. Im Nahen Osten werden Meeresfrüchte insgesamt sehr geschätzt, doch Walsamen ist der Renner. Malaysier saugen das Blut aus frisch geköpften Klapperschlangen, um sich in Fahrt zu bringen, Japaner dünsten die Geschlechtsknospen des giftigen Kugelfisches in heißem Sake, und im alten Rom galten Eidechsenfüße als Delikatesse. So gut wie alles, von zerriebenen Kakerlaken bis Blutegel, vom Gallensaft des Schakals bis zu Eselsmilch wurde schon auf schlaffe Glieder gerieben, daß man sich über so viel Elan nur wundern kann. Die einzigen Herren, die sich dabei um ihre Attraktivität für die Damenwelt sorgten, waren die Mongolen, die sich einst die Augenlider von Ziegenböcken anklebten, um ihre sexuelle Anziehungskraft zu steigern. Offenbar wurden die Mädchen beim Anblick der zähen kleinen Lider reihenweise schwach.

Bei manchen dieser Dinge ist kaum begreiflich, warum ihnen eine besondere Wirkung auf die Libido nachgesagt wird, anders als zum Beispiel bei der Seegurke, die nicht nur der Form nach an einen Phallus erinnert, sondern noch dazu weiße Fäden auswirft, wenn sie erregt ist. Keines dieser angeblichen Aphrodisiaka hat einen nachweisbaren Effekt – zum Glück für die unfreiwilligen Spender. Die Erfindung von Viagra mit seiner unbestrittenen Wirkung zu einem relativ günstigen Preis läßt hoffen, daß der Markt für Tigerpenisse bald zusammenbrechen wird. Eine Tierart hat jedenfalls schon ihr Comeback geschafft: Obwohl längst ausgerottet geglaubt, ist kürzlich eine kleine Herde tibetischer Rentiere kaum zweihundert Meilen von Lhasa, der früheren Heimat des Dalai Lama, gesichtet worden. Die rücksichtslose Jagd der Chinesen nach dem Horn der Tiere hatte sie an den Rand der Ausrottung gebracht. Bleibt zu hoffen, daß noch mehr gefährdete Tierarten eine ähnliche Wiedergeburt erleben.

Das Regenbogenei

Nach dem alten Glauben der australischen Aborigines fand dereinst, während der Traumzeit, ein Fischer ein mächtiges Ei am Strand. Da er hungrig war, rollte er es zu seinem Lagerfeuer, um es zu kochen. Doch kaum war das Ei im Feuer, brach ein heftiger Sturm los, und es begann aus Kübeln zu schütten. Das Ei brach auseinander, und eine riesige Flutwelle ergoß sich daraus, ganze Ströme und Ozeane, dazu Berge und Regenbogen, Sonne, Mond und Sterne, alle stiegen wie eine rauschende Fontäne aus dem Ei empor und spülten die Traumzeit fort. So entstand die Welt. Doch es regnete immer weiter, und immer mehr Wasser quoll aus dem Regenbogenei, bis die Welt schließlich darin ertrank. Dem Fischer blieb nichts anderes übrig, als sich in eine schnatternde Ente zu verwandeln.

Jede Kultur hat ihre eigene Schöpfungsgeschichte. Auch die Ägypter meinten, das Universum sei dereinst ein Ei gewesen. Das Eigelb war die Sonne und das Eiweiß der leere Raum, durch den die Menschheit treibt. Die vorbuddhistische Bon-Kultur in Tibet hielt die Welt für ein Ei, bestehend aus achtzehn Schichten; eine Idee, die in den eiförmigen buddhistischen Tempeln des Himalaja ihren Ausdruck fand. Die orphische Kultur im alten Griechenland, wo schon um 600 vor Christus der Verzehr von Eiern verboten war, hinterließ uns hymnische Gesänge wie diesen:

O allmächtiger Schöpfer, höre mein Gebet,
zweifach dem Ei entsprungen, durch die Lüfte schwebend,
zähmst Du die Stiere, von goldnen Schwingen getragen,
und begründest das Geschlecht der Götter und der Sterblichen.

Mag dieses Loblied auch für westliche Ohren reichlich übertrieben scheinen, die Verehrung des Eis als das Viagra der Götter folgt einem universellen Muster.

Im Grenzgebiet zwischen China und Indien kommt es einem Hochzeitsantrag gleich, wenn ein Mann einer Frau ein Ei schenkt. Müde philippinische Männer essen *balut*, frisch gelegte Enteneier, um sexuelle Potenz zu tanken. In Deutschland schmierten Bauern Ei auf ihren Pflug, um die Fruchtbarkeit des Bodens zu erhöhen. Bunte Eier, vorzugsweise rot gefärbt, haben von Griechenland bis China eine besondere Kraft; man legt sie Frauen in den Schoß, die sich ein Kind wünschen. Die Koreaner glaubten, ihr erster Herrscher sei einem geheimnisvollen roten Ei entsprungen, welches von einem fliegenden Pferd hinterlassen worden sei. Auch die Suche nach bunten Ostereiern in christlichen Ländern fällt in diese Kategorie, wenngleich jeder seine eigene Theorie haben dürfte, woher der Osterhase denn nun eigentlich kommt.

Die Gleichsetzung von Ei und Fruchtbarkeit hat eine Reihe bizarrer Verhaltensweisen hervorgebracht. Dem deutschen Forscher Eduard Vogel wurde im 19. Jahrhundert im Tschad sein morgendliches Frühstücksei zum Verhängnis, mit dem er so viel Anstoß erregte, daß man ihn schließlich umbrachte. Auch in vielen Teilen Afrikas gibt es Vorbehalte gegenüber dem Verzehr von Eiern,[17] erst recht, wenn es um Frauen geht: Während eine Äthiopierin riskiert, versklavt zu werden, meinen die Yaka des Kongogebietes, eine Frau, die Eier ißt, sei dem Wahnsinn geweiht. Begeht sie den Frevel gar während der Schwangerschaft, käme der Nachwuchs gelb und kahlköpfig zur Welt, wie die Eier essenden Europäer, ein Schicksal, das fast noch schrecklicher sei als der Tod.

Eine alte afrikanische Sage entlarvt all dies als Aberglauben. Es war einmal vor langer Zeit, so heißt es dort, als alle Frauen unfruchtbar waren. Die Mädchen flehten zu Gott im Himmel, *eka abassi* genannt, »wie sollen wir nur Kinder kriegen, wenn wir doch keine Eier zu essen haben«? Also fragte Gott die Henne, ob sie den Menschen nicht eines ihrer wunderschönen Eier abgeben könne. Die Henne erklärte sich, wenn auch widerwillig, bereit, und seither bringen die Frauen Kinder zur Welt. Doch sollten sie versuchen, ein zweites Ei von der großzügigen Henne zu stehlen, so würde ihnen Gott alle beiden Eier wegnehmen und die Menschheit wieder unfruchtbar werden. Solche Horrorgeschichten waren im Grunde nichts anderes als die Masche der Dorfältesten, um zu verhindern, daß die Jungen die kostbaren Hühnereier unbeaufsichtigt ließen. Das Kalkül ging offenbar auf.

Ich persönlich glaube, daß unsere Sitte, im Frühjahr bunt bemalte Eier zu verstecken, mit der alten Schöpfungsgeschichte der Aborigines verwandt ist. Als ich sie zum ersten Mal hörte, stellte ich mir das Regenbogenei als einen ziemlich spacigen Riesenball vor, der durchs Weltall rast. Doch dann stand ich eines Abends nach einem heftigen Sommerregen auf dem Dach meines New Yorker Wohnhauses, und auf einmal spannte sich dieser phantastische Regenbogen über den Himmel. Da wurde mir klar: das war das Ei! Die Aborigines sahen in dem Regenbogen die obere Hälfte eines riesigen kosmischen Eis, das sich unter dem Horizont fortsetzte.[18] Es war schon spät, mitten unter dem Regenbogen sah man die tiefstehende Sonne. Das Eigelb. In Europa hatte sich dieses Bild darin manifestiert, daß man alle Jahre wieder Eier in den Farben des Regenbogens bemalte, rot und blau, grün und gelb. Das jedenfalls glaubte ich damals, während der Regenbogen langsam verblaßte. Ich stand noch eine Weile da und betrachtete ihn, bis die Welt auf mich einzustürzen schien, die Wolken, der Himmel, die spiegelnden Fassaden und das goldene Licht der Sonne.

2. Kapitel – Völlerei

»Komm zurück, mein Sohn!
Was zieht dich fort?
Bereitet sind die Köstlichkeiten.
Rippchen von fetten Ochsen, saftig und zart,
Wu-Suppe, sauer und bitter zugleich,
Schildkröten-Eintopf und geröstetes Zicklein, serviert mit Yam-Sauce,
Gans in saurer Sauce, Ente aus der Kasserolle, gebratener Kranich;
Hühnchen, Schildkröte scharf gewürzt, doch nicht um den Geschmack zu verderben;
Fritierter Honigkuchen aus Reismehl und süß eingelegte Häppchen;
Goldener Wein, mit Honig gesüßt, in Flügeltassen;
Hier nimm die reich verzierten Stäbchen,
Iß und trink vom guten Wein ...«
Chinesischer Totengesang (221 v. Chr.)

Menü der Völlerei
(Festmahl des Trimalchio, 1. April 76 n. Chr.)

APÉRITIF
Römischer Honigwein

ANTIPASTO
Ovis Apalis
Hartgekochte Eier an Pesto-Sauce

CONTORNI
Salami Esotici
Kalte Platte mit eingelegten Hasenföten, milchgetränkten Schnecken, Straußenhirn, Flamingozungen

PRIMO
Ortolan à la Mitterrand
Wilder Singvogel, geblendet und dann in Cognac getränkt
(im Stück zu verspeisen)

oder

Dolia
In Dunkelheit gemästete Haselmaus im Mantel aus Mohnsamen

SECONDO
Porcus Troianus
Ganzes Rind, das mit einem Lamm, einem Schwein und einem Huhn gefüllt ist. Das Ganze an fruchtiger Sauce

DOLCI
Rutab Mu'assal
Mandelgefüllte Khustawi-Datteln an Honig-Safran-Sauce
(Rezept Seite 75)

Vomitorium nur für Gäste!

Die Erbsünde

Viele Menschen glauben, wir hätten die Vertreibung aus dem Paradies der lüsternen Versuchung Evas zu verdanken. Von wegen! Die Erbsünde, so lehren uns die Theologen, bestand vielmehr in einem Akt der Völlerei, denn der eigentliche Skandal war Evas Sinn für alles Schmackhafte. Es mag paradox klingen, doch das tiefere Übel ist demnach nicht ein Übermaß an Speisen, sondern der Genuß derselben, welcher die irdischen Gelüste über Gottes Willen stellt. Was zunächst harmlos scheint, ist Luzifers Lieblingstrick, den unbedachten Sünder in die Hölle zu locken. Nehmen wir das Beispiel der Wäscherin Gervaise aus Emile Zolas klassischer Erzählung *L'Assommoir* (deutsch: *Der Totschläger*). Gervaise zieht sich am eigenen Schopf aus der Gosse, indem sie eine kleine Wäscherei eröffnet. Mit ihrer Herzensgüte bringt sie sogar ihren Ehemann dazu, dem Alkohol abzuschwören. Das Idealbild einer guten Christin. Doch dann verfällt sie den Freuden des Gaumens, und das Unheil nimmt seinen Lauf. Was mit Hacksteak und Pommes Frites beginnt, gipfelt in Trägheit, Ehebruch, Diebstahl, Trunkenheit, Neid und Prostitution. Am Ende, als Gervaise ihre ehemaligen Angestellten um Almosen anbetteln muß, erfährt der Leser den Grund ihres Abstiegs: »So weit bringt uns also die Liebe zum Essen: auf den Scheiterhaufen der Unersättlichkeit.« Am Ende stirbt die arme Gervaise völlig verarmt den Hungertod.

Daß Zola als »fortschrittlicher« Schriftsteller des 19. Jahrhunderts (und noch dazu als Franzose) die Völlerei als größtes Übel des Menschen geißelt, läßt erahnen, wie tief diese Angst im Menschen wurzelt. Wieder einmal waren es die Spartaner, die als erste versuchten, die leibliche Freude am Essen per Gesetz zu beschränken. Ihre Dekrete gehören zu den frühesten des Abendlandes. Die Römer waren da ganz anderer Ansicht. Bei ihnen war es den Gästen großer Gelage sogar gestattet, sich zwischendurch im Vomitorium zu übergeben, um im Magen Platz für den nächsten Gang zu schaffen. Diese Unsitte kommentierte Seneca mit den Worten: »Sie essen, um sich zu übergeben, und sie übergeben sich, um zu essen.« Sie finden das ekelhaft? Mag sein, aber wohl auch nicht schlimmer als der vom Arzt verschriebene Brechreiz in Pillenform, den es heute in jeder Apotheke gibt. Später verboten die römischen Gesetzgeber die schimpflichsten Tafelsünden, doch erst die Christen machten daraus einen echten Glaubenskrieg. Von dem Gemüse, das man essen durfte, über die richtigen Gewürze bis hin zur Weinsorte war alles genauestens geregelt. Der oft erhobene Vorwurf der Sündhaftigkeit guten Essens ließ den Hungertod als Heldentat erscheinen und ebnete so mancher Eßstörung unserer Tage den Weg.

Porcus Troianus

Das Diner beginnt mit einer Pediküre. Anschließend wird ein erlesener Rotwein serviert. Unter lautem Rezitieren einiger Verse aus der Feder des Gastgebers Trimalchio trägt die Dienerschaft die kalten Platten auf: scharf gewürzte Zitzen der Sau, Hahnenkämme, Hasenkeulen, Stierhoden, Flamingozungen und Straußenhirn. Das Abendessen kann beginnen. Zuerst tennisballgroße Schnecken in süßsaurer Sauce, gefolgt von einem *amuse-gueule* von Haselmäusen, im ganzen Stück verspeist, nachdem sie in Honig und Mohnsamen getaucht wurden. Der Fisch wird *à table* zubereitet, indem man ihn mit kochendem Wasser übergießt. Die Tiere zucken noch, während sie ausgenommen werden. Der nächste Gang ist ein Gebäck in Eierform, in dessen Innerem sich ein winziges Vögelchen, der *beccafio* oder »Feigenpicker«, verbirgt. Die Kreatur ist mit gut gepfeffertem Eigelb glasiert und wird ebenfalls im Stück mitsamt Knochen und Federn verspeist. Es folgen Braten, die wie Gänse und Schwäne aussehen, doch der erste Bissen offenbart: es ist Schweinefleisch! Dann der Hauptgang: ein ganzes Rind, das Innere mit einem Lamm gefüllt, das wiederum mit einem Schwein gefüllt ist, das mit einem Truthahn, das mit einem Huhn, das mit einer Drossel. Zum Nachtisch wird ein mächtiger Kuchen von der Decke heruntergelassen. Er ist so voller Safrancreme, daß es beim Anschneiden nur so spritzt. Wer jetzt noch nicht genug hat, kann sich an eingelegten Kaninchenföten gütlich tun. Unterdessen probt Trimalchio schon einmal die eigene Beerdigung und verliest als Nachruf einen Lobgesang auf seinen exquisiten Geschmack und seine Großzügigkeit.

Trimalchio war einer jener Emporkömmlinge, die den römischen Senat um das Jahr 100 v. Chr. veranlaßten, zahlreiche Gerichte zu verbieten. Als ehemaliger Sklave, der es zu großem Reichtum gebracht hatte, konnte es sich Trimalchio leisten, ein Vermögen für allerlei kulinarische Schweinereien auszugeben. Das meiste, was er bei seinen berühmten Gelagen auftafeln ließ, verstieß mehr oder weniger gegen geltendes Recht. Im Verlauf eines solchen Gastmahles wird, wie im *Satyricon* berichtet, ein ganzes Schwein über dem offenen Feuer gegrillt. Als Trimalchio bemerkt, daß das Schwein nicht ausgenommen wurde, gerät er so in Rage, daß er den Koch um ein Haar vor den Augen seiner Gäste umbringt. Im letzten Moment besinnt sich Trimalchio eines Besseren und will zuerst das Schwein eigenhändig ausnehmen. Als der Koch, um sein Leben flehend, das Messer in den Bauch des Tieres rammt, purzeln Dutzende Würste heraus. Ha, ha, alles nur ein Spaß! Dem Koch wird eine Krone aufs Haupt gesetzt, und die Gäste eilen ins Vomitorium, um sich für die nächste Runde bereit zu machen. Dieses Gericht wurde als *porcus troianus* oder Trojanisches Schwein bekannt, weil es wie sein Namensvetter, das Trojanische Pferd, eine Menge Überraschungen in seinem Innern bereithält. Der Regelmäßigkeit nach zu urteilen, mit der es immer wieder verboten wurde, muß es ganz oben auf der Top-10-Liste der römischen Sittenwächter gestanden haben.

Ebenso unerwünscht waren die in Mohn gewälzten Haselmäuse. Die langschwänzigen Nager wurden in belüfteten Tongefäßen gehalten, sogenannten *Dolien*, in denen die Tiere in völliger Dunkelheit und auf engstem Raum zu dicken, weichen Fleischbällen gemästet wurden. Die kugelrunden Tierchen mundeten den Römern offenbar so gut, daß ihre Heerführer befürchteten, die Soldaten würden davon zu verwöhnten Weichlingen degenerieren. Auf den Märkten wurden Wachen postiert, die den Handel mit Haselmäusen unterbinden sollten. Als die Tiere immer schwieriger zu bekommen waren, verlegte man sich auf das Mästen von Hühnern und Schweinen. Das Gewicht jedes Tieres wurde von Schreibern minutiös festgehalten, bevor die Gäste sich daran laben durften. Cato der Ältere forderte sogar, in allen Häusern sollten die Türen zum Speisesaal stets geöffnet bleiben, damit jedermann sehen konnte, was dort verspeist wurde. Auch legte er eine

Höchstzahl von Gastmählern fest, die pro Woche veranstaltet werden durften. Die puritanische Gesinnung Catos ging so weit, daß er den verbreiteten Brauch, großen Köchen statt Generälen Denkmäler zu setzen, scharf verurteilte.

Ihre Unersättlichkeit wurde den Römern am Ende zum Verhängnis, weil sie immer mehr auf Importe aus fernen Ländern angewiesen waren. (Andere favorisieren die Theorie, wonach die Bleibeschichtung ihrer Weinkaraffen den Römern aufs Hirn geschlagen sei.) Im Mittelalter jedenfalls, als es in Europa kaum genug zu beißen für alle gab, gerieten die alten Verbote die Völlerei betreffend nach und nach in Vergessenheit. Erst im Florenz des 16. Jahrhunderts erlebten sie eine Renaissance, als die Mahlzeiten der Kardinäle auf magere neun Gänge beschränkt wurden. Das japanische Herrscherhaus gab im 19. Jahrhundert je nach Saison nur bestimmte Produkte zum Verkauf frei, damit kein Händler zum Beispiel bessere *matsutake*-Pilze hatte als der Kaiser selbst. Die Vogeljagd wurde aus denselben Gründen untersagt.

Die Anzahl der Gänge bei Tisch war, wie in Europa, abhängig von der sozialen Schicht. Während den Bauern nur ein Tellergericht täglich zustand, waren es bei den Samurai derer neun, Sake inklusive. Das Abendessen einer Bauernfamilie durfte außerdem nicht länger als bis Sonnenuntergang dauern. Die Botschaft war klar: Die Bauern sollten reiche Ernte für den Hof einfahren und sich nicht selbst daran vergreifen.

Doch alle Gängelei blieb schließlich vergebens, zum Glück, denn was ist Zivilisation ohne das permanente Streben nach immer neuen Genüssen? Zwar erscheint gerade das manchem als unmoralisch, doch des einen Verderbnis war schon immer des anderen Wein.

Der indische Herrscher Shrenika veranstaltete im 11. Jahrhundert vegetarische Orgien, deren Verlauf nicht von den servierten Speisen, sondern von der Art ihres Verzehrs bestimmt war. Der erste Gang bestand aus Früchten, die gekaut wurden, beim zweiten wurden sie ausgesaugt, dann gelutscht und so weiter. Auf einem Fest des englischen Königs James I. im Jahr 1606, bei dem auf einer Bühne die sieben Tugenden allegorisch dargestellt werden sollten, waren die dazu bestimmten Damen aufgrund des Übermaßes der genossenen Speisen und Getränke eben dazu nicht mehr in der Lage. »Fedelia, die Treue, lag vor Übelkeit speiend danieder«, berichtete ein Augenzeuge, »und die siegreiche Victoria war bereits im Vollrausch entschlummert.« Auch in diesem Fall sollen die sonst eher genügsamen Griechen das letzte Wort haben, oder besser, das längste. In der Komödie *Die Ekklesiazusen* des Aristophanes findet sich ein Bandwurmwort, das wohl den ungewöhnlichsten Namen für ein Gericht darstellt, der je erfunden wurde:

Und ihr schlanken Bäuche da, dreht die Beinchen nach dem Takte! Denn es fliegt alsbald heran austerigsprottigmuräniglamprtigeshaischädelkochensplitterigbeißendesbeizigesfilphionhonigbeträufeltesdrosseligamseligtaubenfasanigeshähnchenhirnigleckergebrateneselsterhasensülzesirupknorpeligesflügelgericht.

Ovis Apalis

Wenn auch weniger ausgefallen als die gemästeten Haselmäuse, so gibt das folgende Rezept für Eier mit Pesto-Sauce doch einen Eindruck von der altrömischen Dekadenz. Serviert mit Honigwein (einfach eine paar Eßlöffel Honig zu einer Flasche Weißwein geben und kalt stellen), eignen sie sich als Vorspeise für jede Dinner-Party. Das Rezept geht ursprünglich auf das einzig erhaltene Kochbuch aus römischer Zeit, Apicius' *De re coquinaria,* aus dem 1. Jahrhundert zurück.

> 50–60 g Pinienkerne
> 3 EL Essig (am besten Rotweinessig)
> 1 TL Honig
> 1 Prise Pfeffer
> 1 Prise Liebstöckel
> 4 mittelharte Eier (Kochzeit circa 4 Min.)

Die Pinienkerne vier Stunden lang im Essig ziehen lassen, dann mit den übrigen Zutaten (außer den Eiern) in einen Mixer geben. Die Sauce als Dip zu den Eiern servieren. Sie halten sich mehrere Tage lang.

Cocktails mit dem Teufel

Die Verachtung der christlichen Moralprediger für die römische Sinnenlust und Völlerei läßt sich am besten an den diversen Höllenqualen ablesen, die sie den Sündern prophezeiten. Eine mittelalterliche Handschrift aus Irland läßt sie auf ewig in einem Meer der Schmerzen treiben. Ein einziger Tropfen davon reiche aus, heißt es, daß »alle irdischen Geschöpfe an seiner Eiseskälte zugrunde gehen«. In anderen Schilderungen liegen die Vielfraße vor reich gedeckten Tafeln in Ketten, ohne die duftenden Köstlichkeiten jemals zu erreichen. Sehr beliebt war auch die Vorstellung, sie würden von den Dämonen mit Fröschen und Schlangen gemästet. Verabreicht wurden die Strafen von Satans rechter Hand, dem Beelzebub persönlich. In anderen Kulturen dachte man sich ähnliche Unannehmlichkeiten aus: Die Buddhisten sahen gleich zwei der acht Ebenen des Höllenschlundes für die sündigen Gourmets vor. In der ersten, *samjive* genannt, baden die Fleischfresser in einer Güllegrube zusammen mit jeder Menge Maden, von denen sie angeknabbert werden. Drei Ebenen tiefer befindet sich *raurave*, die »schreiende Hölle«, wo Restaurantkritiker hilflos in einem reißenden Strom treiben. Hin und wieder fischt ein fürsorglicher Dämon einen heraus und fragt, ob er eine Erfrischung wünsche. »Ja, bitte, nur Wasser und Brot«, fleht der Gourmet. »Ich bin nicht wählerisch.« Der Dämon lacht darüber nur, reißt dem Kritiker den Mund auf und gießt ihm geschmolzenes Blei in den Rachen.

Als Gipfel der Ungerechtigkeit muß der Anblick der himmlischen Festtafel erscheinen, denn in der typisch verdrehten Logik der Religion werden diejenigen, die auf Erden allem Fleischlichen entsagen, dafür im Himmel um so reichlicher belohnt. Meist mit Strömen von Milch und Honig, und Wein. Nur im Islam kommt noch eine Kleinigkeit dazu. Frühe Gelehrte sprachen von Brathähnchen, so groß wie Kamele, die vom Himmel fielen, wahlweise auch gebratene Fischleber oder Kamelfleisch. Später beschlossen die muslimischen Theologen, daß den Gläubigen in jedem Himmelspalast siebzig Tafeln erwarteten, jede mit siebzig verschiedenen Gerichten gedeckt. Macht schlappe 4900 Gänge, Nachtisch mitgerechnet. Der Gelehrte Al-Haythami, der diese Rechnung aufmachte, versäumte allerdings, die Gerichte näher zu beschreiben. Werfen wir also einen Blick auf die Speisekarte der sagenumwobenen Paradiesgärten des Islam, die den »Gärten der Lüste« nachempfunden sind, wo der gläubige Moslem den Rest der Ewigkeit verbringen soll. Im Koran wird dieses Paradies als ummauertes Areal voller Brunnen und üppiger Bäume beschrieben (das Wort *Paradies* ist von dem altpersischen Wort für »ummauerter Garten« abgeleitet). In manchen sprudelte alle fünfzig Meter ein Springbrunnen, umstreift von krallenlosen Tigern, dem Symbol für die himmlische Harmonie zwischen Mensch und Tier. Außerdem verliehen erhöhte Fußwege in diesem Wald aus blühenden Bäumen dem Kalifen und seinem Gefolge eine Art geisterhafte Schwerelosigkeit, denn vom Palast aus gesehen schien es, als würden die Wesire durch die Baumwipfel schweben.

Die detailreiche Ausschmückung des Lebens nach dem Tod geht weit über das bloß Idyllische hinaus. Von den »Gärten der Wonne« ist im Koran die Rede. Die harmlose Umschreibung wurde so interpretiert, daß die »Wonne« der Seligen vor allem im Entjungfern junger Mädchen bestehe.[1] Bleibt nur die Frage, wie viele? Wieder hat unser Freund Al-Haythami die Antwort. »Ein Palast im Paradies ist ganz aus Perlmutt und hat siebzig rubinene Höfe und in jedem Hof siebzig Häuser aus grünem Smaragd und in jedem Haus siebzig Schlafzimmer und in jedem Schlafzimmer siebzig Matten und auf jeder Matte, eine Frau.« Macht summa summarum rund 23 Millionen willige Nymphen. Da ist es kein Wunder, daß die frommen Kalifen so große Harems unterhielten, wie sollten sie sich sonst auf die kommenden Herausforderungen vorbereiten.[2]

Die Kalifen setzten viel Ehrgeiz daran, den Himmel auf die Erde zu holen. So ließen sich manche, wie der ägyptische Kalif Al-Aziz im 10. Jahrhundert, sogar Kirschen aus dem Libanon »einfliegen«, in kleinen Beuteln, die man Brieftauben an die Beine band. Sein Vorfahr Khumarawayh bevorzugte dagegen mit Mandeln gefüllte Datteln, weil sie als liebste Frucht des Himmels galten. Eine weitere begehrte Leckerei war die süße Reisspeise *judhaba*. Erst wenn die Gäste davon so satt waren, daß sie keinen Bissen mehr herunterbekamen, begannen Dichter die kommenden Genüsse zu besingen, um neuen Appetit zu wecken. Lammfleisch war schon damals eine feste Größe auf der Speisekarte, gewürzt mit Safran, Kardamom und Rosenwasser. Zu den verbreiteten Gerichten zählten außerdem gebratene Aubergine in einer Safran-Sesam-Sauce (kalt serviert), Lamm in einem Mantel aus Mohnsamen, Fisch mit Walnußfüllung, Stockfisch süß-sauer mit Rosinen sowie Huhn mit getrockneten Erbsen und Pfirsichen, um nur eine kleine Auswahl zu nennen. Zum Essen trank man Dattelwein oder löschte seinen Durst mit einem der vielen verschiedenen Sorbets, dazu süße Bonbons namens *rahat lokum* (»Halsberuhiger«). Zum Abschluß einen starken Mokka mit Amber oder Kardamom, serviert in wunderschönen, mit Edelsteinen besetzten *zarfs*. Und dann, ach ja, zurück an die Arbeit!

Außer dem Essen und dem Sex war für den Gläubigen vor allem verlockend, daß man im Himmel nicht vom lästigen Gang zur Toilette unterbrochen wurde. Ein einfacher Rülpser genügte, um sich aller Unannehmlichkeit zu entledigen. Er kam einer Lobpreisung Allahs gleich.

Des Sultans Dattel

Die arabische Küche kennt schätzungsweise achthundert verschiedene Verwendungen für Datteln, darunter auch Dattelwein, der aus dem Saft des Baumes gewonnen wird und das einzige »legale« Alkoholikum des Islam darstellt. Die Ägypter sind so wild darauf, daß ihre Regierung das Anritzen der Bäume unter Strafe gestellt hat. Das folgende Rezept für *Rutab Mu'ass al* oder »Safran-Datteln« ist dem klassischen Bagdader Kochbuch *Kitab al-Tabikh* aus dem 18. Jahrhundert entnommen, in der Version von David Waines.[3] Das Originalmanuskript hat ein Mitglied der Königsfamilie zusammen mit einer Sklavin verfaßt; es gilt als das früheste kulinarische Dokument des Islam.

> 1 Pfund frische Datteln (am besten der Sorte Khustawi)
> Weiße Mandeln (eine je Dattel)
> 3 Eßlöffel Rosenwasser
> 1/4 TL Safran
> 2 EL Honig
> 2 EL Puderzucker (plus etwas mehr zum Bestreuen)
> 2 TL Zimt

Die Dattel aufschneiden, den Stein durch eine Mandel ersetzen und wieder zudrücken. Das Rosenwasser mit dem Honig und Safran aufkochen und drei bis vier Minuten ziehen lassen. Nach dem Abkühlen über die Datteln geben, bis alle bedeckt sind. Einige Stunden (am besten über Nacht) stehen lassen. Zucker und Zimt mischen und die Datteln, frisch aus dem Sirup, darin wälzen. Vor dem Servieren mit Puderzucker bestreuen. Kühl und trocken lagern. Tiefgefrorene Datteln gibt es das ganze Jahr über, doch frisch geerntet schmecken sie am besten.

Ein Kuchen für Engel

Was uns nach dem Tod kulinarisch erwartet, scheint also relativ klar. Aber wie steht es mit den Engeln? Jahrhundertelang stritt man über die Frage, wovon sich Engel ernähren. Der islamische Gelehrte Ibn Majah glaubte, die himmlischen Gesellen lebten von der »Herrlichkeit Gottes«

allein, die sie »kraft seiner Heiligkeit« teilten. Mark Twain dagegen war überzeugt, der Himmel müsse voller Wassermelonen sein. Andere führten Indizien an, wonach trocken Brot die Speise der Engel sei. Im 78. Psalm ist vom »Himmelsbrot«, dem berühmten Manna die Rede. Doch bedeutet *manna* auf aramäisch, der Sprache der Bibel, schlicht soviel wie »Was ist das?«. Nicht gerade sehr aufschlußreich. Zum Glück enthält die Bibel noch weitere Hinweise, besonders bei der Schilderung des Auszugs des Volkes Israel aus Ägypten. Als sich nämlich die Vorräte dem Ende zuneigten, machte es peng!, und plötzlich regnete es Manna vom Himmel. Moses gab Befehl, das Zeug einzusammeln, denn »es ist das Brot, das euch der Herr zu essen gegeben hat«. (2. Buch Mose, 16:15) Also nahm sich jeder ein Stück und buk es, und siehe da, es schmeckte »wie Semmel mit Honig«. (2. Buch Mose, 16:31) Heute vermutet man, daß es eine moosartige Flechte namens *Lecanora esculenta* war, die damals im Nahen Osten auf felsigem Untergrund gedieh.[4] Wüstenwinde wehten oft größere Mengen davon übers Land, die dann auf Beduinenzelte herabregneten. Diese Flechte, die die Einheimischen »Fett der Erde« nennen, schmeckt süßlich und wurde zum Brotbacken verwendet, manchmal zusammen mit Anis und Honig. Aus Manna gebackenes Brot – ein Fest für die Engel, am besten frisch aus dem Ofen oder getoastet und mit Marmelade bestrichen.

Sollte Ihnen Jehova jemals eine Scheibe anbieten, seien Sie bloß nicht so undankbar wie die Israeliten, die des Manna überdrüssig wurden. »Warum hast du uns aus Ägypten geführt, daß wir sterben in der Wüste?« klagten sie. »Denn es ist kein Brot noch Wasser hier, und uns ekelt vor dieser mageren Speise.« (4. Buch Mose, 21:5) Dabei hatte Jehova ihnen sogar gnädig ein paar Vögel geschickt,

Wachteln, um genau zu sein, die den Menschen wie das Manna zu Füßen fielen und nur noch verspeist werden mußten. Feuer hatten sie entzündet und es sich recht bequem gemacht. Doch der Herr war erbost über die Gier und Undankbarkeit der Menschen. Fehlte nur, daß auch seine himmlischen Angestellten, die Engel, anfingen, sich über das ewige Manna zu beklagen. Während die Israeliten also noch das Fleisch kauten, »da entbrannte der Zorn des Herrn gegen das Volk, und er schlug sie mit einer sehr großen Plage«. (4. Buch Mose, 11:33) Lebensmittelvergiftung würden wir wohl heute dazu sagen. Auch diese Geschichte hat einen wahren Kern, denn tatsächlich ziehen einige Wachtelarten auf ihrem Weg nach Afrika durch den Sinai. Auf ihrem elend langen Flug sterben einige Tiere vor Erschöpfung und fallen buchstäblich vom Himmel. Die gottgesandte »Plage« mag daher rühren, daß die Vogel unterwegs auch Nieswurz und Bilsenkraut nicht verschmähen, zwei Kräuter, die Toxine enthalten. Das Gift macht den Vögeln selbst nichts aus, bescherte jedoch dem Volk Israel schlimme Bauchkrämpfe. Wer sich am lautesten über das Manna beklagt hatte, fand gleich an Ort und Stelle sein Grab.

Heilige und Supermodels

Die Heiligengestalten des Mittelalters und unsere Fotomodelle von heute streben ganz verschiedene Arten der Perfektion an: die einen suchen spirituelle Erleuchtung, die anderen körperliche Makellosigkeit. Beiden gemeinsam ist jedoch die strenge Diät, von der sie sich die Erreichung ihres Ideals versprechen. Die gegenwärtige Vorliebe für spindeldürre Schönheiten ist zur Genüge bekannt. Ihre Schwestern im Geiste waren historisch gesehen die heiligen

Frauen des Mittelalters, die sich viel häufiger als ihre männlichen Kollegen in Verzicht übten und dies nicht selten mit dem Leben bezahlten. In seinem Buch *Holy Anorexia* vertritt Rudolph Bell die These, daß die Obsession beider Epochen mit dem Aufkommen der Anorexia nervosa zusammenhänge, dem pathologischen Glauben hungernder Frauen, jede Form der Nahrungsaufnahme bedeute einen Akt der Völlerei. Die Menüs jedenfalls, die man sich damals wie heute zumutet, würden dem reuigsten Sünder den Appetit verderben. Die heilige Veronika ernährte sich die längste Zeit ihres Lebens von Spinnen und sonstigem Kleingetier, bis sie sich schließlich zu einer Gemüsesuppe und fünfzig Gramm Obst am Tag durchrang. Margarete von Cortona lebte im 13. Jahrhundert von nichts als trocken Brot und ab und zu etwas Rohkost. Die heutigen Models befolgen mitunter ähnliche radikale Diätpläne, besonders in den Wochen vor einer wichtigen Show oder einem Fotoshooting. Dann gibt es dreimal am Tag Kohlsuppe, um das Körperfett auf ein Minimum zu reduzieren. Eine berühmte Ballerina kam angeblich ein Jahr lang mit einem Apfel am Tag aus, andere nahmen bewußt den Hungertod in Kauf, indem sie unglaubliche Mengen Wasser zur Appetitzügelung in sich hineinschütteten.

Das Spannende an den Heiligen, die sich dem Fasten verschrieben, ist ihre Motivation. In der jüdisch-christlichen Tradition entwickelte sich der Verzicht auf Nahrung zur Bußübung, wohl als Reaktion auf die Verschwendungssucht des alten Rom. Die christlichen Mystikerinnen waren aber in erster Linie auf die Veränderung ihres Bewußtseins aus, so wie Margarete von Cortona, die meinte, durch exzessives Fasten würde »der Kopf frei und die Seele entflammt«. Während bei Menschen, die dem Hungertod nahe sind, oft alle Phantasie und Tagträumerei versiegten, nimmt bei kontrollierter Entsagung die Empfänglichkeit für Einbildungen und Halluzinationen eher zu. Anders gesagt, die Damen sind ausgetickt. Die beliebteste Vision unter den »Twiggies« des Mittelalters war die intime Begegnung mit Christus. »Zuerst küßte sie ihn auf die Brust«, berichtet der Beichtvater und Biograph Angelas von Foligno im 14. Jahrhundert, »dann küßte sie seinen Mund, von dem, wie sie sagte, ein wunderbar süßer Duft ausging. Schließlich preßte sie ihre Wange an die seine, Christus legte die Hand auf ihr Gesicht und zog es näher zu sich heran.« Die heilige Teresa von Avila stöhnte vor Verzückung, wenn ihr die Engel »glühende Speere in den Leib bohrten«. Bei manchen nimmt das überirdische Vorspiel beinahe kokette Formen an. So schildert die Stammheilige der Italiener, Katharina von Siena, wie Christus sie umgarnte: »Von weitem schon bot er mir sein Heiligstes (seine offenen Wunden) dar, und es trieb mich mit aller Sehnsucht, meine Lippen an seine Wunden zu legen. Nachdem er kurz über meine Tränen gelacht hatte, so kam es mir vor, trat er vor mich hin und führte meine Lippen an seine geheiligten Wunden.« An anderer Stelle schwärmt sie davon, wie Christus ein »rot leuchtendes Organ« (ein Herz) in sie einführte.

Hier offenbart sich die erstaunliche Ähnlichkeit zum modernen Dilemma. Natürlich halten Models nicht deshalb eisern Diät, um Gottes Sohn sexuell nahe zu kommen – jedenfalls nicht direkt. Dazu muß man wissen, daß die beschriebenen Visionen keine Privatsache der Heiligen waren. Vielmehr wandten sie sich an die Allgemeinheit und wurden meist von einem Beichtvater öffentlich kundgetan. Später waren Schriften wie die Biographie der Katharina von Siena aus dem 14. Jahrhundert äußert populär. So wie Kirche und Priesterschaft damals die Heiligkeit legitimierten, so erschafft die moderne »Heilige« mit Hilfe von Designern und Fotografen eine ferne Traumwelt, die uns über eine Flut von Modemagazinen erreicht. Und die Visionen, die dabei propagiert werden, sind nicht weniger sexuell und paradiesisch als die der alten Heiligen. Perfekte Körper schweben durch ein surreales Ambiente von makelloser Schönheit und Eleganz. Man rekelt sich in einem überirdischen Licht am Swimmingpool. Für den Betrachter sind das Momentaufnahmen eines unerreichbaren Ideals – schlanke, ebenmäßige Göttinnen beherrschen die Szenerie. Die männlichen Models sind dabei oft ebenso androgyn wie die Christusgestalt in der Kunst des Mittelalters: unbehaart, wohlproportioniert und schmal. Frauen nehmen gegenüber dem männlichen Körper meist eine ehrerbietende Position ein, so als würden sie ihn anbeten, und die Technik des Weichzeichnens, die vielen Fotos ihren romantischen Touch verleiht, diente in der Malerei ursprünglich zur Darstellung des diffusen Lichts von Heiligenscheinen. Der religiöse Reliquienkult, der die Kirchen Italiens schier überquellen läßt, lebt heute in Gestalt des Blitzlichtgewitters fort, in dem sich die Paparazzi ihr Stück der strahlenden Modelwelt sichern, um alle Welt damit zu beglücken.

In beiden Branchen werden die Frauen, nachdem sie durch extremes Fasten »geläutert« sind, von Männern vermarktet, seien es Priester oder Modedesigner. Diese verkaufen ihrerseits die perfekte Illusion und sind selbst entweder schwul oder asexuell. Sogar das Klischee des frauenverachtenden Modezaren hat seinen frühchristlichen Archetypus. Der heilige Hieronymus begründete schon im 4. Jahrhundert eine Art Grunge-Look, indem er seine Glaubensbrüder dazu aufrief, sie sollten ihre Töchter in Lumpen kleiden und sie einer dauernden Fastenkur unterziehen, um ihre »brennenden jungen Leiber« zu kühlen. Seiner Vorstellung nach ließ sich eine ehrbare Dame niemals beim Essen zusehen, und seine Anhänger zwangen ihre Töchter, allein im Dunkeln zu speisen, damit sie niemand bei ihrem schändlichen Tun beobachtete. Das Fortbestehen von Heronimus' Theorie in der glitzernden Modewelt ist kaum verwunderlich, wenn man bedenkt, was ihre gemeinsame Wurzel ist: der Sex-Appeal einer schamlosen Sünderin namens Eva. Doch ein Wandel im Denken zeichnet sich ab: immer öfter wird der Vorwurf laut, die Werbung mit ausgemergelten Körpern führe bei einer ganzen Generation von Frauen zu Eßstörungen. 84 Prozent der Amerikanerinnen machen heutzutage eine Diät, und jede zweihundertste Collegestudentin leidet unter einer verzerrten Körperwahrnehmung.[5] In einigen Ländern, wie in Dänemark, wird bereits über ein Verbot gesundheitswidriger Werbekampagnen nachgedacht.

Bittere Kräuter

Das Leibgericht der meisten Heiligen der Welt ist ein Kraut, das bei Berührung Juckreiz und Pusteln verursacht. Die Rede ist von der Brennessel, aus der man in vielen Gegenden der Welt eine schmackhafte Suppe bereitet. Im 12. Jahrhundert soll der tibetische Einsiedler Milarepa so viel Nesselsud getrunken haben, daß er grüne Haare davon bekam. In Irland befolgte der heilige Columba eine ähnliche Diät, legte dabei jedoch auf mysteriöse Weise sogar an Gewicht zu. Als der Heilige seine Köchin zur Rede stellte, gestand diese, daß sie ihm jedesmal heimlich eine Kelle Milch untergejubelt hatte.

Beim Zubereiten des folgenden Rezeptes am besten Gummihandschuhe tragen. Mengenangaben für 4 Portionen.

> 1 gute Handvoll frische Brennesselblätter
> etwas gehacktes Lauch (zur Verfeinerung)
> 400 ml Milch (mit etwas Brühe oder Wasser)
> 30 g Butter
> 60 g Weizenkleie (oder Reis)
> Salz
> Pfeffer
> Petersilie

Die Nesselblätter (nur die feinen Spitzen verwenden) mit dem Lauch zwei bis drei Minuten anschwitzen, ohne daß sie braun werden. Milch und Brühe zugeben, aufkochen lassen, dann Butter und Weizenkleie (oder Reis) zufügen und mit Salz und Pfeffer abschmecken. Dreißig bis vierzig Minuten köcheln lassen. Nach Geschmack würzen. Mit Petersilie garnieren und frisch servieren.

Red Lady

John zeigte auf ein paar melonengroße Nippel über unseren Köpfen. »Es heißt, da kommt Milch raus«, erklärte er skeptisch. Einige Mönche blieben stehen, um sich mit der milchigen Flüssigkeit zu salben, die aus den überdimensionalen Brustwarzen tropfte. »Angeblich heilig.«

Nina und ich waren auf Besichtigungstour im Palast der Roten Dame in Amritsar, einer Stadt im Nordwesten Indiens, die für ihren goldenen Sikh-Tempel bekannt ist. Wie es sich für Touristen gehört, hatten wir am heiligen Schrein des Tempels Platz genommen und beobachteten die Pilger, wie sie unter lautem Geschrei und mit schwingenden Schwertern hereinmarschierten. Wir hatten das Heilige Buch der Sikhs gesehen, das rund um die Uhr von singenden Priestern bewacht wird. Nach dem Besuch im Tempel machte John, unser Rikscha-Fahrer, den Vorschlag, ob wir nicht noch das »Museum der Frauen« besuchen wollten. Ein Museum der Frauen? Wir dachten sofort an exotische Reliquien der indischen Frauenbewegung und stimmten zu. Am Ende fanden wir uns in dem Haus einer Frau wieder, die wegen ihrer strengen Diät als Heilige verehrt wurde. »Diät« ist ziemlich untertrieben, denn man war allgemein der Ansicht, daß die Dame in ihrem ganzes Leben noch keinen Bissen zu sich genommen hatte. Nach westlichem Empfinden mag sich das für eine Heilige so gehören, doch bei den Hindus ist das normalerweise anders – heilige Frauen oder Gurus sind hier oft von enormer Körperfülle und erteilen ihren Segen mit fast mütterlichen Umarmungen. In Indien sind es die Männer, die zum Asketentum neigen. Die »Rote Dame« aber war von einer schier christlichen Hingabe zum Leid erfüllt und hatte den Großteil ihres Lebens in äußerster Bescheidenheit verbracht, bis zu ihrem Tod Mitte der 1980er Jahre. Die Legende, daß sie von nichts als Luft gelebt habe, verbreitete sich in Windeseile, und ihr Haus war, als wir es Ende 1999 besuchten, schon zu einem Tempelkomplex mit rund zwanzig Zimmern ausgebaut worden.

In dem größten Raum, den man über einen heruntergekommenen Flur erreichte, stand eine bunt bemalte Statue der Roten Dame, mit Hornbrille auf der Nase. Sie machte einen verdächtig wohlgenährten Eindruck. Dutzende alter Frauen hockten ihr zu Füßen. Das eigentlich Aufregende passierte ein Stockwerk höher – eine Mischung aus Karneval und kirchlicher Zeremonie. Um dorthin zu gelangen, mußte man auf allen vieren durch einen schmalen Gang kriechen, was wohl das Verlassen des mütterlichen Uterus symbolisieren sollte. Nach dieser »Wiedergeburt« durchquerte man auf verschlungenen Wegen eine Reihe merkwürdig geschnittener Zimmer, hinauf bis unters Dach des Hauses und wieder hinunter. Manche Zimmer waren röhrenförmig und in grellem Rot gehalten, andere hingen voller Stalaktiten aus Pappmaché. Die Durchgänge waren extrem schmal und mit Bildern der Roten Dame geschmückt. Aber auch andere Hindu-Gottheiten waren darunter, wie Hanuman in Affengestalt, Ganesha mit Elefantenkopf oder Kali, mit ihrem abgetrennten Kopf in der Hand, dem eine blutrote Zunge aus dem Mund hing. Die Wände eines der Zimmer waren komplett mit orangefarbenen und weißen Blüten bedeckt, deren schwerer Duft einen halb benommen machte, und in jeder Ecke standen singende und betende Menschen. Kreischende Kinder rannten wie in der Geisterbahn durcheinander. Im letzten Raum watete man schließlich durch knöcheltiefes Wasser zu einem Priester, der den Gläubigen herumführte, begleitet von monotonem Singsang. Von diesem Priester erhielt man auch seine Zaubermünze, die das Geld im Portemonnaie auf wundersame Weise vermehren sollte.

John kommentierte jedes Detail im Haus mit einem ironischen Grinsen und erinnerte uns immer wieder daran, daß er als Unberührbarer, der zum Christentum konvertiert war, an solchen Hokuspokus natürlich nicht glaubte. Er äußerte auch Zweifel an der Abstinenz der Roten Dame. Wie auch ihre christlichen Schwestern beim Abendmahl nicht die Oblate verschmähten, so habe die Rote Dame wohl gelegentlich eine Schale Milch von einer heiligen Kuh getrunken.

Die Lust am Fett

Wenn ein kanadischer Ojibwa-Indianer begeistert ausruft: »Du bist ja so fett!«, dann ist das als Kompliment aufzufassen, denn er meint, man sähe gesund, wohlgenährt und verführerisch aus. In vielen Teilen der Welt gilt Körperfülle nach wie vor als schön. Und es ist kaum hundert Jahre her, da empfahl der Amerikaner B. Johnston in seinem Buch *Eat and Grow Fat* allen jungen Frauen (und Männern), »die es zu etwas bringen wollen, sich erst einmal eine ordentliche Speckschicht anzufuttern«. Mit Tips wie diesen wandte er sich keineswegs an magere Teenager. Den Begriff *Diät* in dem Sinn, wie wir ihn heute verstehen – als Tal der Entbehrungen –, gab es damals noch gar nicht. Ihm am nächsten kamen noch Bewegungen wie der Fletcherismus, der im Amerika des 19. Jahrhunderts viele Anhänger fand.[6]

Die Leidenschaft für das Fett war einst nicht nur auf den menschlichen Körper beschränkt. Die alten Ägypter liebten parfümiertes Tierfett, das beim Essen so herrlich duftete, während es langsam zerlief. Noch größer war die Nachfrage nach zum Verzehr geeignetem Fett. »Der eine«, schrieb John Trusler in *The Honors of the Table* im 18. Jahrhundert, »mag es weich, der andere fest, doch jeder sollte das (Fett) bekommen, das ihm am besten schmeckt.« Trusler schwärmte besonders vom hauchzarten Schweinespeck und der »schönen Knorpelschicht rund um das Kalbsohr«. Da das Fett von Wildbret »leicht auskühlt«, trug er jedem Gourmet auf, es auf vorgewärmten Tellern zu servieren, auf daß es lange triefe. Beim Tranchieren sollte man das Tier mit einer Hand hochhalten, während man mit der anderen gekonnt das Fett ablöste, das sich sodann als saftiger Leckerbissen auf dem Teller des Gastes stapelte.

Fett galt lange als Leibspeise der Götter, und dem

Gläubigen wurde geraten, durch Verbrennen von tierischem Fett dem Herrn ein Opfer zu bringen. Der Normalsterbliche mußte mit den mageren Stücken vorliebnehmen. Heißes Fett wurde gern als Sauce serviert und begleitete jeden guten Braten. Zu einem Lammbraten gehörten wabbelige Fettstücke vom Schwanz des Tieres, die laut Trusler »schon in kleine Happen vorzerlegt werden sollten«, um dem Appetit der Gäste entgegenzukommen. Im Nahen Osten war das Fett von Lammschwänzen besonders begehrt. Deshalb züchtete man Tiere mit gigantischen Exemplaren, bis zu einem halben Meter lang, die auf kleine Wägelchen drapiert wurden, damit das gute Stück auch heil blieb. Ohne dieses Fett wäre so manche orientalische Delikatesse undenkbar. Die Holländer wiederum schworen auf das salzig-aromatische Fett des Reihers, dessen Küken sie aus den Nestern raubten. Bei einem Staatsbankett Anfang des 17. Jahrhunderts wurden einmal über 500 der Vögel aufgefahren. Das berühmteste Fett Frankreichs ist wohl die *sots-l'y-laisse* vom Huhn (zu deutsch etwa: »nur Dummköpfe rühren sie nicht an«). Bei dem 4000-Dollar-Menü, das die *New York Times* 1975 dem Restaurantkritiker Craig Claiborne kredenzte, wurden auch ein paar Krümel der glibberigen Masse serviert.

Vollkommen fettfreiem Essen, dasselbe gilt übrigens auch für Menschen, fehlt es gemeinhin an Charakter. Fett ist eine Art Lautstärkeregler, ohne den unsere Geschmacksknospen keine Geschmäcker unterscheiden können, während es selbst beinahe geschmacksneutral ist. Wie ist es da zu erklären, daß das Fett heutzutage so einen schlechten Ruf hat? Genaugenommen, müßte man sagen, ist es nur unsere *Vorstellung* vom Fett, die Übelkeit erregt. Im Westen, besonders in den USA, hat sich eine regelrechte Angst vor Fett breitgemacht. Irrsinnige Summen werden ausgegeben, um künstliche Ersatzstoffe zu finden, die den gleichen vollen Geschmack im Mund bieten, ohne die sündhaft vielen Kalorien. Echte Fett-Hasser finden wir jedoch wiederum unter den Indianern. Als man sie vor über 300 Jahren nach den drei größten Übeln fragte, die der Weiße Mann ihnen gebracht habe, nannten die Maya an erster und zweiter Stelle Folter und Mord. An dritter Stelle stand die Gewohnheit der Conquistadores, ihre Arbeiter »mit Speckschwarten zu prügeln«.[7]

Mitterrands letzter Wille

Als der französische Präsident François Mitterrand schon vom Krebs gezeichnet war, lud er seine Freunde am 31. Dezember 1995 zu einem letzten Silvesteressen ein. Als Vorspeise gab es Austern, anschließend *Foie Gras*, dann gebratenen Kapaun. Doch statt Dessert oder Käse wurde am Ende eine Köstlichkeit serviert, die sich Mitterrand noch einmal auf der Zunge zergehen lassen wollte – das Fleisch des Ortolans, eines winzig kleinen Singvogels, dessen Fang, Verkauf und Verzehr schon damals unter Strafe standen. Mitterrand verspeiste das Vögelchen auf traditionelle Art, indem er sich zuerst ein mit Stickereien verziertes Tuch auf den Kopf legte und sich dann das Tier in einem Stück in den Mund schob.

Wenn das schlechte Gewissen nach etwas schmeckt, dann bestimmt nach Ortolan. Der zitronengelbe Singvogel, englisch *bunting* genannt, taucht erstmals in der französischen Troubadour-Lyrik als Symbol der Unschuld und Liebe zu Jesus auf. Wenig später hängte man in den Wäldern um Bordeaux kleine Holzfallen, die *matoles*, in den Bäumen auf, um die Vögel auf ihrem Zug gen Süden einzufangen. Sie werden lebendig gefangen, dann verbindet man ihnen entweder die Augen oder hält sie in einem dunklen Kasten und mästet sie mit Hirse, Trauben und Feigen. Das Verfahren stammte offenbar noch aus der dekadenten Küche des römischen Kaiserreiches, wo die Vögel als *beccafico* oder »Feigenpicker« bekannt waren. Wenn sie das Vierfache ihres normalen Gewichts erreicht haben, ertränkt man sie in einem Glas Cognac. Dieses sadistische Schauspiel hat den Vogel vom Symbol der Unschuld zu jenem der Völlerei und Ungnade werden lassen. In Colettes Roman *Gigi* zum Beispiel wird die naturwüchsige Heldin durch Unterricht im korrekten Umgang mit Hummer und Eiern auf ihren Eintritt in die feine Gesellschaft vorbereitet. Als sie später die Ausbildung zur Kurtisane antritt, wird ihr gesagt, sie müsse lernen, »wie man einen Ortolan verspeist«. Doch natürlich erfreuten sich nicht nur Kurtisanen an dem Leckerbissen. Die Sitte, vor dem Verzehr des Vogels das Haupt mit einem Tuch zu bedecken, wurde angeblich von einem Priester begründet, der seine sadistischen Gelüste vor Gott zu verbergen suchte.[8]

Einen Ortolan zuzubereiten ist eigentlich ein Kinderspiel. Einfach sechs bis acht Minuten im Ofen backen, und fertig. Der Clou an der Sache liegt einzig und allein im Ritual des Essens. Zuerst also den Kopf mit einem von Hand bestickten Tuch bedecken. Das zerbrechliche Vögelchen in den Mund nehmen, so daß nur der Kopf zwischen den Lippen hervorschaut. Dann schnell den Kopf abbeißen und ausspucken. Der Ortolan sollte frisch aus dem Ofen serviert werden, und zwar so heiß, daß man ihn auf der Zunge balancieren muß, während man kräftig durch den Mund aus- und einatmet. Das kühlt den Vogel ab, hat aber vor allem den Zweck, das köstliche Fett des Tieres langsam die Kehle hinabrinnen zu lassen. Sobald der Vogel genug abgekühlt ist, darf man kauen. Es kann mehrere Minuten dauern, bis Brust und Flügel, die zarten Knochen und inneren Organe zerkleinert sind. Echte Liebhaber behaupten, sie könnten das ganze Leben des Vogels »nachschmecken«, während sie ihn sich genüßlich im Dunkeln auf der Zunge zergehen ließen: den Weizen Marokkos, das Salz des Mittelmeeres, den Lavendel der Provence. Die erbsengroße Lunge und Herz, in Cognac getränkt, zerplatzen angeblich wie kleine Weinbrandpralinen auf der Zunge. Dazu trinkt man am besten einen guten Bordeaux.

Gibt es etwas Köstlicheres? Nein, sagen die Liebhaber, die das Verbot des Ortolans als Bedrohung der französischen Eßkultur werten und stur an ihrer Tradition festhalten, auch um den Preis eines Bußgelds von bis zu 2000 Dollar. »Es ist herrlich – ein Fest für die Sinne!« schwärmt auch Jean-Louis Palladin, Chefkoch im Washingtoner Watergate Hotel. Für ein großes Bankett hat er einmal vierhundert der Vögel in einem Paket Windeln am US-Zoll vorbeigeschmuggelt. Palladin kann nur darüber lachen, man würde sich beim Ortolan-Essen wegen der Schuldgefühle den Kopf bedecken. »Scham? *Mais non!* Es hilft nur dabei, sich auf das Fett zu konzentrieren, das einem die Kehle herunterläuft. Das ist wirklich, als würde man beten. Wie wenn man beim Abendmahl in der Kirche die Oblate aus der Hand des Priesters empfängt und dabei ganz in Gott versunken ist. Das kommt diesem Hochgenuß vielleicht am nächsten.«

Präsident Mitterrand war offenbar ähnlicher Ansicht. Obwohl schon so geschwächt, daß er zwischen den Gängen Mühe hatte, bei der Sache zu bleiben, brach Frankreichs großer Staatsmann an jenem Abend mit der Tradition, nach der man nur einen Vogel am Abend verzehren darf. Er aß zwei. Es war mit das letzte, was er schmeckte. Er starb noch in derselben Woche.

3. Kapitel – Stolz

»Bin ein armes Schwein, soviel steht fest,
esse nur Mist und bin nichts wert.«
Dorothy Allison, *Trash: Stories*

Menü des Stolzes

COCKTAIL HOUR
Lehmfresser
Blaue Champagner-Trüffel mit erdiger Note.
Möglichst mit Hochmut zu genießen

VORSPEISE
Original toskanische Crostini di fegato
Geröstetes Weißbrot mit Leberpastete
(Rezept Seite 115)

BROTKORB
Pane di India
Auswahl indianischer Backwaren wie blaue Maisklößchen
und psychedelische Kekse.
Mit wildem Honig verfeinert
(Rezept Seite 121)

VEGETARISCH
Des toten Mannes Lima-Bohnen
Frische Bohnen in Butter und Speck.
Mit Judaskuß serviert

BLAUER SPEZIALTELLER
Humble Pie
Traditionelle Bataglia-Pastete mit Kutteln, Kalbsbries und
sots-l'y-laisse an Florentiner Sauce

FÜR LECKERMÄULER
Galette des Rois
Traditioneller New-Orleans-Epiphanie-Kuchen
(Rezept Seite 126)

Kleider- und Sitzordnung sind zu beachten.

Der Egoist beim Dinner

Am meisten hat mich bei der Recherche zu diesem Kapitel überrascht, wie sehr ich mich geirrt hatte. Ich meine, wo ich doch sonst eigentlich immer recht habe. Allein der Gedanke, daß ich auf dem Holzweg sein könnte, schien mir absurd. Im Rechthaben war ich schon immer große Klasse. Ich steche aus der Masse meiner Mitmenschen hervor und stelle jeden mit meinen genialen Geistesblitzen in den Schatten. Sagte ich gerade Mitmenschen? Wie bescheiden ich trotz allem doch geblieben bin und wie bemüht, auch die zu würdigen, die es kaum verdienen. Andere sind da viel eher in Gefahr, in Stolz und Hochmut zu verfallen, besonders wenn es ums Essen geht. Zum Thema Stolz erwartete ich Geschichten über eingebildete Schnösel, die für die Küche anderer Länder nur Spott übrig haben und sich selbst für die größten Gourmets halten. Ich erwartete eine Geschichte Frankreichs. Statt dessen geriet ich in einen Strudel aus Rassismus und Haß.

Nehmen wir zum Beispiel den Ausdruck *Beaner* oder »Bohnenfresser« – eine Anspielung auf die vermeintliche Vorliebe der Mexikaner für selbiges Gemüse, mit dem Zweck, den Mexikaner an sich als faul und ignorant zu beschimpfen. Das heutige Englisch strotzt vor solchen Verunglimpfungen. Schwarze Amerikaner nennen Weiße *Cracker*, wegen ihrer angeblichen Schwäche für Knabberzeug. Weiße wiederum meinen, Schwarze vergötterten

Wassermelonen. Engländer sind *Limeys*, weil ihre Seeleute früher zum Schutz vor Skorbut Zitrusfrüchte lutschten, und die Franzosen werden der bei ihnen beliebten Zubereitung von Froschschenkeln wegen *Frogs* genannt. Im Zweiten Weltkrieg, als man händeringend nach einem treffenden Namen für die Deutschen suchte, brachten die Alliierten ihren Abscheu vor Sauerkraut in dem Begriff *Krauts* zum Ausdruck. Die Nazis focht dies jedoch nicht an. »Unser feines Sauerkraut«, heißt es in dem Kochbuch *Deutsche Heimatküche* aus jener Zeit, »ist durch und durch deutsch. So haltet es in Ehren.«

All diese Beispiele verbindet eine Botschaft: Du bist, was du ißt, und wehe, du ißt etwas anderes als ich, dann bist du mein Feind. In manchen Sprachen bedeutet das Wort für Feind wörtlich übersetzt »der mit dem anderen Mund«. Wäre es da nicht eine Überlegung wert, den Weltfrieden durch Einführung einheitlicher Speisepläne zu sichern? Wer weiß, vielleicht ist das das Kalkül der Friedensapostel von McDonald's. Verhaltensbiologen haben jedenfalls eine einfache Erklärung dafür gefunden, warum Eßgebräuche so häufig zum Gegenstand von Vorurteilen werden. Im Tierreich ist die Nahrungsaufnahme eng an die eigenen Artgenossen gekoppelt, weshalb daraus mit der Zeit ein identitätsstiftender Faktor erwachsen ist. In der Psychologie sind Fälle von Depression unter Exilanten bekannt, die man erst in den Griff bekam, als man den Betroffenen Gerichte aus ihrer Heimat servierte. Das zeigt deutlich, wie wichtig das Essen in der Regel für unser Selbstbild ist. Und es macht auch verständlich, warum geknechtete Völker in der Geschichte immer wieder gezwungen wurden, ihre traditionelle Küche aufzugeben. Ähnliches gilt in abgeschwächter Form auch für den

»Schmelztiegel« USA, wo Einwanderer von jeher ihre alte kulinarische Identität ablegen mußten, um mit Leib und Seele »Toastbrot-Amis« zu werden.

Die Lehmfresser

Sie gelten als die unterprivilegierteste Schicht der amerikanischen Gesellschaft. Sie seien die Ausgestoßenen, die Verlierer, auf die alle herabblicken, weil sie den Dreck von der Straße auflesen, heißt es. Gemeint sind die Lehmfresser. »Ehrlich gesagt, Lehm esse ich am liebsten«, sagte 1999 Rena Bronson aus Georgia in laufende Fernsehkameras. »Lehm zum Frühstück, zu Mittag und zum Abendessen und zwischendurch ein Glas Eistee zum Runterspülen, dann wäre ich glücklich.« Frau Bronson ist ausgebildete Krankenschwester und verspeist drei kleine Beutel Lehm pro Woche. Aber nicht einfach irgendeinen Lehm. Als echte Feinschmeckerin kommt für sie nur der cremigweiße Kaolin in Frage, dem das Aroma von Trüffeln nachgesagt wird. Lehmesser wie Rena Bronson gibt es seit Jahrhunderten, doch im Gegensatz zu der Verachtung, die man ihnen heutzutage entgegenbringt, waren sie früher hoch geachtet. Unter Afroamerikanern gibt es immer noch die Sitte, werdenden Müttern ein Beutelchen Lehm zu schenken. Jährlich nehmen rund eine Million Mexikaner an einem besonderen Abendmahl teil, bei dem Lehmtaler statt Oblaten verteilt werden. Wie die meisten Lehmesser backen auch die Mexikaner ihren Matsch vor dem Verzehr im Ofen, um ihm Feuchtigkeit zu entziehen und den Geschmack zu verstärken. Die australischen Aborigines haben dieses Verfahren perfektioniert: Sie kneten den Lehm zu einer Art Brotlaib, den sie erst in der Sonne trocknen lassen, bevor er, in Blätter eingewickelt, gebacken wird. Im Norden Indiens benutzt man Tonkrüge, die nicht nur dem Wasser ein besonderes Aroma verleihen. Hat man seinen Durst gestillt, kann man das Gefäß gleich mit verdrücken. Eingeborene in Papua-Neuguinea spießen Lehmbälle auf Stöcke und rösten sie wie Kebab über dem Feuer. Wie wunderbar muß dazu der Tortilla-Dip schmecken, den die alten Inkas aus Flußschlamm gewannen. Von solchen Verfeinerungen abgesehen gibt es Lehm in drei verschiedenen Geschmacksrichtungen: rostig-rot, cremig-weiß und zartbitter-schwarz. Am gefragtesten ist jedoch die »blaue Erde« mit ihren Kohlensäurebläschen, die wie Champagner am Gaumen prickeln.

So lecker und preiswert der Lehm sein mag, so reich ist er auch an Mineralien, weshalb er in vielen Teilen der Welt zur Nahrungsergänzung verspeist wurde. Allerdings können bei übermäßigem Genuß die Darmzotten verschlammen, was die Aufnahme von Nährstoffen und Vitaminen hemmt und bis zum Tod führen kann. Zwar wurde die Gewohnheit des Lehmessens in den USA besonders den schwarzen Sklaven nachgesagt, die erste literarische Gestalt dieser Art war jedoch ein Weißer. Ransy Sniffle heißt der Held einer Geschichte mit dem Titel *The Fight*, die Augustus Baldwin Longstreet im Jahr 1833 veröffentlichte. Der Autor beschreibt Sniffle als Monster mit fliehender Stirn und plumpem Körperbau. Seine unvorteilhafte Erscheinung hätte »selbst einem Toten zur Schande gereicht«. Das Urbild des *white trash*, ein »Lehmfresser mit vom Rum aufgequollenen Gesichtszügen«. Die Figur des Mister Sniffle war keine bloße Laune der Phantasie. Vielmehr war sie als Karikatur des populistischen Politikers Andrew Jackson gedacht. Ein Heer von Schreibern kopierte fortan das Zerrbild des armen Schluckers als verrohtes Wesen, dessen Lebenswandel ihn als Dinnergast genauso disqualifizierte wie als mündigen Staatsbürger. Indem man Sniffle, den Lehmfresser, mit den Sklaven auf eine Stufe stellte, wurde die unrühmliche Tradition fortgesetzt, Menschen aufgrund ihrer Eßsitten zu diskriminieren.

Eine Dinnerparty in Kishan Garhi

Der Mißbrauch von Eßgewohnheiten zur Entrechtung von Menschen hat eine lange Tradition im amerikanischen Süden. Schwarz und Weiß an einem Tisch war in den alten Südstaaten ebenso tabu wie Sex zwischen den Rassen. Entsprechend machte sich die Bürgerrechtsbewegung nicht zuletzt für die Aufhebung der Rassentrennung in Restaurants und Lokalen stark. Die kulinarische Diskriminierung in den USA von damals ist jedoch nichts gegen das immer noch bestehende Kastenwesen der indischen Hindus, die mit rund einer Milliarde Menschen gut ein Fünftel der Weltbevölkerung stellen. Ihre Gesellschaft ist in vier streng getrennte Kasten aufgeteilt. An oberster Stelle stehen die Brahmanen oder Priester. Danach folgt die Kaste der Kshatriyas, der Krieger, dann die Vaisyas oder Kaufleute und auf der letzten Stufe schließlich die Dienerkaste, die Sudras. Innerhalb dieses groben Rasters gibt es noch Tausende von Unterkasten (viele davon an Berufsbezeichnungen orientiert), die sich auch durch Abgrenzung gegenüber den Eßgewohnheiten der anderen definieren. Die Soziologin McKim Marriott hat in einer Studie von 1968 am Beispiel der Dorfgemeinschaft von Kishan Garhi aufgezeigt, welche grotesken Züge dies annehmen kann. Die gerade einmal 166 Familien des Dorfes verteilen sich auf sage und schreibe 36 verschiedene Kasten. Der ganze

Ärger begann, als die örtlichen Ziegenhirten die Dorfbarbiere dazu bringen wollten, eine Einladung zum Abendessen anzunehmen. Nach den Gepflogenheiten der Hindus hätte dies für die Barbiere bedeutet, sich mit der niederen Kaste der Ziegenhirten auf eine Stufe zu stellen. Doch die Barbiere fanden das gar nicht mal so schlimm. Nach dem Motto, »um so mehr kriegen wir zu futtern«, sahen sie die Sache ganz pragmatisch. Allerdings steckten damit auf einmal die feinen Brahmanen in der Zwickmühle, die sich nicht mehr von den Barbieren hätten frisieren lassen dürfen, wenn diese das Gebot ihrer Kaste brachen. Ein Brahmane hat nämlich nicht nur beim Essen strikte Regeln einzuhalten, er darf sich auch nur von den Mitgliedern bestimmter anderer Kasten berühren lassen.

Der Ältestenrat des Dorfes beriet über die Frage und kam zu einem salomonischen Urteil. Die Barbiere, so wurde verkündetet, dürften zwar die Einladung der Hirten annehmen, bei dem gemeinsamen Essen jedoch nur zu bestimmten, nicht geweihten Gerichten greifen. Damit wäre die soziale Stellung der Barbiere gerettet, und sie könnten auch weiterhin die Brahmanen frisieren. Die Ziegenhirten waren über dieses Urteil empört. Der örtliche Brahmanen-Priester wurde abgesetzt und ein Nachfolger aus einem fernen Dorf bestimmt. Dann nahm die Geschichte eine unerwartete Wendung: Einer der Brahmanen wurde nämlich beim Essen mit den Ziegenhirten ertappt. Das ganze Dorf war in Aufruhr. Allerdings wurde anfangs verschwiegen, daß der erwischte Brahmane von den Ziegenhirten erpreßt worden war; diese wollten ihm nur dann eine größere Summe Geld leihen, wenn er mit ihnen gemeinsam aß. Als man im Dorf schließlich dahinterkam, war das Chaos perfekt. Die Brahmanen aßen nicht einmal mehr mit ihresgleichen, die Barbiere hatten keine Kundschaft mehr, und der Ruf der Ziegenhirten war ruiniert.

Im Kastensystem geht es natürlich um noch viel mehr als das Wer-mit-wem. Noch unter den vier Hauptkasten stehen die Unberührbaren oder Dalits, das sind 250 Millionen Menschen ohne echten Platz in der Gesellschaft – Unberührbare eben. Sie dürfen die öffentlichen Toiletten putzen, das ist auch schon so ziemlich alles. Wer sich von ihnen am Wasser aus dem Dorfbrunnen vergreift, wird nicht selten mit dem Tod bestraft. Wer sich anmaßt, mit Vertretern einer höheren Kaste zu essen, dem wird so lange das Essen vom Teller geschlagen, bis er es aufgibt, danach zu greifen. Diese unmenschliche Behandlung, die heute offiziell verboten ist, hat ihre Ursachen in dem streng nach Kasten getrennten, uralten Essenskodex der Hindus. »Der Begriff der Unberührbarkeit«, so Sundar LaSar in seinem Buch *Hindu Culture and Caste System*, »wurzelt in der Zwangsreglementierung der Eßgewohnheiten des einzelnen.« Das einzige Privileg der Unberührbaren ist, daß sie essen dürfen, was sie wollen, ohne Sanktionen befürchten zu müssen. Auf dem Speiseplan der bemitleidenswerten Brahmanen steht dagegen nur vegetarische Kost; selbst Knoblauch und Zwiebeln sind für sie tabu, von Alkohol ganz zu schweigen. Manche rühren dabei weder Karotten noch Tomaten an, weil diese Gemüse aus fremden Ländern stammen und daher »unrein« seien. Verhärtete Fronten auf beiden Seiten lassen kaum Fortschritte erwarten. »Du sollst dein Essen allein und nicht im Beisein der Familie einnehmen«, besagt das 3000 Jahre alte Gesetz des Manu, »denn wer kennt die geheimen Sünden derjenigen, mit denen man speist?« Manch hochrangiger Brahmane hat einen eigenen Raum, der allein dem

Essen vorbehalten ist, zumindest aber werden Trennwände aufgestellt, um unreine Einflüsse fernzuhalten.

Die einzig nennenswerte Gruppe mit ähnlich strikter Etikette sind die ultraorthodoxen Juden, von denen manche nicht einmal von den Tellern essen, die Ungläubige berührt haben. Die rituelle Verwandtschaft zwischen den beiden Gruppen sowie die Namensähnlichkeit der »Söhne Abrahams« (oder »a brahman«), wie die Juden auch genannt wurden, hat Spekulationen über ein frühes Urpriestertum aufkommen lassen. Ob an dieser Idee historisch etwas dran ist oder nicht, die Gemeinsamkeiten zwischen beiden Religionen, was das Verhältnis von Essen, Reinheit und Moral angeht, sind verblüffend. »Die (jüdischen) Eßrituale entwickelten sich zur Metapher für alles Heilige«, schreibt Mary Douglas in ihrem Buch *Purity and Danger*, denn »sie schieden die einzelnen Sphären der Schöpfung säuberlich voneinander.« Demnach verbietet die koschere Küche zum Beispiel den Verzehr von Salamandern, weil Gott dereinst die Welt in drei Reiche einteilte: Himmel, Erde und Wasser. Amphibien verstoßen gegen diese Einteilung, weil sie an Land ebenso wie im Wasser zu Hause sind. Folglich ist der Salamander ein Werk des Teufels. Der Widerwille der Hindus, über Kastengrenzen miteinander zu speisen, entspringt einem ähnlichen Denken. So wie Gott die Welt in getrennten Sphären schuf, so hat er auch den Menschen ihren jeweiligen Platz zugewiesen. Wer gegen dieses Prinzip verstößt, handelt unmoralisch. Gerade wegen der zentralen Bedeutung des Essens für die eigene Identität und religiöse Selbstfindung gelte das gemeinsame Brechen des Brotes als Vergehen, so Mary Douglas.[2] Außerdem sei die Vorstellung einer »göttlichen Trennlinie« die Grundlage fast jeder Moralvorstellung. Eine Lüge ist deshalb böse, weil sie vorgibt, wahr zu sein, das heißt, sie vermischt zwei verschiedene Kategorien der Natur: Falschheit und Wahrheit. Douglas vertritt die These, daß die strengen Vorschriften von Juden und Hindus hinsichtlich des Essens deshalb entstanden seien, weil sie den Gläubigen täglich aufs neue zum Nachdenken über Fragen von Wahrheit, Reinheit und Heiligkeit anregen. Der Akt des Essens werde so auf seinen Ursprung zurückgeführt als »zentraler Bestandteil der großen Liturgie, die in der Opfergabe im Tempel gipfelte«.

Das Abendmahl

Das Neue Testament ist voller Anekdoten über Jesus' schlechte Tischmanieren. Er wäscht sich vor dem Essen nicht die Hände, er teilt die Tafel mit Prostituierten und Ungläubigen. Damit verstieß er nicht nur gegen die guten Sitten, sondern gegen eherne Gesetze, die (ähnlich dem Kastenwesen der Hindus) zu den Grundfesten der damaligen Gesellschaft zählten und sehr ernst genommen wurden. So wäre man wohl lieber verhungert, als etwas zu essen, das nicht »koscher« war.

Die von Jesus veranstalteten Armenspeisungen wurden geduldet, solange er sie draußen in der Wüste abhielt. Innerhalb der Stadtmauern Jerusalems sah das anders aus. Der Bibelforscher Matthew Black behandelt in seinem Buch *The Scrolls and Christian Origins* eine Reihe von Merkwürdigkeiten in bezug auf das Abendmahl. Zunächst sollte es offenbar im geheimen abgehalten werden. Christus verriet nicht einmal seinen Aposteln, an welchem Ort es stattfinden sollte. Statt dessen ließ er sie von einem Eingeweihten zu dem Treffpunkt bringen. Black gründet darauf seine Vermutung, daß es sich beim Abendmahl um eine illegale Veranstaltung gehandelt habe. Aus Rekonstruktionen der damaligen Kalenderrechnung kommt er zu dem Schluß, daß sich das Abendmahl zwar um die Zeit des jüdischen Passahfestes zugetragen haben muß, jedoch nicht an dem offiziellen Feiertag. Als nächstes untersucht Black die näheren Umstände der Gefangennahme Jesus', besonders das Verhalten von Judas während des Treffens. Im Neuen Testament heißt es über Judas: »Als er nun den Bissen genommen hatte, ging er alsbald hinaus. Und es war Nacht.« (Joh., 13:30) Diese Stelle ist von merkwürdig düsterer Atmosphäre, zumal wenn man bedenkt, daß der »Bissen« nicht mehr war als ein Stück Brot zum Auftunken der Sauce. Offenbar war Judas mit dem mickrigen Happen nicht zufrieden. »Indem er das Brot zu den Priestern und Pharisäern brachte, konnte Judas glaubhaft machen, daß Jesus in ihrem Jerusalem ein illegales Mahl abhielt«, so Black weiter. »Ein Affront gegen die Pharisäer.« Judas bewies also mit dem Stück Brot, daß Christus gegen die Regeln des Passahfestes verstieß und man den falschen Messias, wenn man sich beeilte, auf frischer Tat ertappen konnte. So wird auch die ausführliche Schilderung des biblischen Abendmahles verständlich. Mit dem Einzug in Jerusalem hat Jesus die Konfrontation mit den Stadtvätern gesucht, doch er wurde festgenommen, bevor irgend etwas passieren konnte. Vielleicht hatte das Abendmahl gerade den Zweck, die Konfrontation heraufzubeschwören. Noch während des Essens kündigt Jesus das baldige Eintreffen seiner Häscher an. Wenn das Abendmahl tatsächlich ein solcher Affront war, dann ist diese Vorahnung kaum hellsichtiger als die eines Demonstranten, der sich im Gefängnis wähnt, während er noch das Bürgermeisteramt besetzt hält.

Das Christentum unterscheidet sich von den meisten

anderen Weltreligionen durch das weitgehende Fehlen von Eßtabus. Das ist kein Zufall. Im Matthäus-Evangelium heißt es: »Hört zu und versteht! Nicht das macht den Menschen unrein, was er durch den Mund in sich aufnimmt, sondern das, was aus seinem Mund herauskommt.« (Mat., 15:10–11) Wie sollen die Menschen jemals zueinanderfinden, wenn sie nicht wie Brüder an einer Tafel essen dürfen? Doch Jesus' Versuch, das Passahfest zu einem politischen Statement zu nutzen, schlug gründlich fehl. In den folgenden 2000 Jahren haben Christen, die zu Ostern den Tod Christi beweinen, immer wieder Juden aufs schlimmste massakriert, und zwar nicht zuletzt deshalb, weil sie das zeitgleiche Passahfest in Gedenken an den Auszug aus Ägypten als Freudenfest der Kreuzigung Christi mißverstanden.

Humble Pie

Ich sitze in einer Souterrain-Kneipe in Manhattans East Village. Wo man hinsieht, nichts als hippe Japaner mit Hornbrillen, die an ihrem Sapporo-Bier nippen und Omeletts verdrücken. Ich nehme einen Happen von meinen *motsu yakitori*. *Motsu* heißen die Innereien der Kuh, und ich liebe sie, denn ich versuche gerade, meinen ich weiß nicht wievielten *yakitori* (das japanische Pendant zum Kebab, nur kleiner) zu verdrücken. Die bezaubernde Nina J. macht ein Gesicht, als müsse sie sich jeden Moment übergeben. Sie ist ziemlich wählerisch und ißt eigentlich kein Fleisch, weshalb sie sich auch mit ein paar Shrimps begnügt.

»Der da«, sage ich naserümpfend und zeige auf das pinkfarbene Schalentier zwischen ihren Stäbchen, »frißt mit dem Hintern. Hast du eine Ahnung, was der schon alles verdaut hat?« Da fällt mir ein, daß Ninas Bruder Jerry für die jüdische Gemeinde als Prüfer durch koschere Restaurants tingelt. »Jerry würde lieber tot umfallen, als so was runterzuschlucken.«

Nina stellt sich taub und ißt ungerührt weiter. Ich verlege mich auf eine andere Taktik. »Okay«, sage ich, »was ein echter Amerikaner ist, der würde im Traum nicht drauf kommen, die Innereien einer Kuh zu verspeisen, schon gar nicht in der Öffentlichkeit. Aber es hat mal eine Zeit gegeben, da waren Innereien das heilige Sakrament der mächtigsten Priester der Welt, der etruskischen Haruspex.« Die Etrusker waren so etwas wie die Ureinwohner der Toskana. Sie brachten den Römern nicht nur Lesen und Schreiben bei, sondern lehrten sie auch, in die Zukunft zu blicken. Kein römischer Feldherr von Rang traf eine Entscheidung, ohne den etruskischen Haruspex die Zukunft aus Schafsinnereien lesen zu lassen. Ich schilderte Nina eine Szene, wie sie sich damals zugetragen haben mag: das verblutende Tier, der Weihrauch, der Priester, der die dampfenden Organe des Opferlamms nach prophetischen Zeichen mustert. Nur wenn die Darmwindungen günstig liegen, schickt der Feldherr seine Armeen aus, um Kleinasien zu erobern. Der Haruspex kann sich dann beruhigt zurücklehnen und die Delikatesse genießen, die den Leckereien auf meinem Teller nicht unähnlich gewesen sein dürften. Herz und Leber am Spieß, gut durchgebraten, gesalzen und mit der Asche des Feuers verfeinert, in dem sie geröstet wurden.

Ich habe das immer für Geschichten aus mystischer Vorzeit gehalten. Bis eines Tages ...

Das Meerschweinchen nahm noch einen Schluck Bier und verdrehte entnervt die Augen. *Hat das denn nie ein Ende?*

»Es funktioniert besser, wenn das Tier betrunken ist«, erklärte Señor Villanova. »Sie werden sehen.«

Meine Reise in das mythische Reich der Fleischeslust begann in dem Dorf Husao in den peruanischen Anden. Peru ist eines der wenigen Länder der Welt, wo Innereien noch fast wie bei den alten Etruskern verehrt werden, mit dem kleinen Unterschied, daß die peruanischen »Geistlichen«, die *curanderos*, statt Lämmer Meerschweinchen bei ihrer Arbeit bevorzugen.

Villanova flößte dem Tier mehr Bier ein. Nicht alle *curanderos* machen ihre Meerschweine betrunken, doch Villanova war uns wärmstens empfohlen worden. Trotzdem schwand so langsam mein Vertrauen in seine Fähigkeiten. Erstens trug er viel zu weite Hosen. Zweitens schien er selbst angeheitert, dem unverständlichen Kauderwelsch nach zu urteilen, das er aus seinem schiefen Mundwinkel hervorpreßte. Überhaupt hatte sein Gesicht etwas von einem Galgenvogel. Nichts Gutes ließ auch seine Büroeinrichtung erahnen: zwei wacklige Holzschemel und ein Tisch, übersät mit schmutzigem Laub. Die anderen Wunderheiler, die ich besucht hatte, verfügten alle über ein stolzes Arsenal von Mittelchen und Talismanen. Wenn die Wände noch weiß getüncht gewesen wären, statt des nackten Zementes, hätte man genausogut im Wartezimmer eines westlichen Schulmediziners sitzen können. An Villanova beeindruckte mich vor allem, wie er das Meerschwein betrunken machte. Er hielt das Tier am Hautwulst über den Schultern fest, und wenn es Zeit wurde für den nächsten Schluck, schob er die Haut einfach ein Stück zurück, und das Meerschwein öffnete notgedrungen sein Mäulchen. Dann tauchte er das Tier mit dem Kopf in den Bierkrug, aus dem es jedesmal mit einem Bart aus Schaum wieder auftauchte. Auf diese Weise war innerhalb von wenigen Minuten eine halbe Flasche geleert, wobei ich mich fragte, wer mehr getrunken hatte, das Meerschwein oder Señor Villanova.

Mir wurde erklärt, wie es morgen weiterginge. Zuerst würde ein Zauberspruch über das Meerschwein gesprochen, bevor es dann von Kopf bis Fuß an meiner Haut gerieben würde, damit es meine Krankheiten in sich aufnehme. Normalerweise würde das allein schon das Tier umbringen, so daß es Villanova, begleitet von Gebeten und Gesang, gleich aufschneiden konnte. An der Form der inneren Organe könne man dann ablesen, welches die beste Therapie für mich sei. Villanova verglich das Ganze mit einer Röntgenaufnahme, nur ohne Strahlen.

Ich fand das alles reichlich etruskisch und fragte Villanova, ob er jemals von der Toskana gehört habe. Volterra? Risotto? Er schien nicht zu wissen, wovon ich redete, also zeigte ich ihm ein Bild der sogenannten »Leber von Piacenza«. Dabei handelt es sich um die circa einhundert Kilogramm schwere Bronzenachbildung einer Schafsleber, im Rom des 2. Jahrhunderts vor Christus als Lehrmodell für junge Priester angefertigt, die zu Wahrsagern ausgebildet wurden. Die Leber ist in vierundvierzig Abschnitte unterteilt, die jeweils einer bestimmten Gottheit zugeordnet sind. Die Prophetie besteht im Grunde in der Suche nach Anomalien. Eine vergrößerte Gallenblase etwa galt als Zeichen, daß die Zeit für einen Krieg günstig ist, denn dieses Organ wurde mit Kriegergestalten wie Herkules assoziiert.

Ich erzählte Señor Villanova alles, was ich über die Etrusker wußte. Ich fuchtelte mit meinem Foto der »Leber von Piacenza« vor seiner Nase herum und fragte, ob *curanderos* ähnliche Lernhilfen benutzten. Doch mit meinem Spanisch konnte ich mich anscheinend nicht verständlich machen. Jedenfalls quittierte Villanova meine Bemühungen nur mit einem mitleidigen Blick.

»Ganz ruhig, Señor«, sprach er und tätschelte mir die Schulter. »Wenn Sie morgen wiederkommen, ist meine Frau da. Die kennt sich gut mit solchen Zuständen wie Ihrem aus.« Dann schenkte er uns beiden einen Krug Bier ein. »Trinken Sie.« Er leerte seinen in einem Zug. »Dann fühlen Sie sich gleich besser.«

Die Römer wurden schließlich von den prophetischen Künsten der Etrusker so abhängig wie wir heute von der Boulevardpresse. Ein Haruspex namens Spurinna soll das berühmte Wort von den »Iden des März« geprägt haben, und Cäsars Berater empfahlen dem Konsul, nachdem man ein Tier ohne Herz ausgenommen hatte, im Haus zu bleiben. Das besondere Flair der etruskischen Riten wird besonders schön in einer Szene deutlich, die der römische Chronist Silius Italicus beschreibt: Als der große Feldherr Hannibal vor dem Zug auf Rom eine *Haruspize* (ein weiblicher Haruspex) konsultiert, findet die Weissagung in einer blutstarrenden Höhle statt, die von geheimnisvollen Dämpfen erfüllt ist. Die Priesterin öffnet den noch atmenden Körper des Opfertieres und befragt den Geist, der aus den Innereien aufsteigt. Nach Betrachten der Eingeweide verkündet sie: »Ich sehe die aetolischen Felder bedeckt von Leichen der Krieger und von Strömen trojanischen Bluts ... das Wasser des Po ist rot gefärbt.« Der zweite punische Krieg wurde eine der folgenschwersten Auseinandersetzungen der römischen Geschichte.

Das plötzliche Verschwinden der etruskischen Kultur um das 4. Jahrhundert vor Christus stellt die Historiker immer noch vor ein Rätsel. Möglicherweise, so vermuten manche, haben die etruskischen Priester, nachdem sie das

Schicksal ihrer Kultur aus der Leber eines Schafes gelesen hatten, sich einfach den Römern ergeben, statt Widerstand zu leisten. Die toskanische Vorliebe für Innereien hat jedoch, wie es scheint, in ganz Europa Nachahmer gefunden. In einer altirischen Saga wird detailreich dargelegt, wie der König nur mit »Fett, Nieren und saftigen Kutteln« zufriedenzustellen ist, während die Hofdamen Brot und Schweineherzen abbekommen. Auf den Pariser Märkten des 17. Jahrhunderts erzielten Innereien höhere Preise als etwa Koteletts. Die *parties nobles*, wie die Franzosen diese Delikatessen nennen, konnte jeder Jäger mit einem eigens gefertigten Messerset aus dem erlegten Wild schneiden. Dann wurden die Innereien auf einen gegabelten Stock gespießt und dem ranghöchsten Mitglied der Jagdgesellschaft angeboten, um sie anschließend an Ort und Stelle im Feuer zu rösten.

Überall auf der Welt üben Innereien einen besonderen Reiz auf den Menschen aus. Die Schotten essen mit Innereien gestopfte Innereien, den *haggis*, der zum Nationalgericht erhoben wurde. Auf Tonga gilt die Leber als wertvollster Teil eines Tieres; nur der Clanchef bekommt sie zu essen, da in ihr der Mut zu Hause sei. Auch die Stammesoberhäupter der Massai schwören aus ähnlichen Gründen auf gebratene Leber. Das türkische Opferfest *kurban bayrami* wird mit einem Teller Kutteln, den *iskembe corbasi*, begangen. Die alten Griechen erklärten den Mut des Achilles mit seiner Vorliebe für Löweninnereien. Sudanesische Nomadenstämme bereiten ein Gericht aus Giraffeninnereien, das angeblich telepathische Fähigkeiten verleiht und es ermöglicht, mit den hochverehrten Tieren zu kommunizieren. Und dann waren da noch die peruanischen Inkas mit ihren heiligen Meerschweinchen.

* * *

Als ich am nächsten Tag wieder in das Haus des *curandero* kam, erwartete mich Señora Villanova bereits. Sie war schätzungsweise 1,20 Meter groß und hundert Jahre alt, trug einen weit ausladenden Faltenrock und einen 30 Zentimeter hohen, weißen Zylinder. Wenigstens mal eine Wunderheilerin, die weiß, wie man sich standesgemäß zurechtmacht, dachte ich. Davon durfte sich ihr Gatte ruhig eine Scheibe abschneiden. Die Sitzung begann mit verschiedenen Gebeten vor einem Berg Koka-Blätter. (Die Pflanze, die den Grundstoff für Kokain liefert, ist den Indios heilig.) Dann wurden die Blätter auf einem Bogen Geschenkpapier ausgebreitet und mit getrocknetem Moos bedeckt, dazu ein paar pinkfarbene Kekse, Murmeln, die abgeschnittene Hand einer Barbiepuppe sowie ein bißchen Schaumstoff und Konfetti. Das Ganze sollte wohl meinen »Körper« symbolisieren. Mich beschlichen Zweifel. Drei lange Tage hatte ich auf der staubigen Straße vor dem Haus der Villanovas ausgeharrt, um in ihre Sprechstunde zu kommen. Das Paar genoß offenbar einen sehr guten Ruf, denn mit mir wartete oft eine ganze Menschtraube, Patienten mit Schüttellähmung, apathische Kinder, Jungen mit rötlichem Ausschlag im Gesicht. Schlimme Fälle mitunter. Doch diese Leute waren keine bettelarmen Bauern; man sah ihnen durchaus an, daß sie Geld hatten. Einer kam sogar in einem BMW vorgefahren. Da hätte man annehmen können, die Villanovas würden sich ihre Behandlung fürstlich bezahlen lassen. Von wegen! Während meiner Sitzung spazierten Hühner durchs Zimmer, und ein buckliger Junge steckte neugierig den Kopf zur Tür herein. Im Schein der einzigen Glühbirne im Behandlungsraum war die bescheidene Deko zu erkennen. Ein gelb angelaufener Rehkopf aus Plastik an der Wand und verstaubte Donald-Duck-Figuren auf den Regalen. Nichts gegen die Altare der etruskischen Haruspexe, aber das Day-Glo-Rehkitz hätten die bestimmt umwerfend gefunden. Nur eine wahrhaft große Göttin konnte so eine überirdische Farbe annehmen.

Während ich vor mich hin träumte, hatten zwei weitere Damen, die Señora Villanova bis aufs Haar glichen, das Zimmer betreten. Ehe ich mich versah, plapperten die drei los und bewarfen mich mit goldenen Blütenblättern. Ich kam mir vor wie zu Besuch bei Außerirdischen. Drei altersschwache Omas, die faltigen Gesichter pergamentgelb leuchtend, mit weißen Hüten auf den Köpfen und dazu passenden blauen Samtjacketts. Blaue Samtjacketts? Wo zum Henker haben die bloß das Outfit her? Eine der Damen zog ein pechschwarzes Meerschwein aus der Tasche und fing an, ihm Bier einzuflößen. Die andere schnürte dem Tier bunte Bändchen um die Pfoten und um den Bauch.

Als nächstes sollte ich mich ausziehen.

Ich habe nie ein Meerschweinchen als Haustier besessen. Schade, denn es gibt fast nichts Schöneres, als sich mit einem massieren zu lassen. Das warme samtene Fell fühlte sich herrlich an auf der Haut, als mir die drei Damen damit über Beine, Brust und Rücken schrubbten. Und hinter den Ohren. Es fühlte sich nicht nur gut an, ich spürte schon während der Behandlung, wie mich die schlechte Energie verließ und eine wohlige Wärme in mir aufstieg. Die Luft war wie elektrisiert, die Erde geriet ins Wanken, und im nächsten Moment war es auch schon wieder vorbei. Das Meerschwein war tot. Vorsichtig legten die Damen es auf den Tisch und trafen alle Vorkehrungen für die weitere Untersuchung. Als sie ein großes Messer wetzten, wurde es spannend. Endlich würde auch ich dasselbe Prickeln verspüren wie einst Hannibal, Cäsar und Nero! Ich sah mir den leblosen kleinen Körper auf dem Tisch an. Armes Meerschwein, dachte ich, jetzt hast du für meine Sünden büßen müssen. Einen Moment lang hatte ich das Gefühl, als würde mich das Tier anstarren.

»Es ist nicht tot«, sagte ich.

Eine der Frauen nahm das Meerschwein vom Tisch.

»Ich dachte, das Tier nimmt meine Krankheit auf und stirbt daran«, hakte ich nach. »Das ist doch Teil meiner Heilung, oder nicht?«

Die Damen berieten sich. Mein Leiden war anscheinend so schwach ausgeprägt, daß die Kraft der Koka-Blätter und der Kekse ausgereicht hatte, es zu lindern. Diese würden anschließend verbrannt und das Schwein, das die Prozedur überstanden hatte (abgesehen von einem kleinen Kater), in die Freiheit entlassen. Hieß es jedenfalls. Als ich mich aber anbot, das Meerschwein in den Wald zu eskortieren, zögerten die Damen. Ich hatte den bösen Verdacht, daß sie mein Meerschwein beim nächsten Patienten gleich noch einmal zum Einsatz bringen wollten. Mit einem kleinen Trinkgeld war die Sache bald aus der Welt, und ich machte mich, begleitet von dem kleinen buckligen Jungen, auf den Weg über die Felder. Wir sahen dem Meerschwein zu, wie es davontorkelte, die bunten Bändchen an den Pfoten hinter sich herschleifend. Es schien, als steuerte es geradewegs auf die schneebedeckten Gipfel jenseits des Tales zu. Ob es die bunten Bänder nicht zu einer leichten Beute für Jäger machen würden, fragte ich den Jungen. Bei den Peruanern gelten Meerschweine als Delikatesse, jährlich wandern sechzig Millionen Stück in den Kochtopf.

»Nein, nein, dem passiert nichts«, sagte der Junge. »Wer die Bändchen sieht, weiß sofort, daß das Meerschweinchen von bösen Geistern besessen ist. Es wird wahrscheinlich das älteste Meerschwein von ganz Peru werden.«

Ein prophetisches Huhn

Eine der beliebtesten Vorspeisen der Toskana sind die *Crostini di Fegato*, geröstetes Weißbrot mit Geflügelleber. Das Gericht geht vermutlich auf die etruskischen Wahrsager zurück.[3] Mag es auch auf den ersten Blick übertrieben scheinen, der Geflügelleber religiöse Bedeutung zuzuschreiben, Hähne waren schon zu Zeiten des römischen Imperiums gerne konsultierte Propheten. Vor jeder großen Schlacht wurde dem Federvieh eine Schüssel mit Körnern dargeboten. Pickte es fleißig drauflos, galt der Sieg als sicher, andernfalls drohte eine Niederlage. Vor einer solchen Schlacht hat einst ein römischer Heerführer einige Orakel-Hühner, die ihren Appetit verloren hatten, zur Strafe im Meer ertränken lassen. »Sollen sie ersaufen, wenn sie schon nicht fressen wollen«, soll er ausgerufen haben. Die Schlacht ging trotzdem verloren.

Das folgende Rezept stammt von der römischen Schriftstellerin Giuseppina Oneto. Sie schreibt:

»Meine Großmutter, Faustina Ciampolini, wurde in einer toskanischen Kleinstadt südlich von Florenz geboren, in Certaldo, mitten im Etruskerland. Sie sah nicht wie eine Etruskerin aus (die in dem Ruf standen, sehr häßlich gewesen zu sein) und wußte auch nicht viel über deren Kultur. Sie fürchtete sich vor allem Mystischen und vor antiken Grabstätten. Mumien dagegen mochte sie. Wie auch immer, sie gab dieses Rezept an ihre Tochter weiter mit der Empfehlung, es nur zu Weihnachten zuzubereiten. Warum, sagte sie nicht. Anscheinend sind Opfer auch im modernen Italien nur zu Weihnachten möglich. Meine Großmutter hielt selbst einige Hühner und mischte die eine oder andere Leber aus eigener Haltung unter die, die sie beim Dorfmetzger kaufte, dem Halsabschneider, wie sie ihn nannte.«

2 EL Olivenöl
2 Lorbeerblätter
1 Knoblauchzehe (kleingehackt)
200 g Geflügelleber
10 ml Rotwein
2 Nelken (optional)
Schwarzer Pfeffer
Salz

Olivenöl mit Lorbeerblättern (und Knoblauch, wer möchte) in einen Tontopf geben und erhitzen. Kleingehackte Leber, gesalzen und gepfeffert, hinzufügen und anbraten. Dann mit Rotwein ablöschen (dazu die Nelken) und auf großer Flamme vier bis fünf Minuten kochen lassen. Die Lorbeerblätter (und gegebenenfalls den Knoblauch und die Nelken) herausnehmen, die Masse mit einer Gabel zerdrücken und noch warm auf die Crostini (dünne, geröstete Weißbrotscheiben) geben. Buon Appetito!

Unreiner indischer Mais

Die Ureinwohner Amerikas liebten den Mais über alles. Sie glaubten, die ersten Menschen seien aus der Pflanze erschaffen worden, und waren entsetzt, als die fremden Eroberer aus Europa den heiligen Mais an ihre Pferde verfütterten. Nicht, daß die Weißen es absichtlich am nötigen Respekt hätten mangeln lassen. Kolumbus selbst verehrte den Mais, auch wenn er ihn nur für einen überdimensionalen Verwandten des Weizens hielt. Das änderte sich allerdings, als die neuen Herren sich gezwungen sahen, den Lieblingssnack ihrer Feinde zu verteufeln. »Die indianischen Barbaren machen notgedrungen aus der Not eine

Tugend und erklären den Mais zu etwas Besonderem«, steht in *Gerard's Herbal,* einem einflußreichem Werk von 1597. »Dabei kann man leicht feststellen, daß er kaum nahrhaft ist und sich ungünstig auf die Verdauung auswirkt.« Andere meinten, der »indianische Weizen« verursache Ausschlag und erhitze das Blut.

Dabei waren die ersten Europäer in Amerika zum eigenen Überleben zu sehr auf den Mais angewiesen, um sich den Luxus seiner Verdammung leisten zu können. Er blieb aber auch später immer die Nahrung der armen Leute. »In herrschaftlichen Häusern«, notierte Robert Beverly im Jahr 1705, »ißt man gewöhnlich Weizenbrot, während das Maismehl für die Dienerschaft bestimmt ist.« Die Schwarzen in den amerikanischen Südstaaten prägten das Sprichwort »wir sähen Weizen und kriegen Mais«. Bis Ende des 18. Jahrhunderts suchte man Rezepte für Maisgerichte in amerikanischen Kochbüchern vergebens,[4] und noch heute haben Amerikaner ein gespaltenes Verhältnis zum Mais, der hauptsächlich als *junk food* wie Popcorn und Chips oder als Futtermittel bekannt ist. Die Message ist klar: Mais ist etwas für Schweine und für Leute, die sich nichts Besseres leisten können.

Die Ursachen für soziale Einstellungen und Vorurteile zu bestimmen ist meist unmöglich. Allerdings haben Psychologen viele Belege dafür gefunden, daß es weniger mit gesunder Ernährung zu tun hat, was Eltern ihren Kindern als »schlechtes Essen« verkaufen, als vielmehr mit der sozialen Schicht, der sie angehören. Und die war in Amerika lange Zeit gleichbedeutend mit Rasse.

Hier sollte an das merkwürdige Schicksal erinnert werden, das viele Produkte aus der Neuen Welt, darunter Schokolade und Tomaten, genommen haben. Häufig wurden sie nämlich zuerst in der europäischen Oberschicht populär, bevor man sie auch in Amerika schätzenlernte. Nur Mais und Truthahn, das kulinarische Erbe der Indianer, stehen bis heute vielfach in schlechtem Ruf.

»Immer noch nicht assimiliert, sie essen immer noch Pasta«, notierte ein Sozialarbeiter in New York 1920 über jenes unamerikanische Gericht, von dem die italienischen Einwandererfamilien nicht lassen wollten. Ähnlich dem Versuch der alten Juden, ihr in alle Welt verstreutes Volk durch feste Eßriten zu einen, suchte man auch im »Schmelztiegel« Amerika nach Wegen, die soziale Gemeinschaft gegen Einflüsse von außen abzuschirmen. Besonders die nicht-europäischen Einwanderer hatten darunter zu leiden. So berichtete der heutige Gouverneur des Staates Washington, der chinesischstämmige Gary Locke, daß ihn sein Grundschullehrer in der 3. Klasse dafür geohrfeigt hatte, daß er so etwas Unamerikanisches wie Reis und Shrimps zum Frühstück aß. Die indianischen Ureinwohner bekamen diese Intoleranz am härtesten zu spüren. Ein grausames Beispiel ist die gezielte Ausrottung der Büffelbestände von einst 100 Millionen Tieren auf gerade einundzwanzig Exemplare im 19. Jahrhundert, unterstützt von Geschäftemachern und der amerikanischen Regierung. Der Büffel war nicht nur die Hauptnahrungsquelle für die Indianer, er war das Symbol ihrer kulturellen Identität. Schwarzer Elch, der Häuptling der Cherokee, nannte seinen berühmten Geistertanz ein »Gebet für die Rückkehr des Büffels«. Seine Bewegung wurde im Jahr 1890 blutig niedergeworfen, als amerikanische Soldaten Hunderte von Frauen und Kindern beim Massaker am Wounded Knee töteten. »Der Traum meines Volkes starb an diesem Tag. Es war ein wunderbarer Traum«, schrieb der Häuptling, »und ich, dem in meiner Jugend eine so herrliche Vision gegeben war, ich bin nur noch ein trauriger alter Mann. Ich habe versagt, denn das Band meines Stammes ist zerrissen, der geheiligte Baum ist tot.«

Kaum waren die Indianer von der US-Regierung in Reservate abgeschoben worden, begann man ihre Bräuche und traditionellen Speisen zu verbieten. »Ihre Tänze oder Feste gehören verboten«, empfahl Innenminister Henry Teller im Jahr 1882 der Kommission für Indianerangelegenheiten. Als der Anthropologe Frank Cushing Anfang des 20. Jahrhunderts »unter die Indianer« ging und eine Zeitlang im Stamm der Zuni lebte, entdeckte er eine vollständig auf dem Mais basierende Kultur und Küche. Die Zuni aßen Maiskuchen in Gelb und Grün, Blau und Weiß. Letzterer erhielt übrigens seine Farbe durch Zufügen von Kaolin-Lehm. Am meisten geschätzt wurde ein rötliches Süßgebäck namens *he-wi* oder *piki*, eine Art Blätterteig aus mehreren Schichten dünner Mais-Crêpes. Außerdem kannten die Zuni Klöße und Kekse in allen möglichen Varianten und sogar »Eis«-Brot, das gefroren statt gebacken wurde. Auch wußte man psychedelische Pfannkuchen zu braten, indem man verschiedenfarbige Teige auf einem heißen Stein zusammengoß und zu einem riesigen Flickenteppich verrührte. Selbst die Sprache der Zuni war von ihrer Leib- und Magenspeise geprägt. Lobt man bei uns die Haut einer Frau als cremig-weich, so lautet das gleiche Kompliment bei einem Zuni-Mädchen, ihre Wangen seien glatt und seidig »wie der *piki*-Stein« – der, auf dem die Mais-Crêpes zubereitet wurden.

Mit dem Verbot ihrer Sprache im Jahr 1910 und der Durchsetzung »amerikanischer« Lebensmittel wie Weizenmehl, Kartoffeln, Roastbeef und Zucker wurde nicht nur eine uralte Tradition zu Grabe getragen, sondern eine ganze Kultur. Zynischerweise ist der Mais heute zu einer echten Gefahr für die Gesundheit der indianischen Bevölkerung geworden. Wissenschaftler sehen in der Einführung stark zuckerhaltiger Maissorten in den 1950er Jahren eine der Ursachen für die massive Zunahme von Diabetes und anderer Stoffwechselerkrankungen im Südwesten der USA, da der Verdauungsapparat der amerikanischen Ureinwohner Zucker schlechter verarbeiten kann. Bis Mitte des 20. Jahrhunderts war Diabetes unter den Indianern so gut wie unbekannt. Mittlerweile ist sie eine der häufigsten Todesursachen.

Die Schmetterlingsmenschen

Die ersten Fälle sind im 18. Jahrhundert unter armen spanischen Ziegenhirten aufgetreten. Doch das war nur der Anfang. Bald tauchten die sogenannten »Schmetterlingsmenschen« immer öfter auf: meist geistig verwirrte Bauern mit einem merkwürdigen Mal in Schmetterlingsform auf dem Nasenrücken, dem bald viele am ganzen Körper folgten. Mancher Betroffene ertränkte sich, weil er den Juckreiz der eitrigen Wunden nicht mehr aushielt, andere wurden verrückt. Ende des 19. Jahrhunderts schätzte man die Zahl der Betroffenen allein in Italien auf 100 000, und ausgerechnet der Mais, das Grundnahrungsmittel der Ärmsten der Armen, geriet in Verdacht. Einmal hieß es, das »unreine Indianergewächs« verursache tatsächlich die Krankheit, dann wieder sollte verschimmeltes Saatgut schuld daran sein. In den USA suchte die Epidemie besonders die arme Landbevölkerung im Süden heim. In South Carolina wurde der Verzehr von Mais per Gesetz verboten, nachdem ein Landwirtschaftsexperte 1909 verkündet hatte: »Der Mais ist schuld! Dem wilden Urgetreide der Azteken, das wir von den Indianern übernommen haben,

wird der Prozeß gemacht ... die Anklage lautet auf Mord.«
Erst Mitte des 20. Jahrhunderts wies der Mediziner Joseph
Goldberger nach, daß die Krankheit, die heute als Pellagra
bekannt ist, durch Niacinmangel infolge einseitiger Ernährung mit Mais ausgelöst wird. Unbeantwortet blieb zunächst die Frage, warum die Indianer nicht daran erkrankten, die sich seit Jahrhunderten hauptsächlich von Mais
ernährten. Möglicherweise liegt des Rätsels Lösung in der
Zubereitung. Die Indianer ließen die Maiskolben über
Nacht in Wasser, Zitronensaft und etwas Asche einweichen, bevor sie die Körner aßen. Die Europäer dachten
wohl, dies hätte nur den Grund, sie leichter verdaulich zu
machen, oder sahen darin ein weiteres Zeichen der indianischen »Faulheit«. Wie man heute weiß, sorgt das Einweichen in aschehaltigem Wasser dafür, daß das im Mais
gebundene Niacin überhaupt erst vom Körper aufgenommen werden kann. Die Indianer wußten dies (ein ähnliches
Verfahren wandten sie bei Kokablättern an, um ihre stimulierende Wirkung zu erhöhen), doch die Europäer waren
offenbar zu arrogant, um nachzufragen.[5]

Himmelblaue Cornflakes

Am häufigsten wird Mais in Europa und Amerika in Form
von Cornflakes verzehrt. Die Getreideflocken stießen anfangs auf Widerstand, weil die Erfindung der Brüder John
Harvey und Will Kellog Ende des 19. Jahrhunderts als
»Pferdefutter« verschrien war. Margaret Visser sieht das
Erfolgsgeheimnis der Frühstücksflakes darin, daß sie in
Milch ertränkt werden, denn »nichts, was in frischer Milch
schwimmt, wird in Amerika als schlecht oder gefährlich
angesehen«. Die ersten Cornflakes der Geschichte waren

jedoch himmelblau: Die Indianer im Südwesten der USA ließen die übriggebliebenen Krumen ihres blauen *piki*-Brotes einfach in der Sonne trocknen. Da das traditionelle *piki* ziemlich schwierig zuzubereiten ist (unter anderem müßte man dazu erst einen vierhundert Pfund schweren Stein spiegelglatt polieren), versuchen Sie es besser mit dem folgenden Rezept für *someviki*-Klößchen. Manche Indianerstämme servieren dazu verschiedene Fruchtpasten, aber es schmeckt auch mit Heidelbeeren aus dem Tiefkühlfach.

400 g blaues Maismehl
10-12 EL Honig
400 ml kochendes Wasser
32 Maishülsen (über Nacht in Wasser einweichen)

Das Maismehl gut mit dem (warmen) Honig verrühren. Das heiße Wasser hinzufügen und so lange weiterrühren, bis eine dicke Masse entsteht. Je zwei Eßlöffel des Teiges in eine Maishülse geben und fest einwickeln. Wenn nötig, ein Gummiband zu Hilfe nehmen. In köchelndem Wasser circa 45 Minuten dünsten.
    Probeweise einen Kloß in der Mitte durchschneiden. Wenn noch trockene oder mehlige Stellen zu sehen sind, weiter kochen!

Der Geist ißt mit!

Bei der Recherche über politische Allianzen zwischen bestimmten Umweltaktivisten und der rechtsextremen Szene (Motto: »Eine saubere Umwelt für eine saubere weiße Rasse«) stieß ich zum erstenmal seit Jahren wieder auf Anti-Bohnen-Töne. Ich hörte eine telefonische Bandansage der »White Aryan Resistance« (W.A.R.) aus San Diego. Solche Werbebotschaften sind bei Rechtsradikalen ein beliebtes Mittel, um ihre Slogans unters Volk zu bringen. Meist handelt es sich um einen hirnlosen rassistischen Rundumschlag, gefolgt von einem Spendenaufruf. Diesmal jedoch bekamen die mexikanischen Einwanderer die Prügel ab. Mexikaner seien, so die Männerstimme, von Natur aus faul und kriminell. Sie handelten mit Drogen, vermehrten sich wie die Karnickel, sie seien eben einfach Bohnenfresser. In dem Moment, als die näselnde Stimme dieses Wort ausgesprochen hatte, fühlte ich mich an alte Zeiten erinnert. Das Klischee vom faulen Nichtsnutz, der auf dem Sofa vor sich hin schnarcht, in einer stinkenden Wolke aus Blähungen, die durch übermäßigen Bohnenkonsum verursacht wurden, dieses Klischee gehörte zu den Standardmärchen meiner kalifornischen Kindheit. Jemanden »Bohnenfresser« zu nennen, erschien mir nicht einmal besonders beleidigend, jedenfalls nicht mehr, als einen Italiener als »Spaghettifresser« oder einen Engländer als »Limey« zu titulieren. Entsprechend einfallslos fand ich den Versuch, die angebliche Vorliebe der Mexikaner für Bohnen als Beschimpfung zu gebrauchen. Die Mexikaner selbst haben eine sehr hohe Meinung von ihren Bohnen. Ihre Vorfahren, die Maya, nannten sie liebevoll »kleine Amseln«.

Die Skepsis gegenüber der Bohne hat jedoch in der europäischen Geschichte eine lange Tradition. Alles fing an mit Pythagoras. Der Mann ist wohl jedem noch aus Schulzeiten in unangenehmer Erinnerung, als es den gleichnamigen geometrischen Lehrsatz zu pauken galt. Doch der griechische Mathematiker und Philosoph war auch der Begründer eines quasireligiösen Kultes, der für sexuelle Gleichberechtigung, vegetarische Ernährung, den Glauben an die Wiedergeburt und für ein wohltemperiertes Notensystem in der Musik eintrat, lange bevor das alles »angesagt« war. Pythagoras war außerdem der erste, der öffentlich darüber spekulierte, daß sich der Mensch über Samen fortpflanze. Er ist damit so etwas wie der Entdecker des Sex. Seine umstrittene These war allerdings, niemand dürfe jemals, unter gar keinen Umständen, eine Bohne verspeisen. Es gibt verschiedene Theorien bezüglich der Gründe für dieses Tabu, ob es eher politischen oder medizinischen Erwägungen entsprang, doch allgemein akzeptiert ist die Begründung, die Diogenes Laertius, ein Zeitgenosse von Pythagoras, lieferte. »Man hüte sich vor dem Verzehr von Bohnen«, schrieb jener, »denn sie bestehen zum größten Teil aus demselben belebten Stoff, aus dem auch unsere Seelen sind.« Die Schlüsselwörter in diesem Zitat lauten »belebter Stoff« und »Seele«. Das griechische Wort für Seele ist *anemos*, was gleichzeitig »Wind« bedeutet. Der »belebte Stoff«, von dem Diogenes spricht, schließt also auch die Gasbildung im Verdauungstrakt ein, die durch Bohnen befördert wird. Somit leuchtet die Überlegung ein, die hinter dem Verbot des Pythagoras steckt. Die lieben Toten, so der verbreitete Glaube, entließen ihre Seele in Form von Gasen oder Winden, die durch den Boden nach oben aufstiegen und sich in den kleinen Früchten der Bohnenstauden sammelten. Beim Verzehr durch den Menschen würden die Seelenwinde dann im Verdauungstrakt wieder frei und auf kürzestem Weg ins Freie streben. Und so strömen sie, begleitet von einem tiefen Seufzer der Erleichterung, aus der nächstgelegenen Körperöffnung.

Unser Unbehagen gegenüber Blähungen erscheint damit in einem ganz neuen Licht. Vielleicht ist es sogar mit dem Unbehagen gegenüber Geisterwesen verwandt. Manche unserer Umgangsformen deuten darauf hin. Auch wenn wir es einfach für gutes Benehmen halten, beim Gähnen die Hand vor den Mund zu halten: Die Geste hatte ursprünglich den Sinn, das Eindringen böser Geister zu verhindern. »Gesundheit!« wünschen wir, wenn jemand niest, um den Dämonen keine Chance zu geben, den Moment der Schwäche auszunutzen. Die Zeitgenossen des Pythagoras nahmen sein Warnung ernst. Der Philosoph selbst verglich das Bohnenessen mit dem Mord an der eigenen Mutter. Der weise Mann hätte sich wohl eher erschlagen lassen, als durch ein Bohnenfeld zu flüchten.

Nicht weniger interessant ist die Bedeutung des aufstrebenden Christentums für das kulinarische Ansehen der Bohne. Die frühen Christen Roms kochten Fava, Bohnen mit Salbei, und legten sie in Olivenöl ein, um sie bis Totensonntag (im November) haltbar zu machen. Je mehr die heidnischen Götter zu bloßem Märchenstoff degradiert wurden, desto mehr wandelte sich das Gericht zu einer Süßspeise namens *Fava alla romana o dei morti*, denn Süßigkeiten sind bekanntermaßen, neben Märchen, die wichtigste Nahrung für Kinder. Traditionell ließ man eine Schüssel der *morti* über Nacht für die Geister stehen, und die Kinder durften dann später essen, was die Geister übriggelassen hatten. Natürlich gab es auch Rituale für Erwachsene. Zu römischer Zeit bereits spuckte man während der Mitternachtsmesse schwarze Bohnen auf den Boden aus und rief dabei: »Erlöst mich von dem Bösen, bewahrt mich und die Meinen vor dem Tod, o ihr Bohnen!« Erst im 16. Jahrhundert wurde die Sitte, den Angehörigen von Verstorbenen Bohnen zu schenken, von einem gewissen Kardinal Gabriele Paleotti als Blasphemie gebrandmarkt. Der sogenannte »Bohnenabschied«, den britische Arbeitgeber für ihre ausscheidenden Mitarbeiter geben, soll von dem alten keltischen Totenschmaus *beano* abstammen.

Aus buddhistischen Ländern kennt man ähnliche Rituale. So streuen viele Japaner im Winter während des *setsubun*-Festes Bohnen in ihren Häusern aus, um die bösen Geister zu vertreiben. »*Oniwasoto, fukuwa-uchi!*« ruft das Familienoberhaupt beim Ausstreuen der roten Bohnen: »Teufel lass' sein, Glück komm' herein!«

Das alles, dachte ich, bildet den größeren Rahmen für die rassistische Hetze von W.A.R. Was mir erst nur kindisch und dumm erschien, war in Wahrheit mehr: Es fußte auf einer Fülle von Quellen und Anspielungen mit unterschiedlicher Aussagekraft. W.A.R. ist kein Verein gelehrter Altphilologen, deren dunkle vorchristliche Symbolik nur von den Medien mißverstanden wird, trotzdem reizte es mich, in der Geschäftsstelle nachzuhaken. Leider ging niemand ans Telefon. Vielleicht hat die *White Aryan Resistance* ja den Widerstand aufgegeben. Schön wär's.

Kuchen für den König

Le gâteau du roi, der Kuchen des Königs, hat die längste Skandalgeschichte in den Annalen des europäischen Konditorhandwerks. Angefangen hat es mit der Tradition, eine Bohne in den Kuchen einzubacken. Dasjenige Kind, welches das Stück mit der Bohne bekam, wurde König für einen Tag. So unspektakulär es sich anhört, solche Kinderspiele enthalten vielerlei Referenzen aus vorchristlicher Zeit und sollten wie alte Orakelsprüche behandelt werden. Die Christen versuchten, die heidnischen Obertöne auszublenden, indem sie den Genuß des Kuchens auf das Dreikönigsfest nach Weihnachten beschränkten. Die echte Bohne wurde durch eine Porzellanfigur ersetzt, aus deren einem Ende ein geisterhaftes Gesicht lugte. Als auch das die Kirche nicht zufriedenstellte, wurde die Porzellanbohne durch ein gekröntes Haupt ersetzt, zu Ehren der Heiligen Drei Könige. Damit war der Streit vorerst beigelegt, doch machte sich während der Französischen Revolution erneut Unmut breit, zu einer Zeit, als jedes königliche Haupt, ob im Kuchen oder auf dem Schafott, für Zündstoff sorgte. Im Jahr 1794 rief der Bürgermeister von Paris dazu auf, »die kriminellen Patissiers ausfindig zu machen, die mit ihren schmutzigen Machenschaften das Andenken der Tyrannen in Ehren halten«. Die Pariser Bürger folgten dem Aufruf (zum Glück) nicht. Der Bürgermeister erreichte lediglich, daß die Süßigkeit nach revolutionärer Gesinnung in *Gâteau des Sans-Culottes* umbenannt wurde.

Fast jedes Land in Europa kennt eine Variante dieses Kuchens, von dem mit Portwein verfeinerten *bolo rei* der Portugiesen bis zum *fruit cake* der Briten. Das folgende Rezept stammt aus *La Bonne Cuisine* der Madame Saint-Ange, die es »einem guten alten Kochbuch aus den Zeiten Ludwigs XV.« entnommen haben will.

> 550 g Mehl
> 10 g Salz
> 2 EL Zucker (oder nach Belieben)
> 250 g ungesalzene Butter
> 1 Eigelb für den Teig (wer's mag)
> 2 Eigelb mit 2 Eßlöffel Wasser verrührt (als Glasur)
> ca. 200 ml Wasser
> 1 getrocknete Bohne

Mehl, Salz und Zucker in einer leicht gekühlten Schüssel vermengen. Die vorgewärmte weiche Butter mit dem Eigelb (optional) hinzugeben und das Mehl per Hand, unter

Zugabe von Wasser, zu einem festen Teig kneten. Sollte die Masse zu flüssig sein, mehr Mehl zugeben. Nicht mit dem Mixer verrühren. Den Teig leicht einmehlen, in ein Tuch wickeln und 45 Minuten an einem kühlen Ort ziehen lassen.

Anschließend den Teig auf einer gemehlten Fläche auf 60 mal 30 Zentimeter ausrollen. In drei gleich große Teile schneiden und aufeinanderschichten. Wiederum zehn Minuten ruhen lassen. Dann wieder dreiteilen und aufeinanderschichten. Nochmals zehn Minuten ruhen lassen. Schließlich die Ecken zur Teigmitte hin hochziehen, so daß eine kreisrunde Fläche entsteht. Diese auf circa zwei Zentimeter Dicke ausrollen. Die Ecken abschneiden, so daß eine kreisrunde Scheibe übrigbleibt. Mit der Messerspitze seitlich ein kleines Loch in den Teig bohren, die Bohnen hineindrücken und das Loch verschließen. Dann den Teig ohne Fett oder Mehl auf Backpapier legen. Die Oberseite mit Eigelb glasieren und ein Kreuzmuster oder ähnliches einritzen (eine königliche Lilie wäre wohl am passendsten). An mehreren Stellen den Teig mit Löchern perforieren.

30 bis 40 Minuten im Ofen bei 230° Celsius backen. Um die Glasur noch etwas zu versüßen, kann man den Kuchen ein paar Minuten vor dem Herausnehmen mit Puderzucker bestreuen. Auf einem Rost etwas abkühlen lassen und warm genießen.

4. Kapitel – Trägheit

»Es kommt in den besten Familien vor, daß die junge Generation alle Tradition und Ratschläge der Alten in den Wind schlägt und sich im nächsten Bistro an Sandwiches satt ißt, die sonst nur Banausen und Touristen anrühren … Ist der gute Geschmack erst auf den Hund gekommen, wird selbst der kalte Imbiß zur Delikatesse.«
Piero Camporesi, *The Magic Harvest*

Menü der Trägheit

APÉRITIF
Le Thé Vert
Absinth mit Champagner

POTAGE
Consommé Spartacus
Traditionelle Fleischbrühe der Spartaner mit Schweineblut und Xeres-Essig, mit einem Hauch von Salz

dazu

Pain au Turgot
Ausgewählte Brotsorten wie Bien Brun Croutons nach Philippe Cordelois.
Das berühmte grüne Baguette des Anne-Robert Turgot ist auf Wunsch innerhalb von 24 Stunden lieferbar

PREMIER PLAT
Escargots au Lentement
Slow-Food-Schnecken in luftigem Teigmantel an Cognac-Sahnesauce

PLAT PRINCIPAL
Boeuf en Croûte
Maisgefüttertes Rind mit reicher Kruste, gefüllt mit Pilzen und serviert mit karamelisierten Schalotten in reduziertem Rotwein

dazu

Gestampfte »Couchpotatoes«
nach Joel Robuchon
(Rezept Seite 153)

DESSERT
Jungfrauennippel
Gebäck in Brüstchenform mit reicher Pudding- oder
Schokoladenfüllung.
Warm zu genießen
(Rezept Seite 148)

DIGESTIF
John Barleycorn Brandy
American Vintage 1920

Nutzen Sie unseren Cateringservice im Gedenken
an François Vatel!

Die Kunst, gut zu essen

Wenn schon ein Nickerchen am Nachmittag als schlimme Sünde gilt, muß die Welt ziemlich auf den Hund gekommen sein. Was ist das im Vergleich zu echten Verbrechen? Soll der Faulpelz etwa auf einer Stufe mit Mördern und Despoten stehen? Trägheit ist, wenn überhaupt, eine Sünde, die niemandem wirklich schadet. Trotzdem ist sie von allen sieben Todsünden diejenige, die man im heutigen Amerika am meisten fürchtet. Man schaue sich nur die Einkommen jener an, die mit Wollust und Stolz ihre Geschäfte machen. Der gutmütige Faulpelz hat es da ungleich schwerer.

Das Kriminalisieren von Lebensmitteln und Gerichten, die im Verdacht stehen, der Trägheit förderlich zu sein, haben einmal mehr die Spartaner im 7. Jahrhundert vor Christus erfunden. Sie gaben sich alle Mühe, einem das Essen zu vermiesen. Die Bevölkerung wurde in öffentlichen Speisesälen verköstigt; die Portionen waren bewußt so mickrig, daß die Bürger nie ganz satt wurden. Gerne tischte man eine ziemlich widerwärtige »schwarze Suppe« auf, bestehend aus Fleischbrühe, Schweineblut, Essig und Salz. Spartanern, deren Leibesfülle darauf hinwies, daß sie heimlich spachtelten, drohten ernste Sanktionen. Fremde, die sich übermäßiger Völlerei hingaben, wurden aus der Stadt geworfen. Plutarch zufolge steckte die Überlegung dahinter, die Bürger zu erziehen, auf daß sie »ihr Leben nicht verschwenden, indem sie sich auf bequeme Lager betten und ihr Schicksal in die Hände der Haushälter und Köche legen, die sie wie nimmersattes Vieh mästen«.

Solche Vorstellungen ziehen sich wie ein roter Faden durch die Geschichte des Abendlandes. Im England des 19. Jahrhunderts befürchtete man, zu viele Kartoffeln könnten einen unzüchtigen Einfluß auf das Proletariat haben, und die französischen Aristokraten stellten den Verzehr von Weißbrot unter Strafe, um das Bauernvolk nicht übermäßig zu verwöhnen. Heutzutage schürt der Fortschritt der Lebensmittelindustrie neue Bedenken: Man denke nur an die »Fünf-Minuten-Terrine« oder die allgegenwärtigen Mikrowellengerichte, die zur Verrohung des Geschmacks führen. Ganz zu schweigen von McDonald's. Bei allen Unterschieden zum antiken Sparta, die Idee, durch das richtige Fast Food die ideale Arbeiterklasse zu erschaffen, lebt weiter. Unsere Schnellrestaurants dienen genau wie die Massenspeisungen der Spartaner dem Zweck, einem langen Verweilen beim Essen entgegenzuwirken und den Menschen das lästige Kochen zu »ersparen«. Und ähnlich wie der legendäre Fraß der Spartaner treibt auch so manches Mikrowellenmenü eher zurück an die Arbeit. Und doch boomt das Geschäft mit der Tiefkühlkost. Einfach genial: Der einfache Mann von heute zahlt mehr Geld für schlechteres Essen und macht sich um so schneller wieder an die Arbeit.

Das antike Sparta war eine Gesellschaft von Kriegern und Kämpfern, die im Erobern die einzig sinnvolle Beschäftigung sahen. So beendeten sie im 5. Jahrhundert vor Christus mit der Niederwerfung Athens das goldene Zeitalter der griechischen Demokratie, Philosophie und Kunst. Mindestens ein Athener blieb von der spartanischen Lebensweise unbeeindruckt. »Daß sie (die Spartaner) nur auf harten Holzpritschen schlafen und mit wenig Essen auskommen, nötigte mir anfangs Respekt ab«, schreibt der Historiker Athenaeus. »Doch jetzt weiß ich, daß sie uns anderen mitnichten überlegen sind. (...) Der wahrhaft Mutige würde lieber sterben, als derart dahinzuvegetieren.«

Die wunderbare Welt der englischen Küche

Für Feinschmecker war die englische Küche schon immer furchteinflößend. Zerkochter Kohl und faseriger Rinderbraten. Puddings so mächtig wie Kanonenkugeln. Es gibt kaum etwas Eßbares, das die Briten nicht in ein butterweiches, geschmacksneutrales Etwas verwandeln können. Warum ist das so? Die Franzosen meinen, es handele sich um einen genetischen Defekt. Es gibt jedoch auch andere Stimmen. Der Historiker Stephen Mennell glaubt, die Überlegenheit der französischen Küche sei durch den Versuch Ludwigs XIV. entstanden, den Hochadel Frankreichs am Hof von Versailles zu versammeln. Der König wollte auf diese Weise eigentlich nur die aufmüpfigen Aristokraten besser kontrollieren können, doch gleichzeitig schuf er damit ein kulinarisches Mekka. Ein Heer von Köchen, Patissiers, Sommeliers, Bäckern und Dienern buhlten um die Gunst der wählerischsten Blaublüter. Einer der Maîtres, ein gewisser François Vatel, verstümmelte sich eigenhändig mit dem Messer, als seine Fischkreation mit einer halben Stunde Verspätung serviert wurde.[1] Voilà, das ist wahrer Sportsgeist. Der englische Adel mußte sich nie am Königshof herumdrücken, sondern genoß die Freiheit, sich auf dem eigenen Landsitz schlichteren Vergnügungen hinzugeben. Wenn der Fisch mal etwas länger brauchte, kein Problem, dann gab es eben noch einen Nachschlag von dem Braten.

Dies könnte zwar das Fehlen einer britischen Haute Cuisine erklären, persönlich favorisiere ich jedoch eine andere Theorie, die mit der Erfindung der Kindheit im viktorianischen Zeitalter zu tun hat. Im 19. Jahrhundert setzte sich erstmals die Ansicht durch, daß Kinder nicht einfach kleine Erwachsene sind. Der Nachwuchs wurde nach Geschlechtern getrennt erzogen, in merkwürdige Kleider gesteckt und bekam lehrreiche Gutenachtgeschichten vorgelesen. Auch eine besondere Diät wurde Kindern verordnet, zum Beispiel alte Kartoffeln, möglichst gut durchgekocht und mehlig. Zum Frühstück gab es lauwarme Milch, in die man trocken Brot tunkte. Süßigkeiten waren ebenso verpönt wie Rohkost. Sobald die Kinder das zehnte Lebensjahr erreichten, bekamen sie Lamm verabreicht, nie Rind oder Schwein, sowie Bier zu trinken. Zwiebeln und Knoblauch waren verboten. Den Schülern am Eliteinternat von Eton wurde an 365 Tagen im Jahr nur altes Lamm mit Kartoffeln zu Mittag und zum Abendessen vorgesetzt, bis ein ehemaliger Leidensgenosse dafür sorgte, daß es wenigstens am Sonntag auch Pudding gab. Schon möglich, daß gleichaltrige Franzosen überproportional viel Baguette verdrückten, doch immerhin bestand ihre Nahrung zu einem Viertel aus Gemüse, Eiern und Fisch, und einer halben Flasche Rotwein am Tag. In einem Internat für Schwererziehbare in der Provence bekamen die Schüler an jedem dritten Tag Kohlsuppe zu essen und waren damit um einiges besser dran als die englischen Zöglinge.

Diese Ernährung entsprach der Vorstellung eines John Wesley, des Begründers des Methodismus, der Kinder für »geborene Atheisten« hielt, da sie ihre natürlichen Bedürfnisse über Gott stellten. Es galt, die kleinen Teufel zur Raison zu bringen, indem man ihnen einbleute, daß sie »dumm und boshaft« seien. Im Vorenthalten schmackhafter Speisen sah Wesley das Mittel der Wahl. Dieser anerzogene Schuldkomplex, gepaart mit puritanischer Sinnesfeindlichkeit, ergab jene lustfreie Küche, die, wie einige glauben, den stoischen Charakter der Briten prägte. Kein Wunder, daß die kleinen Engländer so verrückt nach amerikanischer Kinderliteratur waren. Sie ergötzten sich an der Beschreibung einer heilen Kinderwelt, wo man alles essen konnte, was man wollte.[2]

Toast

Frisch gebackenes Brot ist so knusprig und warm, als würde man in etwas Lebendiges beißen. Kaum verwunderlich also, daß das Brot für Gläubige den Leib Christi symbolisiert, daß die Juden es als Quelle allen Lebens bezeichnen oder daß ein mit Honigmet getränkter, dreizehnschichtiger Brotlaib, *noh-wah* genannt, den Maya als Inbegriff des Himmels galt. Die meisten Menschen glauben, der besondere Status des Brotes rühre von seiner massenhaften Verbreitung her.[3] In Wahrheit ist es komplizierter, denn auf die Rezeptur kommt es an. Wie Bier wird auch Brot aus Wasser und Getreide hergestellt, nur daß es nach dem Fermentieren in den Ofen statt in den Braukessel wandert. Heute wissen wir, daß der Prozeß des Fermentierens durch Bakterien geleistet wird, doch wer schon einmal Maische hat brodeln oder einen Brotlaib hat aufgehen sehen, der kann sich vorstellen, daß die Menschen früherer Zeiten dies für einen mysteriösen Zeugungsvorgang hielten, ähnlich dem Anschwellen des Bauches bei Schwangeren. In Italien stellte man sich vor den Ofen, knirschte mit den Zähnen und zog schmerzverzerrte Grimassen, um die Geburtswehen des Brotes zu imitieren. Bis ins 19. Jahrhundert hinein war es

Sitte, daß sich die älteste, noch unverheiratete Tochter beim Brotbacken auf den Ofen setzte, auf daß sie für männliche Junggesellen attraktiver würde. Die Bäcker im alten Ägypten waren gleichzeitig Gynäkologen, die ihren Weizen an Frauen verkauften, die befürchteten, schwanger zu sein. Wenn sie auf das Getreide urinierten, würde es, falls die Dame tatsächlich in anderen Umständen war, aus Solidarität zu keimen beginnen. War die Frau nicht schwanger, rührte sich auch beim Weizen nichts (wohl die wahrscheinlichere Variante).

Am meisten zu Herzen nahmen sich die Franzosen die Analogie von Zeugung und Brotbacken. Der Backofen war dabei so etwas wie die Gebärmutter, das Baguette der Penis. Das Bäckerhandwerk war streng gläubigen Katholiken vorbehalten. Die Dorfpfarrer widmeten einen Tag der Woche, den örtlichen Bäckern die Beichte abzunehmen, damit sie ihre Sünden nicht mit dem Brot aufs Volk übertrugen. Die Schriftstellerin George Sand bescheinigte den Bäckern die zweitwichtigste Rolle für die Moral eines Volkes, gleich nach der Kirche. Das Thema erregte die Gemüter der braven Pariser Bürger so sehr, daß ein Milchbrötchen, das *pain mollet*, fast einen Bürgerkrieg auslöste. Das luftige, aber gehaltvolle Gebäck, oft mit Rahm verfeinert und weich wie ein Babypopo, war traditionellerweise den Aristokraten vorbehalten. (Alle anderen mußten mit Brot vorliebnehmen, das sich nur mit der Axt schneiden ließ.) Gegen Ende des 17. Jahrhunderts begannen die Pariser Bäcker ihre *mollets*, auch »Königinnenbrot« genannt, an das gemeine Volk zu verkaufen. Bei manchen schellten daraufhin die Alarmglocken. »Seit vor dreißig Jahren die Wollust vom Brot der Franzosen Besitz ergriff«, so ein besorgter Polizeichef im Jahr 1710, »sind unsere Bäckereien zu Sündenpfuhlen verkommen.«

Der Historiker Steven Kaplan schildert in seinem Buch *The Bakers of Paris* die vielfältigen Bedenken, die die Stadtherren gegen das *pain mollet* hegten. »Es war der vermeintlich harmlose Pfeil, der die Sinnesfreude in die niederen Schichten der Gesellschaft einführte«, heißt es dort. »So wurden Unterschiede verwischt, die die alte Ordnung trugen, und traditionelle Werte unterlaufen, die den ›kleinen Mann‹ bis dato vom genußvollen Leben ausschlossen.« Die Polizei sah in der Zartheit der *mollets* eine große Gefahr, weil sie unrealistische Erwartungen bei den Arbeitern weckte. Doch auch die Herstellungsweise wurde beanstandet. Der traditionelle Sauerteig wurde in riesigen Töpfen mühsam geknetet, portioniert und ausgerollt. Die harte Arbeit, mit der dies verbunden war, verlieh dem Brot angeblich eine moralische Integrität, die sich auf den Esser übertrug und ein ebenso hart schuftendes Proletariat ernährte. Das *pain mollet* (vergleichbar einem guten Brioche) buk sich vergleichsweise wie von selbst und förderte die Faulheit natürlich auch bei Tisch. Für Aristokraten war das verzeihlich, sie hatten von Geburt das Recht auf Müßiggang, den niederen Ständen stand es jedoch nicht zu.

Ein weiterer Zweifel betraf die Hefe, die man für den Teig der *mollets* benutzte. Bei der ursprünglichen Methode der Baguette-Herstellung wurde eine kleine Menge unverarbeiteter Teig vom Tag zuvor jeweils der neuen Mischung zugefügt. Das verlieh dem Brot seine besondere Bekömmlichkeit und Milde. Die Weitergabe der Hefe begründete eine Genealogie des Baguettes, die Jahrzehnte und Jahrhunderte zurückreichte. Für eine Kultur, in der der Familienstammbaum alles war, keine Nebensächlichkeit. *Pain mollet* paßte so gar nicht in diese Tradition, da zu seiner Herstellung belgische Bierhefe verwendet wurde: unreines, ausländisches Zeug, das die patriotische Gesinnung gefährdete. Und Bier war der weinseligen französischen Aristokratie sowieso von jeher suspekt.

Der Streit spaltete schließlich die Pariser. Die »Molletisten« frönten ihrem Brot, das sie für viel raffinierter hielten als den groben, schweren Sauerteig. Die »Anti-Molletisten« auf der anderen Seite sahen im übermäßigen Verzehr von Königinnenbrot die Ursache einer »schleichenden Verweichlichung«. Im Jahr 1660 wurde das *pain mollet* von der Pariser Medizinischen Gesellschaft offiziell geächtet. Die verwöhnten Pariser waren empört. Ein Jahr später wurde das Verbot wieder aufgehoben, doch dafür stellte die Regierung den Patriotismus ihrer Bürger auf eine harte Probe, indem sie nun die Verwendung »ausländischer Hefe« verbot. Die Auseinandersetzung schwelte noch hundert Jahre und macht auf erschreckende Weise deutlich, wie bitter ernst es die Franzosen mit ihrem Frühstück meinen. Doch das war nur die Spitze des Eisbergs.

Die traurige Geschichte von Philippe, dem Schuhmacher

Es war ein milder Pariser Frühlingsnachmittag des Jahres 1775, als Philippe Cordelois von einem Klopfen an der Tür aus dem Schlaf gerissen wurde. Es war eher ein Donnern, so heftig, daß die Tür kurz darauf aus den Angeln sprang. Sodann stürzten die Besucher in die Kammer des jungen Mannes und brüllten: »Im Namen des Königs!« Philippe, ein Schuhmacherlehrling von 28 Jahren, wußte nicht, wie ihm geschah. Hatte sein Meister Ärger mit der Polizei? Die Beamten stürzten sich auf ihn und drückten ihn an die Wand. Sie warfen seinen Tisch um und schlitzten die Matratze auf. Mit einemmal stieß der Polizist, der seinen

Schrank durchsuchte, einen Schrei aus und packte Philippe am Kragen. Hinten in einem der Fächer hatte er ein Stück vertrocknetes Brot gefunden. »Nichts zu verbergen, was?« schnauzte der Beamte Philippe an, während er ihm den mindestens eine Woche alten Kanten vor die Nase hielt. »Dann erklär mir mal, was das ist?«

Der Historiker Piero Camporesi schreibt in *The Bread of Dreams*: »Die Geschichte des Brotes ist eine Geschichte des Klassenkampfes«. Bei dem ersten großen Skandal der Pariser Gesellschaft drehte es sich nur oberflächlich um Hefeteig, Patriotismus und Abstammung, in Wahrheit ging der Konflikt tiefer. Schon im römischen Reich, so die These von Camporesi, standen sich zwei Bevölkerungsgruppen gegenüber: die einfachen Bauern, die grobes Schwarzbrot aßen, und die Städter, die helles Weizenbrot bevorzugten. Die vornehmen Römer wurden furchtbar böse, wenn man ihnen eine Scheibe Schwarzbrot anbot, und Cäsar selbst stellte den Verkauf von Schwarzbrot unter Strafe.

Zu der Zeit, als Philippe, der Schuhmacher, verhaftet wurde, war die Frage, wer weißes und wer schwarzes Brot aß und zu welchem Preis, auch in Frankreich hoch brisant. Wie die römischen Bauern, so kauten auch die meisten Franzosen auf hartem Roggen- und Gerstenbrot herum. Die Aristokraten fanden dies ganz natürlich. Schließlich standen Bauern für sie etwa auf derselben Entwicklungsstufe wie ihre Schweine. Die Aristokraten hatten dagegen so empfindliche Mägen, daß sie nur die zartesten Backwaren vertrugen, und auch die nur gut gebuttert. Trotz alledem war man durchaus zu Zugeständnissen bereit. Seit einem offenen Aufstand gegen das knochentrockene Roggenbrot wurden schon Teile des Heeres mit Weizenbrot versorgt. Auch den Bürgern von Paris wurde diese

Aufmerksamkeit zuteil, so daß sich fast jeder Straßenjunge an der weißen Köstlichkeit satt essen konnte. Der krasse Gegensatz zwischen Stadt und Land bestürzte dann auch Napoleon Bonaparte bei seinem Zug auf die Hauptstadt.

Das französische Landvolk wollte sich mit dieser Ungerechtigkeit nicht abfinden. Als ein Bäcker in der Ortschaft Beaumont-sur-Oise Roggenbrot zu dem viel teureren Preis von Weißbrot verkaufen wollte, entlud sich die Empörung. Eine Gruppe Hausfrauen knebelte den armen Mann und warf ihn in einen nahe gelegenen Teich. Damit hätte es sein Bewenden haben können, wenn der örtliche Polizeichef (an sich ein besonnener Mann) wieder für Ordnung gesorgt hätte. Statt dessen aber schwangen sich die Damen kurz darauf zu der Forderung nach einer tiefgreifenden Wirtschaftsreform auf, die allgemein großen Beifall fand. Nachdem man auch das letzte Baguette der Bäckerei von Beaumont an die Bürger verteilt hatte, zog man weiter in den Nachbarort. In den folgenden zehn Tagen kam es zu über 300 Brotaufständen in der Gegend. Märkte wurden geplündert, Bäcker gezwungen, ihre Waren zu einem Spottpreis zu verkaufen, ganze Lastkähne wurden um das auf ihnen geladene Mehl erleichtert. Schließlich näherten sich die Aufständischen der Hauptstadt, ohne daß die Polizei eingriff. Sie befürchtete wohl, die Sympathisanten wären so zahlreich, daß man halb Frankreich hätte verhaften müssen.

In Paris angekommen, versammelten sich die Aufständischen vor dem Amtssitz von Finanzminister Anne-Robert Turgot und skandierten: »Wir wollen Brot!« So jedenfalls will es die Legende. Eigentlich hätte ihre Forderung eher lauten müssen: »Wir wollen leckeres Brot, außen knusprig und karamelfarben, innen schön saftig, und das Ganze zu einem bezahlbaren Preis!« Die Demonstranten sollen gedroht haben, mit ihren knüppelharten, alten Baguettes auf die Polizei loszugehen. Grüne Baguettes, um genau zu sein, von so unappetitlicher Farbe, daß es die Menschen auf die Barrikaden trieb. Finanzminister Turgot ließ die Kritik nicht auf sich sitzen und erhob seinerseits den Vorwurf, das grüne »Türkenbrot« aus Asche und Roggenmehl sei nichts als eine üble Verleumdung mit dem Ziel, das Land in Unruhen zu stürzen. Turgots Anhänger streuten zudem Gerüchte, die Brotrevolte sei nicht von Hausfrauen aus der Provinz begonnen worden, sondern von verkleideten Revoluzzern, die »aus einer fernen Gegend« eingewandert seien. Schon vor Wochen hätten sie das grüne Brot gebacken, so Turgot, damit es bis zur Anzettelung des Aufstandes hart und ungenießbar wäre. Schließlich sei es an die Bauern verteilt worden, denen man Bestechungsgelder gezahlt hätte, damit sie behaupteten, das Brot käme vom Markt. Alles andere seien infame Lügen, denn in Paris gäbe es schon lange kein dunkles Brot mehr, geschweige denn grünes.

Hier kommt nun Philippe, der Schuhmacher, ins Spiel. Die gesamte Pariser Polizei suchte nach Verschwörern, die *pain bien brune*, »recht dunkles Brot«, horteten. Hunderte von Unschuldigen wurden verhaftet und verhört. Die Protokolle ihrer »Geständnisse« liegen heute in einem verstaubten Regal des französischen Nationalarchivs, ein turmhoher Stoß vergilbter Blätter, manche an den Rändern mit Strichmännchen verziert. Auch eine Gesprächsnotiz über unseren braven Schuhmacher ist hier zu finden. Er war von irgendwem angeschwärzt worden, der ihn mit ein paar »verdächtigen Landfrauen« hatte tuscheln sehen. Besonders belastend war die Aussage des Denunzianten, er habe Philippe mit einem Baguette unter dem Arm in der Stadt gesehen. Die Untersuchung des Falles leitete ein

Inspektor Jean Baptiste Charles LeMaire, der auch die Festnahme des Verdächtigen angeordnet hatte, der nur einen Häuserblock vom Pariser Zentralmarkt *Les Halles* entfernt wohnte. Philippe wurde »der Besitz eines alten Schwarzbrotkantens« zur Last gelegt und im Keller der Polizeistation an der Place du Chatelet verhört (heute eine kaum weniger gruslige Metrostation).[4]

INSPEKTOR LEMAIRE: Stimmt es, daß du zu dem Ladenbesitzer gesagt haben, dieses Schwarzbrot würde auf dem Markt in Les Halles verkauft?
PHILIPPE: Oui, das habe ich gesagt. Aber ich habe doch nur wiederholt, was mir ein Mann vom Land gesagt hat, der meinte, daß sie das Brot hier auf den Markt bringen wollen. Und der hat mir auch den Kanten gegeben.
(LeMaire hätte sich über diese Aussage eigentlich freuen müssen, paßte sie ihm doch sehr gut ins Konzept.)
LEMAIRE: Haben dir das die Landweiber erzählt, mit denen du dich getroffen hast?
PHILIPPE: Ich bin drei, vier Frauen über den Weg gelaufen, die überall solche runden Laibe herumzeigten.
LEMAIRE: Haben sie dich angesprochen?
PHILIPPE: Ich dachte, sie würden Brot verkaufen. Aber das Brot, das Sie bei mir im Schrank gefunden haben, hat mir der Mann gegeben.
LEMAIRE: Es waren also nicht die Frauen, die dir das Schwarzbrot gegeben haben?
PHILIPPE: Nein.
LEMAIRE: Ich fürchte, du sagst mir nicht die Wahrheit, mein Junge. An deiner Geschichte ist etwas faul. Was hast du überhaupt auf dem Markt gesucht, wo es doch schon überall Tumult gab?
PHILIPPE: Ich war einfach neugierig.

LEMAIRE: Neugierig? Erzähl mir nichts! Ist dir klar, wo du hier bist? Weißt du, was wir mit Leuten wie dir machen? Mit Leuten, die »einfach neugierig« sind, wie so ein Aufstand gegen den König aussieht?

PHILIPPE: Es lebe der König! Haben Sie doch Gnade, Monsieur!

LEMAIRE: Bist du immer noch sicher, daß du das Brot nicht von den Landweibern hast?

PHILIPPE: Ja, nein, nein. Ich sage die Wahrheit! Der Mann hat mir das Brot gegeben. Es war ganz schwarz! Ich weiß noch, wie er mir sagte, so ein mieses Brot, das würde man nicht einmal einem Hund zu fressen geben!

LEMAIRE: Schurke! Wie sah der Kerl aus?

PHILIPPE: Er war klein, höchstens einen Meter sechzig, dreißig oder vierzig Jahre alt, braune Haare. Ich schwöre, ich habe keine Ahnung, wie er heißt. Ich hatte ihn nie zuvor gesehen.

LEMAIRE: Und seine Kleidung? Was hatte er an?

PHILIPPE: Ich weiß nicht. Ich dachte, irgendwie sieht der komisch aus. Wie ein Landei.

Am Ende nahm man Philippe seine Geschichte offenbar ab. Nach einem halben Dutzend Verhören wurde er entlassen. Danach verliert sich seine Spur. Vielleicht wurde er in den Wirren der Revolution getötet, oder er kehrte in sein Heimatdorf zurück, wo die Menschen weiter zufrieden ihr Schwarzbrot kauten. An Turgots Vermutung, wonach eine Gruppe von Verschwörern die Revolte angezettelt habe, mag durchaus etwas dran gewesen sein. Jedenfalls soll Ludwig XVI. über den abschließenden Untersuchungsbericht so in Rage geraten sein, daß er ihn eigenhändig verbrannte. Turgot wurde kurze Zeit später, nachdem er die mächtige Bäckergilde verboten hatte, aus dem Amt gejagt. Der Konflikt darum, wer welches Brot essen durfte, war damit aber noch lange nicht ausgestanden. Denkwürdig ist vor allem eine Äußerung Marie Antoinettes, die den Streit mit der Bemerkung abtat, die Bauern mögen doch, wenn ihnen das Brot nicht passe, einfach Kuchen essen.[5] Das Volk von Paris zahlte ihr den Spott später heim, als es in den Straßen Jagd nach ihrem Kopf machte.

Auch für die weitere Entwicklung in Frankreich spielte die Frage des Brotes eine zentrale Rolle. Als die Revolution ihren Höhepunkt erreichte, wurde das Brot, das man aß, zu einem politischen Statement. Weißbrot war out, und kaum ein Marquis, so er denn überlebt hatte, wagte es noch, sein *pain mollet* in den Milchkaffee zu tauchen. Die Prinzipienreiter der Revolution setzten eigens eine Kommission ein, die *la mollesse*, das exquisite Weizenweißbrot, verbot und die »gerechte Uniformität« einführte. In den Gerichtsakten aus jener Zeit wimmelt es vor Bäckern, denen politisch subversives Backen vorgeworfen wurde. Der Bürgermeister von Paris rief zur Denunziation royalistischer Patissiers auf, und immer wieder fielen Bäcker der Lynchjustiz zum Opfer. Auf dem Gipfel des Brotkrieges stellte ein führender Journalist Frankreichs vor der Nationalversammlung die Frage, ob es bei der Revolution eigentlich noch um mehr ginge als darum, wer »das weißere Brot ißt«.

Im November 1793, nur einen Monat nach der Enthauptung von Marie »sollen sie doch Kuchen essen« Antoinette, wurde die Einführung eines »Brotes der Gerechtigkeit« beschlossen, aus drei Teilen Weizen und einem Teil Roggen. »Arm und reich sind abgeschafft, wo die Gerechtigkeit regiert«, heißt es in dem Beschluß. »Deshalb gibt es ab sofort kein Brot mehr für die Reichen ... sondern nur dieses eine herzhafte Brot, das Brot der Gerechtigkeit.« Mit diesem Gesetz lebte die alte Überzeugung wieder auf, daß das tägliche Brot eines Volkes dessen politischen und moralischen Charakter präge. Am 15. des Monats wurde das Brotgesetz verabschiedet, wirklich umgesetzt wurde es nie. Offenbar war das selbst den Franzosen zuviel. Statt dessen kam man sechs Wochen später auf eine viel bessere Idee, die das ewige Hickhack um das *pain mollet* endgültig beenden sollte. Jeder arbeitsfähige Franzose wurde nämlich per Dekret verpflichtet, Kartoffeln anzubauen.

Jungfrauennippel

Die Franzosen mögen den offensten Umgang mit dem Sex pflegen, die phantasievollsten Backwaren zu dem Thema haben die Italiener. *Copiette* heißen die Teilchen, die ihrer Form nach an ein Liebespaar erinnern, eine Reminiszenz an die früher beliebten Techtelmechtel im Weizenfeld. Im alten Rom schenkte die Ehefrau ihrem Mann ein Gebäck namens *prucitanum*, das der Vagina nachempfunden war. Nur wenn sie mit seiner Erfüllung der ehelichen Pflichten unzufrieden war, bekam er statt dessen eine *viscotta di San Martino* in Phallusform. Der Namensheilige wurde zum Patron aller gehörnten Ehemänner. Was ein echter Bräutigam war, der schmückte sein Glied in der Hochzeitsnacht mit sieben donutartigen Leckerli, den *xuccarati*, um alle Befürchtungen der Braut zu zerstreuen. Jeden Tag wurde ein Ring aufgegessen, bis man zur Hauptsache übergehen konnte.[6]

Die beliebtesten erotischen Appetithappen waren jedoch die *minni di vergini*, oder »Jungfrauennippel«, mit Pudding gefüllte Teilchen, die der weiblichen Brust nachempfunden und von einer kandierten Kirsche gekrönt waren. Ohne Nippel heißen sie *genovesi*. Offenbar gehen sie auf das Martyrium der heiligen Agatha zurück, der einst heidnische Römer die Brüste abschnitten, weil sie dem Christentum nicht abschwören wollte. In alten Darstellungen bietet Agatha ihre Brüste auf einem Tablett dar. Heute ist sie die Schutzpatronin der Brustkrebspatientinnen.

circa 500 g handelsüblicher Mürbeteig
30-40 ml Puddingfüllung
Succatta- (kandierter Kürbis) oder Schokoladensplitter
kandierte Kirschen (halbiert)
Puderzucker

Den Ofen auf 220° vorheizen. Den Teig in nicht zu dünne, 15 mal 10 Zentimeter große Rechtecke ausrollen. Zwei Eßlöffel Puddingfüllung auf eine Seite des Rechtecks geben und mit Succatta- oder Schokoladensplittern bestreuen. Den Teig kreisförmig zusammenfalten, an den Rändern zudrücken und in der Mitte eine kleine Mulde eindrücken. Mit einer halben Kirsche dekorieren und das Ganze 6 bis 8 Minuten backen, bis der Teig goldbraun ist. Mit Puderzucker bestreuen und servieren. Mengenangabe reicht für 8 Stück. Warm genießen.

Die Wurzel der Faulheit

Die Kartoffel wurde in Europa anfangs wie eine Aussätzige behandelt. Merkwürdige Knollen, die ein paar spanische Conquistadores bei ihrem Raubzug durch Indianerland eingesteckt und in ihren Taschen vergessen hatten. Als sie Anfang des 16. Jahrhunderts in Europa bekannt wurde, erklärte man das komische Gemüse für ungenießbar, im Gegensatz zu ihrer dunklen Verwandten, der Süßkartoffel. Für das dumme Bauernvolk jedoch war sie allemal gut genug. »Die Kartoffel gilt zu Recht als Ursache von Blähungen«, schrieb schon Denis Diderot in seiner *Encyclopédie*. »Doch was können sie den unempfindlichen Organen der Bauern anhaben?« Russische Großgrundbesitzer setzten ihre Arbeiter auf Kartoffeldiät. Katholiken in Italien forderten die Gläubigen auf, »die nahrhafte Frucht nicht zu verschmähen«. In Frankreich erscheinen erste Kochbücher mit Kartoffelrezepten. Nur die Engländer hinkten der Zeit hinterher. »Ich wäre lieber tot«, notierte ein bedeutender Brite im Jahr 1830, »als der Kartoffel zu huldigen.«

Der Autor dieser Zeilen ist William T. Cobbett, der mit der ihm eigenen Mischung aus Bauernschläue, Rhetorik und einer guten Portion Humor vom Analphabeten zu einem der bedeutendsten Journalisten Englands aufstieg. Als ein Parlamentsabgeordneter Cobbetts Zeitung *The Political Register* als Groschenheft titulierte, taufte Cobbett sie pflichtschuldigst in »Cobbetts Groschenheft« um, worauf die Verkaufszahlen sprunghaft anstiegen. Als ihn einer seiner Leitartikel ins Gefängnis brachte, führte er sein Blatt von dort weiter. Zu den Dingen, für die er sich besonders stark machte, gehörten das allgemeine Wahlrecht, Frühlingszwiebeln und die Landschaftspflege. Zu seinen vielen Haßobjekten zählten dagegen Shakespeare, Papiergeld, Tee und die verfluchte irische Kartoffel. Denn nach damaligem Denken war die Kartoffel untrennbar mit Irland verbunden. Während der Rest Europas sie an Schweine verfütterte, war die Kartoffel bei den Iren das wichtigste Grundnahrungsmittel neben Brot. Die Männer ließen sich lange Daumennägel wachsen, um das Gemüse besser schälen zu können. Gegen Ende des 18. Jahrhunderts vertilgte ein Ire im Schnitt zehn Pfund Kartoffeln am Tag.

Für englische Protestanten wie Cobbett war das ein Graus. Weizenbrot galt ihnen als natürlichstes Nahrungsmittel des Menschen, und die Unsitte der Iren stellte diese auf eine Stufe mit Tieren, die nur fressen, schlafen und Unzucht treiben. So entstand der Spitzname *lazy root*, »Knolle der Faulen«, eine Verunglimpfung, die heute in Ausdrücken wie »couchpotato« oder »potatohead« fortlebt.[7] Cobbett hielt selbst die Weiterverwendung des Kochwassers für moralisch verwerflich und forderte, die Kartoffel gleich ganz aus England zu verbannen. Auf Protestmärschen vor dem Parlament in London wurden statt Spruchbändern auf Stöcken gespießte Kartoffeln präsentiert. Diese eigenartige Mischung aus antiirischer Gesinnung und halbgaren Eßtabus scheint kurios, und doch lag ihr, wie Larry Zuckerman in *The Potato* aufzeigt, ein handfester Konflikt zugrunde. Ein Kartoffelacker von weniger als einem halben Hektar Fläche konnte eine sechsköpfige irische Familie ein ganzes Jahr lang ernähren. Dies machte die irischen Bauern unabhängiger von ihren englischen Herren und mochte sie darüber ins Grübeln bringen, warum sie in ihrem eigenen Land unterdrückt wurden. Die britischen Großgrundbesitzer hatten daran verständlicherweise wenig Interesse. »Solange die irische Insel von einer bis anderthalb Millionen Hungerleidern bevölkert war, waren die Iren einfach in Schach zu halten«, schrieb die *Edinburgh Review* im Jahr 1822. »Doch die Kartoffel und das Cottage-System haben Irlands Einwohnerzahl auf fast sieben Millionen anwachsen lassen.« Der Machtapparat der Briten wurde dadurch auf die Probe gestellt.

Trotz mancher rassistischer Ausfälle war Cobbett den

Iren im Grunde wohlgesinnt, nicht zuletzt weil sie zum größten Teil Kleinbauern waren wie sein Vater. Die Liebe zum Landleben zieht sich wie ein roter Faden durch seine Schriften, zum Beispiel seine Beschreibung einer Englandreise in den 1820er Jahren, die unter dem Titel *Cobbett's Rural Rides* erschien. Darin wird nicht nur die Verschandelung der Landschaft durch den Brückenbau, das »widernatürliche« Beschneiden der Bäume oder das »unsägliche Papiergeld« zum Gegenstand seines Spottes. Vor allen Dingen warnt Cobbett seine Leser vor dem »schmierigen Methodistengesindel, das einem weismachen will, man sollte sich am besten nur noch von Kartoffeln ernähren«. Aus der Gegend von Crickdale berichtet er von armen Bauern, die in Holzhütten »von der Größe eines Kaninchenstalls« hausen und winzige Kartoffeläcker bestellen. »In meinem ganzen Leben habe ich keine armseligeren Existenzen gesehen.« Als er Tage später hoch zu Roß durch Kensington kommt, wo sich wohlgenährte, brave Kinder tollen, schreibt er: »Ich sah nicht ohne Genugtuung, daß es in dieser vorbildlichen Gemeinde keinen einzigen Kartoffelacker gab.« Für den Fall, daß man immer noch nicht von der Verderbtheit der Kartoffel überzeugt war, erklärt Cobbett, »der Teufel in Gestalt von Sir Walter Raleigh hat die Knolle nach England gebracht. Später wurde er hingerichtet! Schade, daß man es nicht schon getan hat, bevor er die schändliche Tat begehen konnte.«

Daß Raleigh die Kartoffel nach England gebracht habe, ist sehr wahrscheinlich Unsinn, doch Genaueres weiß man nicht. Bis zu Beginn des 19. Jahrhunderts jedenfalls lebte rund ein Drittel der Iren hauptsächlich von Kartoffeln. Im Jahr 1845 dann kam die Katastrophe: Auf den Äckern erntete man statt knackiger Kartoffeln nur eine stinkende schwarze Masse, und innerhalb von nur zwei Jahren gingen rund neunzig Prozent der Kartoffelpflanzen ein. Ursache war die Kartoffelpest, ein damals noch unbekannter Pilzbefall. Die folgende Hungersnot kostete mindestens einer Million Menschen das Leben. Eine weitere Million verließ das Land. Bis Ende des Jahrhunderts sollte sich die Einwohnerzahl Irlands dadurch fast halbieren.

Cobbett selbst erlebte nicht mehr, wie seine Prophezeiung wahr wurde. Nachdem er zweimal ins Parlament gewählt worden war, das ihn einst hatte einkerkern lassen, starb er 1835 auf seinem Landsitz. In einem Nachruf in der Londoner *Times* hieß es: »Er war seinen Zeitgenossen in vieler Hinsicht voraus.«

Kartoffelkriege

Etwa zur selben Zeit, als sich die englische High-Society im Verunglimpfen der Kartoffel überbot, wurde ihr Verzehr in Frankreich zur patriotischen Pflicht erhoben. Die französische Regierung ließ Kochbücher mit Kartoffelrezepten drucken, der Anbau von Kartoffeln wurde gefördert, und Marie Antoinette bemühte sich gar, dem Ganzen etwas Modisches abzugewinnen, indem sie Kartoffelblüten im Haar trug. Die zündende Idee hatte allerdings Auguste Parmentier, ein Naturforscher des 18. Jahrhunderts, der sein Leben ganz der Kartoffel widmete. Dieser war überzeugt, daß die Knolle bei den französischen Bauern an Attraktivität gewänne, wenn man sie ihnen nicht aufschwatzte, sondern im Gegenteil unerreichbar machte. So ließ er seinen Kartoffelacker rund um die Uhr bewachen, bis die Pflanzen groß genug waren. Dann schickte er die Aufpasser über Nacht nach Hause. Die Bauern aus der Umgebung schwärmten aus und plünderten das Feld, um die Setzlinge auf den eigenen Äckern anzubauen. Das war die Geburtsstunde der *pomme de terre*. Die Bemühungen Parmentiers wurden gekrönt, als einige Gerichte seinen Namen erhielten, auch wenn erst die Erfindung des Kartoffelpürees durch den Küchenchef Joel Robuchon dem Gemüse zum Durchbruch verhalf. Robuchon machte das Püree in Frankreich populär. Andere Köche wie Jacques Barbery vom Pariser Café *Marly* favorisierten ihre eigenen Püreekreationen, die manchmal zur Hälfte aus Butter und Sahne bestanden (im Vergleich zu bescheidenen 25 Prozent bei Robuchon) und mit Olivenöl verfeinert wurden. Der Drei-Sterne-Koch Bernard Loiseau vom Restaurant *La Côte D'Or* in Burgund behauptete von sich, er habe Jahre vor Robuchon schon reine Kartoffelmenüs gekocht. Ein französischer Delikatessenlieferant hatte auf Seetang gebettete Kartoffeln für 3000 Franc das Kilo im Angebot. Robuchons experimentierfreudige Küche in Paris schloß leider 1996, doch sein Püree lebt im *Taillevent Robuchon* in Japan fort, einem Gourmettempel in Form eines Loireschlosses, das Stein für Stein aus Frankreich herübergeschifft worden ist.

Für manchen liegt der besondere Clou der folgenden Variante von Robuchons Püree in der großzügig bemessenen Portion Butter, doch viel wichtiger ist es, die richtigen Kartoffeln zu verwenden, am besten der Sorte *La Ratte*. Sie wird traditionell in Nordfrankreich angebaut, ist seit 1996 jedoch auch in den USA unter dem Namen *La Princesse* erhältlich.

1 kg Kartoffeln (möglichst gleich groß)
Meersalz
150 g ungesalzene Butter (kalt und geflockt)
200 ml Vollmilch

Kartoffeln waschen und ungeschält in einen Topf geben. Kaltes Wasser hinzufügen, bis die Kartoffeln gut zwei Zentimeter bedeckt sind. Salz hinzugeben, circa einen Teelöffel je Liter.

Ohne Deckel köcheln lassen, bis die Kartoffeln gar sind (circa 30 Minuten; am besten mit dem Messer testen).

Abtropfen lassen und noch warm schälen. Im Mixer auf höchster Stufe pürieren und auf kleiner Flamme in eine große Pfanne geben (alternativ Kartoffel zerdrücken und durch ein feines Sieb seihen). Mit einem Holzlöffel 5 Minuten lang umrühren und dabei die Butter Flocke für Flocke hinzugeben. Die Butter sollte gut gekühlt sein.

Milch zum Kochen bringen und gleich wieder vom Feuer nehmen. Dann allmählich, unter ständigem Rühren, zum Püree gießen, bis die Milch aufgesogen ist.

Wer das Püree feiner mag, sollte es durch ein Sieb geben. Wenn es noch zu fest ist, mehr heiße Milch und Butter zugeben. Nach Geschmack würzen. Kann bedenkenlos eine Stunde vor dem Servieren angerichtet werden. Gut warm halten.

Bis zum letzten Tropfen

Am Tag seiner Beerdigung säumten weinende Menschen die Straßen. Manche horteten Vorräte aus Angst vor dem drohenden Krieg, andere gaben ihren Besitz weg, und Zehntausende folgten dem Trauerzug, begleitet von Amerikas berühmtestem Prediger, der die Traueransprache halten sollte. Am meisten trauerte ein Mann in einem Teufelskostüm, der sich, als der Sarg an ihm vorbeikam, auf den Boden warf. »Leb wohl, John«, begann Reverend Billy Sunday seine Rede. »Du warst der beste Freund des Teufels. Ich habe dich gehaßt, doch nun ist das Tal der Tränen durchschritten. Die Slums werden Vergangenheit sein. Bald werden Gefängnisse in Fabriken, Lagerhäuser und Getreidesilos umgewandelt. Die Männer werden wieder den aufrechten Gang lernen, die Frauen werden lächeln und die Kinder glücklich spielen.«[8]

Der Tote hieß John Barleycorn. Das war der Spitzname für harte Alkoholika aller Art, die am 17. Januar 1920 zu Grabe getragen wurden, als man in den USA die Prohibition einführte. So umstritten sie war, so sehr grenzte sie an ein Wunder. Die Liebe zu Wein und Bier hat ihren Ursprung in dem verbreiteten Glauben an die ihnen innewohnenden Geister, die beim Genuß auf den Trinker übergehen. Nicht umsonst werden verschiedene Schnapssorten »Geist« genannt. Die berauschende Kraft des Alkohols galt seit den Zeiten des Dionysos-Kultes im antiken Griechenland als göttliches Zeichen. Die meisten Kulturvölker hingen einem ähnlichen Glauben an. Im alten Babylon war es Gesetz, daß Arme »Brot zu essen und Bier zu trinken« bekommen sollten. Das war jedoch nichts gegen die europäische Trinkkultur: hier gehörte der Genuß von Alkohol zu allen religiösen Riten dazu, und man erhob ihn geradezu zu einem Grundnahrungsmittel ähnlich wie Milch. Mit Eiern angedicktes Bier, über Brot gegossen, war das Urfrühstück in vielen Teilen des Kontinents, in Deutschland bis ins 18. Jahrhundert beliebt. Bier zum Frühstück, Mittagessen und Abendbrot und der eine oder andere Krug zwischendurch. Ein Mitteleuropäer trank durchschnittlich drei Liter Bier am Tag, Frauen und Kinder mitgerechnet. In Finnland erhielten Soldaten eine Tagesration von gut fünf Litern Ale (was dem Alkoholgehalt von sechs bis acht Six-Packs oder rund vierzig Dosenbieren entspricht). Die Mönche von Sussex gaben sich immerhin mit dem Äquivalent von zwölf Dosen zufrieden. Orgiastische

Trinkgelage wurden bei jeder Gelegenheit abgehalten, oft mehrmals in der Woche. »Sie stürzen den Inhalt ihrer Krüge in einem Zug hinunter«, schildert ein Deutscher ein Wetttrinken im Jahr 1599, »dann erstarren sie in völliger Bewegungslosigkeit. Wer trinkfest genug ist, säuft bis zum nächsten Morgen.«

Da es größtenteils in Nord- und Mitteleuropa zu exzessivem Alkoholmißbrauch kam, entstanden dort auch die ersten, wenn auch kurzlebigen Abstinenzbewegungen, der Rest Europas torkelte weiter wie gehabt. Mediziner empfahlen damals ihren Patienten, sich wenigstens einmal im Monat »hemmungslos zu besaufen ... zur Förderung des allgemeinen Wohlbefindens«. Auch harte Alkoholika waren sehr verbreitet. Zweimal am Tag, um zehn und um zwei, läuteten die Kirchenglocken, damit das arbeitende Volk wußte, wann es Zeit für den nächsten Schnaps war. Die zerstörerische Wirkung des Alkohols unter den amerikanischen Ureinwohnern war der Grund für die Gründung des ersten alkoholfreien Gemeinwesens in Kanada durch den Häuptling der Algonquin. Häuptling Little Turtle von den Cherokee rang Thomas Jefferson das Versprechen ab, den Verkauf von Whisky an seinen Stamm zu verbieten. Zwar scheiterten beide Versuche kläglich, doch fanden sie unter den Christen Nachahmer, die aus Angst vor »mordlüsternen trunkenen Indianern« ein totales Alkoholverbot forderten.

Die Wortführer der amerikanischen Prohibitionisten sagten eine goldene Zeit des Wohlstands voraus, sobald der Alkohol besiegt sei. Die Arbeitsproduktivität würde zunehmen, die Zahl der Krankmeldungen zurückgehen und Slums endgültig der Vergangenheit angehören. Zunächst schien die Rechnung tatsächlich aufzugehen. Anfang der 1920er Jahre nahm der Alkoholkonsum um bis zu achtzig Prozent ab. Nach diesem ersten Einbruch stieg die Kurve jedoch wieder an, so daß sie binnen weniger Jahre wieder das alte Niveau erreichte. Allerdings tranken die Menschen nun weniger Bier, weil die bauchigen Flaschen unter der Kleidung schlecht zu verbergen waren. Gin wurde zum Getränk der Massen, allerdings war er von so schlechter Qualität, daß sich die Zahl der Todesfälle infolge Alkoholvergiftung vervierfachte. »Früher tötete der Staat mit Blei«, sagte der Komiker Will Rogers, »heute mit Schnaps.«

Das Ende der Faulheit und Kriminalität erwies sich ebenso als Illusion. Während die Prohibitionisten sich brüsteten, sie hätten den »Blue Monday« abgeschafft, das Blaumachen nach durchzechtem Wochenende, stieg die Arbeitsproduktivität mit zunehmendem Alkoholkonsum sogar noch an. Die prall gefüllten Bankkonten, die man aufgrund der Ersparnis des teuren Alkohols erwartete, stellten sich ebensowenig ein. Statt mehr Arbeitsplätze und Wohlstand zu schaffen, zerstörte die Prohibition eine ganze Branche und drehte dem Staat zudem den Steuerhahn zu. Wenigstens fanden diejenigen, die ihren Job verloren, meist schnell wieder einen neuen beim organisierten Verbrechen. Im ersten Jahr der Prohibition stieg die Verbrechensrate um fünfundzwanzig Prozent, die Zahl schwerer Gewaltdelikte sogar um über fünfzig Prozent, hauptsächlich in Verbindung mit illegalem Alkoholschmuggel. Kurze Zeit nach Abschaffung der Prohibition im Jahr 1933 sank die Verbrechensrate wieder auf das frühere Niveau. Statt »Gefängnisse zu Futterkrippen« zu machen, wie es Reverend Sunday versprochen hatte, führte die Prohibition »zur allgemeinen Mißachtung des Gesetzes«. Dies mußte selbst der Chef der Prohibitionsbehörde, Henry Anderson, eingestehen. Die einzige öffentliche

Einrichtung, die wirklich davon profitierte, waren die Haftanstalten. Die Zahl der Häftlinge stieg innerhalb von zwei Jahren um dreißig Prozent, bis 1930 saßen rund die Hälfte der Gefangenen wegen Verstößen gegen das Alkoholverbot ein. Entsprechend verzehnfachten sich die zum Betrieb der Gefängnisse benötigten Steuergelder. Das alles weiß man heute nur allzu gut.

Vor allem kirchliche Frauengruppen waren es, die gegen Ende des 19. Jahrhunderts die ersten Vereinigungen zum Kampf gegen den Alkohol gegründet hatten wie die *Women's Christian Temperance Union*. Auch wenn politisches Engagement für Frauen an sich unschicklich war, für die Anti-Alkohol-Kampagnen galt das nicht, denn für das Bedürfnis der Mütter, ihre Kinder vor trunkenen Ehemännern zu schützen, hatte man Verständnis. Den Vorsitz der Vereinigung übernahm 1875 eine gewisse Frances Willard, die die Frage der Prohibition mit dem Frauenwahlrecht verknüpfte. Frauen hätten »am meisten unter dem Fluch des Alkohols zu leiden, also sollten sie auch das (Wahl-)Recht haben, den Schnapsladen in ihrem Haus zu schließen«. Die christliche Frauenbewegung hatte lange gar nicht für ein eigenes Wahlrecht gekämpft; erst die streitbare Wiley brachte diese Forderung aufs Tableau. Ihre Vereinigung erlebte einen rasanten Zulauf und nutzte ihren Einfluß, um die Frau zum gleichberechtigten Mitglied der Gesellschaft zu machen.[9]

Zur grünen Stunde

Jeff und ich starrten ungläubig auf die Flüssigkeit, die langsam ins Glas tropfte.

»Sieht das aus, als wenn's gleich grün wird?« fragte ich Jeff.

»Eigentlich nicht«, druckste er herum, »aber vielleicht wird es was, wenn wir noch mehr trinken.«

»Dann los.« Ich sah mich um. Es war Silvester 2000, und wir waren auf der Party eines befreundeten Malers in Manhattans East Village gestrandet. Kleiner Kreis, gediegene Atmosphäre, nur die Cocktails ließen länger auf sich warten als sonst. Mit anderen Worten: Wir saßen auf dem trockenen, was besonders für Jeff, der als Sänger und Bandleader der Lefty Jones Band einen Ruf zu verlieren hatte, ein unhaltbarer Zustand war. Also machten wir uns daran, die Privatgemächer des Gastgebers nach Trinkbarem zu durchstöbern, und siehe da, ganz hinten im obersten Regal eines unscheinbaren Schranks entdeckten wir eine angebrochene Flasche mit halbzerkautem Korken. »Absinth« stand auf dem vergilbten Etikett. »New Orleans, 1898.« Ich konnte mir einen Freudenjauchzer gerade noch verkneifen. Über ein Jahr lang war ich auf der Suche nach so einem edlen Tropfen gewesen. Da das Getränk sehr lang verboten gewesen war, hatte ich keine Flasche davon auftreiben können. Und plötzlich hielten wir sie in Händen, eine der vielleicht letzten Original-Absinthflaschen der Welt.

Absinth war einst das Kokain des Fin de Siècle und hatte viele Kosenamen wie »Opaline», »grüne Fee« oder »Smaragdhölle«. Oscar Wilde dichtete Lobeshymnen auf das Getränk, Vincent van Gogh malte es, Toulouse Lautrec opferte ihm seine Leber. Absinth ist ein hochprozentiger Kräuterschnaps mit halluzinogener Wirkung. Psychedelischer Wodka.[10] Zum Ritual des Absinthtrinkens gehört es, einen Zuckerwürfel auf einem besonderen Löffel mit Schlitz über das Glas zu halten und tropfenweise mit Wasser zu beträufeln. Mit jedem Tropfen Zuckerwasser, der in den Absinth fällt, nimmt er eine milchig-grüne Färbung an.

Ganz besonders fasziniert von dem Teufelszeug waren die Impressionisten. Jeder trank es. In den besten Zeiten lag der Absinthkonsum in Frankreich bei rund 36 Millionen Litern im Jahr. Was man heute Happy Hour nennt, hieß Ende des 19. Jahrhunderts schlicht *l'heure vert*, die »grüne Stunde«, während der die schwermütigen *Absintheurs* in Pariser Cafés über ihren Gläsern dahindämmerten. Gewohnheitsmäßige Absinthtrinker entwickelten merkwürdige Ticks. Der Dichter Paul Verlaine zum Beispiel, der einmal hundert Gläser an zwei Tagen getrunken haben soll, steckte die Haare seiner Frau in Brand. Die weniger künstlerisch Begabten zeigten Symptome von Demenz sowie Spastiken. Forscher berichten, daß schon wenige Zentiliter des Getränkes ausreichen, um ein friedliches Hündchen in eine wilde Bestie zu verwandeln. Politiker bezeichneten den Absinth als Wahnsinn in der Flasche. »Absinth«, so die *Gazette de Lausanne* in einem Kommentar jener Zeit, »ist die Hauptursache für Mord und Totschlag in diesem Land.« Im Jahr 1905 hatte ein Schweizer Bauer namens Jean Lanfray Frau und Kinder brutal ermordet. Zur Tatzeit war er sturzbetrunken gewesen (wie viele Bauern trank er mehrere Flaschen Wein am Tag), doch die Polizei führte die Bluttat auf zwei Gläser Absinth zurück, die Lanfray früher am Tag getrunken hatte. Drei Jahre später wurde das Gebräu in der Schweiz offiziell verboten. Diesem Beispiel folgte Holland im Jahr 1910 und die USA 1912. Frankreich, der größte Absinthmarkt der Welt, erließ das Verbot zu Beginn des Ersten Weltkriegs. Seither war es rund um den Globus tabu.

Das Verbot des Absinths ebnete zwar den Weg für die Prohibition in Amerika, doch die psychotrophe Wirkung machte ihn zu einem Sonderfall. Der Hauptübeltäter ist offenbar ein Kraut namens *Artemisia absinthium* oder Wermut, das der Legende nach auf der Kriechspur der Schlange bei ihrer Flucht aus dem Garten Eden gedieh. Die Griechen setzten es unter anderem zur Linderung von Geburtswehen ein, doch zu Ruhm gelangte es als mildes Halluzinogen, dessen aktive Substanz so ähnlich wirkt wie das in Marihuana enthaltene THC. Die besondere Kraft des Absinths rührt jedoch vielmehr aus der kaum verstandenen Wechselwirkung mit anderen Zutaten wie Anis, Ysop, Minze, Koriander, Petersilie und Kamille her. Leider konnte man das von der Flasche, die Jeff und ich in jener Nacht entdeckt hatten, nicht behaupten. Nachdem wir unseren spendablen Gastgeber Bill Hudders überredet hatten, die Flasche zu öffnen, widmeten wir die restliche Zeit bis zum Morgengrauen unserer Forscherneugier. Wir probierten wirklich alles, gezuckert, pur und in Kombination mit anderen Drogen. Doch vergebens. Zwar zeigte der Alkohol durchaus Wirkung, nur von Halluzinationen fehlte jede Spur. Der Effekt war nicht viel anders als bei Pernod, der entschärften Variante des Absinths, die nach seinem Verbot populär wurde. Das einzige Feuerwerk, das wir in jener Nacht erlebten, war das Spektakel am Times Square, als das neue Jahrtausend anbrach.

5. Kapitel – Gier

»Der Unterschied zwischen einem reichen und einem armen Mann besteht darin: Der eine ißt, wann es ihm gefällt, der andere, wann immer er gerade etwas zu essen hat.«
Sir Walter Raleigh

Menü der Gier

APÉRITIF
Leche de Mamasita
Wodka, Sahne und grüne Tinte

VORSPEISE
Crostini de Jesus
Kroß gebackene Hostien mit messianischem Aufstrich.
Gesprenkelt mit Rindfleisch

ERSTER GANG
Geräucherter grüner Affe
Paviankeule in Kräuterkruste
über seltener Tropenholzkohle geräuchert

HAUPTGANG
Gebratene Kapitalistenschweine
Haitianische Schweinelendchen an bitterer Sauce,
garniert mit Saure-Gurken-Salat

DESSERT
Rock Candy Mountain
Serviert in Whiskycreme

Unsere Spezialität ist das Catering von Betriebsfesten

Gierige Leckermäuler

Man sollte meinen, das Verhältnis der Gier zum Essen sei eine Geschichte obszöner Ausschweifungen. Fiese Feinschmecker, die kleinen Kindern den Lolly wegnehmen, und dergleichen mehr. Aber im Kapitel über die Völlerei haben wir solche Beispiele zur Genüge besprochen. Hier geht es um anderes, denn die klassische Sünde der Gier besteht primär in der unstillbaren Sucht nach irdischen Reichtümern. Im Akt des Essens drückt sich nicht zuletzt auch die eigene Machtposition aus, und zahlreiche Kulturhistoriker sahen in den Eßgewohnheiten bestimmter Gruppen einen Lackmustest für deren gesellschaftlichen Einfluß. Nicht umsonst geht es bei vielen politischen oder finanziellen Konflikten darum, wer was zu essen bekommt. Manche Indianerstämme Ecuadors zum Beispiel nehmen es damit sehr genau: Dort ist das älteste weibliche Stammesmitglied für die Zubereitung der Speisen zuständig und hat außerdem das Exklusivrecht, den Häuptling zu wählen, indem sie entscheidet, wem die größte Portion zusteht. Umgekehrt geht der Ausschluß der Frauen von den Macht häufig damit einher, daß sie ihre Mahlzeiten erst einnehmen dürfen, wenn sich die Männer satt gegessen haben. Weitaus spannender sind allerdings die ausgeklügelten Strategien machthungriger Potentaten, von den alten Päpsten bis zum Großgrundbesitzer, Essenstabus gezielt zur persönlichen Bereicherung einzusetzen. Die Nebenwirkungen dieses Tuns, darunter Kriege, Hungersnöte und die Verfolgung ganzer Völkerschaften seit dem Mittelalter, sollten uns stets mahnen, wie sensibel Menschen darauf reagieren, wenn ihnen bestimmte Speisen verwehrt werden, während andere das größte Stück vom Kuchen einheimsen.

Das Land des kulinarischen Müßigganges

Um das Land zu erreichen, das die Holländer *Luilekkerland* nannten, also das »Land des leckeren Müßigganges«, muß man sich zuerst durch einen 3 000 Meter hohen Puddingberg fressen. Im Luilekkerland leben die Menschen in Häusern aus Schokolade, mit Gartenzäunen aus Hefezöpfen. Die Blumen sind aus Mürbeteig, mit ordentlich Butter, versteht sich, und am saucenfarbenen Himmel drehen knusprige Brathähnchen ihre Runden. Es regnet Chardonnay, die Bauern rasten unter Raviolibäumen am Ufer von Flüssen voll köstlichem Gänseschmalz. Selbst Fäkalien, heißt es, seien dort genießbar: Pferde scheißen pochierte Eier, und die Esel lassen Feigen fallen. Doch Achtung! »Die Vögel, die gen Süden zogen,/ Mund auf! Schon sind sie dir ins Maul geflogen!«

> *An jeder Ecke Sauen warten*
> *Prall und saftig und knusprig gebraten*
> *Die Messer stecken, o wie nett,*
> *Daß man sich labe, schon im Fett!*

Der Mythos vom *Luilekkerland* ist ziemlich universell. Die Franzosen nennen es *pays de cocagne*, die Italiener *cuccagna* und die Deutschen das *Schlaraffenland*. Ihnen allen ist dem Volksglauben nach das unbeschwerte Leben in Saus und Braus gemeinsam. Zur Entstehungszeit dieser Geschichten im Mittelalter war ein vergleichbarer Lebensstil allenfalls den Fürstenhäusern vorbehalten. Die kleinste Andeutung, daß doch eigentlich allen ein Stückchen davon zustehe, wurde als Ketzerei gegeißelt. In einer alten deutschen Dichtung vom Schlaraffenland aus dem 16. Jahrhundert heißt es gegen Ende:

> *Wer also lebt wie obgenannt,*
> *Der ist gut ins Schlauraffen-landt,*
> *Das von den alten ist erdicht,*
> *Zu straff der Jugend zu-gericht,*
> *Die gewöhnlich fawl und gefressig*
> *Ungeschickt, hayloß und nach lessig*

Der Autor Hans Sachs, ein Anwalt der armen Leute, hebt hier ganz bewußt den Zeigefinger als Warnung für den kleinen Mann, vom Besitz der Reichen ja die Finger zu lassen. Die Bauern sollen sich nicht um den Lebensstil der Herrschenden sorgen und lieber ihrer ehrlichen Hände Arbeit nachgehen. In den Augen der europäischen Oberschicht, so argumentiert Hal Rammel, hätten diese Mythen trotzdem eine »subversive Kraft« entwickelt, da sie im Grunde von der Abschaffung des Hungers und aller sozialen Mißstände handelten. Mit der zunehmenden Demokratisierung der Gesellschaft in den folgenden Jahrhunderten wuchs auch die Bedeutung dieser Utopie. In den *Invitation to Lubberland*, im 17. Jahrhundert in England erschienen, heißt es, »Spanferkel, frisch gegrillt, eilen vorbei/ die Straße auf und ab/ und rufen ›Komm und friß mich!‹ dabei«.

Doch *Lubberland* ist auch ein Ort, wo »weder Recht noch Richter herrschen/ ein jeder ist ganz frei ... und keinem Gesetz verpflichtet«. Es gab keine Herren mehr, alle waren gleich; diese Geschichte war weit entfernt von dem ursprünglichen Traum vom endlosen Gelage, von der

Teilhabe an den Sinnenfreuden des Adels, und sie schien sogar in Erfüllung zu gehen, als fortschrittliche Londoner Kaffeehäuser anfingen, die strikte Trennung der Klassen aufzugeben. Der frühere Appell »Zurück an die Arbeit!« wurde abgelöst vom offenen Aufruf zur Revolte. Während der großen Weltwirtschaftskrise der 1930er Jahre prägten solche quasisozialistischen Ideale auch die Texte von Liedermachern wie Harry McClintock. In seinem Song *Rock Candy Mountain* von 1928 besingt er das Traumland des amerikanischen Wanderarbeiters: Wachhunde haben dort Gummigebisse, und Polizisten humpeln auf Holzbeinen daher. »Ein See aus Whisky und einer aus Stew, kannst drauf paddeln im großen Kanu.« Selbst die Kinderliteratur jener Jahre war davon beeinflußt. In dem Kapitel »Wenn der Ozean aus Whisky wäre« im *Wizard of Oz* entdeckt Dorothy einen Baum, an dem Blechdosen wachsen, in jeder ein Sandwich, ein Apfel und zwei Gürkchen. Diese Art der kostenlosen Schulspeisung mag durchaus ein Grund für die Verbannung des Buches aus öffentlichen Bibliotheken gewesen sein, dabei hätte man sich etwas mehr Sinn für Humor bei Amerikas Kinderschützern gewünscht. Der Autor Frank Baum jedenfalls setzte in seiner Version des Märchens gleich neben den Baum mit den Brotdosen einen Strauch, an dem Servietten wachsen, damit man sich nach dem Essen Hände und Mund abwischen kann. Amerikanischer geht es kaum.

Zauberhafte Kannibalen

Das Laterankonzil von 1215 war eine der wichtigsten politischen Versammlungen des Mittelalters. Die Repräsentanten der weltlichen und kirchlichen Macht standen sich dabei so dicht auf den Füßen, daß ein Bischof gar in dem Gedränge umkam.[1] Viele große Reformen wurden bei dem mehrwöchigen Treffen beschlossen. Zum Beispiel sollten fortan geistig unterbelichtete und inkompetente Priester ihres Amtes enthoben werden, Muslime und Juden wurden zum Tragen merkwürdiger Kopfbedeckungen verpflichtet, doch der wohl verrückteste Beschluß betraf die Neuinterpretation der Eucharistie. Bis dato hatte man die Ausgabe der Abendmahloblaten als symbolischen Akt des Brotbrechens zwischen Christus und seinen Anhängern verstanden. Das Konzil machte dem ein Ende, indem es die Parole ausgab, bei der »echten« christlichen Zeremonie würden sich »Oblate und Wein durch göttliche Kraft in den Leib, das Blut Christi verwandeln«. Wer anderer Ansicht war, dem drohte der Tod auf dem Scheiterhaufen. Seitdem war die Oblate beim Abendmahl im wahrsten Wortsinn der Leib Christi und sein Verzehr somit ein Akt des Kannibalismus.

Papst Innozenz III., der das Laterankonzil einberufen hatte, gab vor, mit dieser Entscheidung lediglich dem Wortlaut des Neuen Testaments treu zu bleiben, denn Christus reicht seinen Jüngern das Brot mit den Worten: »Nehmet, esset; das ist mein Leib.« In Wahrheit war der Papst ein genußsüchtiger Römer, der sein Leben lang nur versuchte, die Kirche zur zentralen Macht in Europa zu machen. Nicht gerade der Typ, der die Bibel beim Wort nahm. Über die psychologische Bedeutung des Abendmahles als Höhepunkt der christlichen Messe war er sich jedoch sehr wohl im klaren.

Die heilige Kommunion ist die sinnlichste aller christlich-religiösen Zeremonien. Die Priester in ihren makellosen weißen Roben, die im Kerzenlicht schimmern, der rubinrote Wein in schweren goldenen Kelchen, hauchzarte

Oblaten, die andächtig zwischen die Lippen des Gläubigen geschoben werden – so muß Religion sein. Zur Zeit Innozenz' trat die Bedeutung des Abendmahles und besonders der Oblate aus verschiedenen Gründen in den Hintergrund. Nur rund 150 Jahre vor dem Konzil hatte sich die orthodoxe Kirche im Osten von Rom abgespalten, nach einem erbitterten Streit über das korrekte Backen der Oblaten. Sekten wie die Albigenser erklärten die Eucharistie rundweg für bedeutungslos. Angesichts des Widerstands, der die Autorität des Heiligen Stuhls und der Kommunion bedrohte, erscheint Innozenz' »Fundamentalismus« weniger als besondere Bibeltreue denn als Versuch, die Messe zu einem echten Event zu machen, ihr etwas Sensationelles zu verleihen.

Innozenz war allerdings nicht der erste, der die kannibalischen Züge des Christentums erkannte. Vielleicht hatte er sich sogar ein paar Ideen bei den alten Römern abgeguckt. Allerdings kam es während seines Pontifikats vermehrt zu Fällen von Kannibalismus. So wurden die Ritter der Kirche verdächtigt, auf dem ersten Kreuzzug ins Gelobte Land Babys verspeist zu haben. Auch den russischen Tataren im Norden wurde ein unstillbarer Appetit auf das zarte Fleisch weiblicher Brüste nachgesagt. Augenzeugen berichteten von der ägyptischen Hungersnot des Jahres 1201, wo es »nicht ungewöhnlich« gewesen sein soll, daß kleine Kinder feilgeboten wurden, fertig gegrillt oder gekocht. Im frühen Mittelalter wurde Kannibalismus gemeinhin nur mit geringen Strafen belegt, etwa so, als hätte man die Kuh des Nachbarn getötet. Das deutet darauf hin, daß dieses Vergehens recht verbreitet gewesen sein mag. Karl der Große ergriff erste Gegenmaßnahmen, indem er Kannibalismus unter Todesstrafe stellte. Dieses Gesetz gab jedoch lange Zeit Rätsel auf, weil es nicht nur den Verzehr seines Nächsten verbietet, sondern auch den »Glauben« daran. Historiker vermuten, dieser Zusatz sei dem Willen Karls des Großen geschuldet, Aberglauben und Legendentum zu bekämpfen. Offenbar war dem christlichen Herrscher der Kannibalismus als Glaubenssystem mit all seinen Ritualen und quasi-religiösen Zeremonien ein Dorn im Auge.[2]

Doch da hätte er auch gleich das Beten verbieten können, jedenfalls wenn man solchen Forschern Glauben schenken darf, die den Kannibalismus oder jedenfalls das Darbringen von Menschenopfern als übliche Praxis beschreiben. Einer der Begründer der keltischen Kirche soll im 5. Jahrhundert bei der Weihung einer Kapelle einen Mönch in das Fundament eingemauert haben.[3] Die Institution der Messe wird von manchen Autoren als Fortentwicklung eines Rituals angesehen, bei dem die Opferung eines erstgeborenen Säuglings im Zentrum stand.

Die Spitzenreiter im religiös motivierten Kannibalismus kamen aus der Neuen Welt und gaben dem Phänomen sogar den Namen, wenn auch unter tätiger Mithilfe von Christoph Kolumbus, der den Stammesnamen *carib* fälschlicherweise als *canib* wiedergab, woraus das Wort Kannibale entstand. Die Azteken im heutigen Mexiko opferten zu religiösen Zwecken jährlich bis zu 250 000 Menschen. Wie Bernal Diaz del Castillo berichtet, der im Jahr 1521 in Gefangenschaft der Azteken geriet, brachten sie die Herzen ihrer Opfer dem Sonnengott dar, während sie selbst mit dem Rest vorliebnahmen, der zu einer Art Gulasch namens *Tlacataolli* verarbeitet wurde. Dem Aztekenforscher Bernadino de Sahagun zufolge wurde das Gericht als »Himmelsgabe« angesehen, die mit großer Ehrerbietung verspeist wurde.

Die eifrigsten Kannibalen Europas waren wohl die

keltischen Druiden im Norden und Westen. Der römische Geschichtsschreiber Strabo berichtet im 1. Jahrhundert vor Christus, unter den Druiden gelte es als »besondere Ehre, die eigenen Eltern nach ihrem Tod zu verspeisen«. Da das römische Reich lange Zeit auf Kriegsfuß mit den Kelten stand, sind solche Aussagen allerdings mit Vorsicht zu genießen. Das ändert jedoch nichts an der Tatsache, daß rund zwei Drittel aller kannibalistischen Opferstätten in Europa auf keltischem Boden in der Normandie, in Irland und auf den britischen Inseln entdeckt wurden. Die Rezepte, nach denen die Druiden Menschenfleisch zubereiteten, kennen wir nicht. Allerdings weiß man, daß sie die Köpfe ihrer verblichenen Anführer (und verehrten Feinde) in Ölkrügen konservierten, wie es noch heute bei der Herstellung von Entenpastete üblich ist. Möglicherweise wurde so auch das mythische Fleisch haltbar gemacht, das die Druiden kauten, während sie, aufs Meer hinaus blickend, auf prophetische Visionen warteten.

Schwer zu sagen, wie verbreitet solche Praktiken zu Zeiten Innozenz' III. noch waren. Sicher wußte er jedoch um den keltischen Glauben an die prophetische Wirkung von Menschenfleisch, und zwar aus der klassischen Saga um König Artus und den Heiligen Gral.[4] Sie handelt im wesentlichen von der Erlösergestalt des Königs, der mit seinen Mannen das Keltenreich durchstreift auf der Suche nach einem Gefäß namens Gral. Darin sei, so glaubte man, das Blut Christi aufbewahrt worden, und möglicherweise enthielt es sogar Fasern von seinem Fleisch. Nach Art eines keltischen Ritterordens suchten Artus und die Seinen also nach dem Leib Christi, um ihn sich buchstäblich einzuverleiben.

Die Vorstellung, daß ein Haufen keltischer Krieger die sterbliche Hülle des Messias anknabberten, war in den

Augen Roms vor allem deshalb ein Problem, weil es bedeutete, daß sich die Überreste Christi womöglich in Britannien befanden, das folglich Rom den Rang als Zentrum der Christenheit streitig machen könnte. Kirchengeschichtler stimmen darin überein, daß der Vatikan sich der Gefahr, die vom Artuskult ausging, wohl bewußt gewesen sei. Man erklärte ihn nur deshalb nicht für ketzerisch, weil er damit eine theologische Legitimierung erfahren hätte, die ihm bis dato fehlte. Und Rom tat gut daran, die Gefahr nicht zu unterschätzen, wie sich einige Jahrhunderte später zeigen sollte, als Englands König Heinrich VIII. die Geschichte vom Heiligen Gral zur Rechtfertigung seiner Abspaltung der anglikanischen Kirche benutzte.

Angesichts des Streites, der sich um das Abendmahl entspann, schloß Innozenz mit seiner Doktrin der Transsubstantiation den Kreis der Geschichte und kehrte zu den Wurzeln seiner Kirche, zu Opfergabe und Gewalt zurück. Nebenbei machte er aus der heiligen Messe damit die abgefahrenste Show weit und breit. Als die Kirchenbänke sich wenig später wieder füllten, veranlaßte der Erfolg die Kurie sogar, eigens das Corpus-Christi-Fest aus der Taufe zu heben, das sich zu einem der beliebtesten religiösen Feiertage überhaupt entwickeln sollte. In einigen Kirchen wurden die Wände mit Fresken bemalt, die den Papst darstellen, wie er den Leib Christi zerteilt und an die Gläubigen weitergibt. Treffender wäre ein Motiv gewesen, das Europa zeigte, wie es vom Papst verschlungen wurde. Dank seines geschickten machtpolitischen Taktierens waren die Nachfolger von Innozenz bald Herr über rund ein Drittel der Reichtümer Europas.

Mit der Legalisierung eines der stärksten Tabus der Zivilisation fachte Innozenz also die Leidenschaft der Menschen für morbide Phantasien an. Es folgten erste Berichte von Hostien, die Schmerzensschreie ausstießen, sobald man sie zerbiß. Manche sollen geblutet und dauerhafte Male in den Gesichtern der Gläubigen hinterlassen haben. Die Hände von Geistlichen, die eine Oblate aus ihrem Beutel nehmen wollten, zierten auf einmal tiefe Fleischwunden. Und in Caesarius' *Miraculorum*, so etwas wie die *X-Akten* des Mittelalters, wird von einer Familie berichtet, die eine Oblate vor ihren Bienenstock legte, um mit Gottes Segen noch süßeren Honig zu erhalten, und bald darauf verblüfft mitansah, wie sich Tausende von Bienen um die Oblate sammelten. Eine Hostie aus der Kirche zu entwenden, wurde als schweres Vergehen geahndet. Christlichen Hausmädchen war es untersagt, für Juden zu arbeiten, weil »die Milch aus der Brust eines Mädchens, das den Leib und das Blut Christi empfangen hat (nämlich beim Abendmahl in der Messe), nichts für Judenkinder ist«.

Gern erzählte man sich auch die Geschichte des Pariser Juden Jonathan, der eine geweihte Hostie aus der Kirche raubte und sie zum Beweis, wie lächerlich die ganze Sache war, einem befreundeten Christen anbot. Wie das Gerichtsprotokoll vermerkt, habe sich die Oblate mit dem Messer nicht schneiden lassen. Nach mehreren erfolglosen Versuchen habe Jonathan zur Axt gegriffen, und da sei die Hostie wie durch ein Wunder in drei Teile zersprungen – Symbol der Dreieinigkeit von Vater, Sohn und Heiligem Geist. Einer der Teile verwandelte sich, als man ihn in kochendes Wasser warf, in Fleisch. Entsetzte Christen lieferten Jonathan daraufhin der Polizei aus. Der Jahrestag seiner Verbrennung auf dem Scheiterhaufen wurde in den folgenden 600 Jahren zu einem der größten Volksfeste von Paris. Ähnliche Vorwürfe gegen eine wohlhabende Brüsseler Familie, auf deren Besitz man es offenbar abgesehen hatte, gipfelten in einem schlimmen Pogrom, dem viele Juden zum Opfer fielen. Das Massaker wurde in der belgischen Hauptstadt bis in 19. Jahrhundert hinein festlich begangen. Zu ähnlichen Gewaltexzessen kam es auch schon früh in Berlin, wo Juden bei lebendigem Leib verbrannt wurden und fortan bis ins 18. Jahrhundert kein Jude mehr die Stadt betreten durfte.

Heutzutage vermuten Forscher, daß das mysteriöse Blut der Hostien von einem Pilz namens *Micrococcous prodigiosus* herrührte. Der Schimmelpilz gedeiht besonders auf altem Brot und gibt ein rötliches Sekret ab, das möglicherweise für Blutstropfen gehalten wurde. Doch natürlich waren an der Entstehung solcher Mythen auch profitsüchtige Priester beteiligt, die Hostien einfach in Blut tauchten, um sich die Besichtigung des Wunders von leichtgläubigen Pilgern ordentlich bezahlen zu lassen. Was auch immer die Ursache für die bizarre Erscheinung gewesen sein mag, der Papst hatte das sehr emotionale Thema Kannibalismus erfolgreich zu persönlichen Zwecken eingesetzt. Seine Lehre von der »wahren« Bedeutung der Eucharistie machte aus Christen Tabubrecher und Auserwählte zugleich – zwei der stärksten sozialen Etiketten überhaupt. Gleichzeitig trieb er auch einen Pfahl ins Herz konkurrierender Kulte, deren ureigenes Ritual in die kirchliche Praxis aufgenommen wurde. Der Mensch mußte fortan nicht mehr in dunklen Höllen auf mystischen Fleischbrocken herumkauen, denn Gott hatte seinen Sohn geopfert und uns dessen Körper gegeben, auf daß wir uns daran ergötzten im Glanz der goldenen und strahlendweißen Roben, im Rausch von Weihrauch, Musik und Wein. Die am strengsten verbotene aller Speisen war somit enttabuisiert und geheiligt worden.

Geräucherter grüner Affe

Es ist zehn Jahre her, seit ich auf einem rostigen Kahn den Kongo flußabwärts schipperte – trotzdem weiß ich es noch, als wäre es gestern gewesen. Ich erinnere mich an den Moment, als mir aufging, daß meine Kabine den Mitreisenden als Stundenhotel diente, oder daran, wie der Kapitän durchdrehte und das Boot absichtlich auf Grund laufen ließ. Drei Tage lang saßen wir danach fest. Ich erinnere mich an die drückende Hitze in den Kabinen, wo die meuternden Matrosen geknebelt und gepeitscht wurden. Und an die Gesichter der geräucherten Affen an Deck. Der Todeskampf war ihnen noch anzusehen, die Lippen waren vom Rauch geschwärzt, die leeren Augen quollen hervor.[5] Geräucherte Primaten sind die Nouvelle Cuisine Zentralafrikas, und jeden Tag wurden wir von Kanus aus dem Dschungel mit frischer Ware für den Markt in Kisangani beladen. Im Laufe unserer Fahrt stapelten sich immer mehr Kadaver an Deck, wie bei einem gerade ausgehobenen Massengrab. Manchmal passierte es, daß sich ein Matrose den Arm eines Affen abschnitt, um sich daraus ein Süppchen zu kochen.

Damals wußte ich noch nicht, daß ich Zeuge eines neuen kulinarischen Trends wurde, der nach Meinung vieler Experten zur Ausrottung des nächsten Verwandten des Menschen führen kann. Seit Jahrzehnten schon stehen Primaten wie Schimpansen und Gorillas auf der Liste der gefährdeten Tierarten. Hatte sich ihre Zahl zwischendurch wieder erholt, so brachte der Bruch traditioneller Eßtabus sie in manchen Gegenden wieder an den Rand des Aussterbens. Nimmt die Nachfrage nach Affenfleisch weiter so rasant zu, dann könnten viele Affenarten des afrikanischen Kontinents bald nur noch in Zoos zu bewundern sein. Zahlreiche Tierschutzorganisationen haben auf diese Problematik aufmerksam gemacht, so auch die berühmte Primatenforscherin Jane Goodall.

Die Sache kam ins Rollen, als fremde Arbeiter zum Holzeinschlag in den Dschungel geschickt wurden. Die Holzfäller in dieser Gegend ausreichend mit Lebensmitteln zu versorgen, erwies sich als schwierig. Damit die Kosten nicht zu sehr auf den Profit drückten, gab man den Arbeitern einfach ein paar Flinten in die Hand und sagte, sie sollten sich ihr Essen selber erlegen: Gorillas, Schimpansen, Gazellen, Ameisenbären oder was ihnen sonst noch vor die Mündung lief. Manche dieser Tierarten standen auch bei den Einheimischen auf dem Speiseplan, nur der Verzehr von Affenfleisch war bei diesen streng tabu, wohl der nahen Verwandtschaft wegen. Das Vorbild der Arbeiter jedoch, die auch am Affenfleisch Gefallen fanden, hat dieses Tabu mit der Zeit aufgeweicht. Zu der Nachfrage vor Ort gesellte sich bald auch ein wachsender Exportmarkt. Die Tiere bei uns an Bord zum Beispiel waren für Kisangani bestimmt, die zweitgrößte Stadt des Kongo, um von dort etwa nach Brüssel geschmuggelt zu werden. Dort lebende Afrikaner blätterten gut und gerne 20 Dollar für einen Teller Schimpansengulasch hin. Der Lockruf des schnellen Geldes, gepaart mit der lokalen Nachfrage und der Jagd mit immer moderneren Waffen, hat die Abschußzahlen in Höhen getrieben, die vor gar nicht so langer Zeit noch undenkbar schienen. Inzwischen stammten in einigen afrikanischen Städten 10 Prozent des verzehrten Frischfleisches von Primaten, und die Schmuggelware im Wert von mehreren Millionen Dollar beläuft sich auf viele hundert Tonnen im Jahr. Bei 200 000 Schimpansen in den Wäldern Afrikas kann man sich leicht ausrechnen, wie lange so etwas gutgeht. Die Roten Stummelaffen

Westafrikas haben bereits dran glauben müssen, und sie werden wohl nicht die letzten sein.

Doch nicht nur die Affen sind gefährdet. Die genetische Ausstattung der Primaten stimmt zu achtundneunzig Prozent mit unserer eigenen überein, und die Tiere sind Überträger des HIV-Virus, weshalb sie seit langem als möglicher Ursprung der Aids-Epidemie gehandelt werden. Nur wie die Übertragung genau vonstatten gegangen sein soll, war zunächst unklar, bis ein Wissenschaftlerteam nach umfangreichen genetischen Tests im Jahr 1999 darauf kam, daß sich das erste menschliche Aids-Opfer vor rund fünfzig Jahren durch den Verzehr von Affenfleisch angesteckt haben könnte. Eine Mahlzeit mit Folgen, schließlich hat die Krankheit inzwischen weltweit über 20 Millionen Menschenleben gekostet. Für die Gegend, durch die ich damals reiste, wurde prognostiziert, daß rund die Hälfte der Einwohner das zwanzigste Lebensjahr nicht erleben würde.

Der lachende Mann

Der Kongo, das sind 250 000 Quadratkilometer Dschungel, Schotterpisten und Diamantminen. Abgesehen von dem Kahn mit den Affenleichen, der oft drei Wochen Verspätung auf dem offiziellen Fahrplan hat, gelangt man fast nur per Anhalter von A nach B. Es gibt nicht wirklich viel zu sehen, und das Reisen in diesem Land ist schon so anstrengend, daß man sich ohnehin kaum aufraffen kann, wenn man irgendwo einen Zwischenstop macht. Eine beliebte Touristenattraktion ist die Begegnung mit Kannibalen. Ich stieß zum erstenmal nahe der Grenze zu Uganda auf einen solchen Stamm. Unser Jeep fuhr durch ein typisch kongolesisches Dorf, bestehend aus einem Dutzend bescheidener Hütten, die eine rote Schotterstraße säumen. Die Dächer waren mit Blättern gedeckt, die Türrahmen aus Bambus geflochten. Alles, was fehlte, waren die Menschen. Kein Spalier von Kindern, wie es uns sonst in jeder Ortschaft erwartete.

Ich fragte den Mann neben mir auf der Ladefläche des Jeeps, was hier los sei.

»Kannibalen«, erklärte mir der junge Kongolese. Er hieß Jacques und war vielleicht achtzehn Jahre alt. »Sie haben das Dorf überfallen. Die Leute sind verschwunden.«

Ich dachte, ich hörte nicht recht. »Willst du mir erzählen, daß es hier heute noch Kannibalen gibt?«

Jacques sah mich verdutzt an. »Was denn sonst?! Manchmal sieht man die lachenden Männer auch bei uns in Kisangani.«

»Die lachenden Männer?« fragte ich. Jacques erzählte, daß eine Art krankhaftes Lachen diejenigen befällt, die vom Geist der Toten besessen sind, die sie verzehrt haben. Zuerst hören sie Stimmen, dann fangen die Halluzinationen an. Schließlich reden sie mit unsichtbaren Geistern. Sie können nicht aufhören zu grinsen, und am Ende lachen sie sich regelrecht tot.

Damals stempelte ich Jacques' Geschichte als eines der afrikanischen Ammenmärchen ab, wie die Geschichte von den frommen Leuten, die sich jede Nacht in den Schlaf schrien, um die bösen Geister zu vertreiben, oder die von den Killerinsekten, die ihre Opfer anknabberten. Doch ich wurde eines Besseren belehrt. Die Krankheit der lachenden Männer, auch *kuru* genannt, wurde erstmals unter Kannibalen in Papua-Neuguinea nachgewiesen und ist offenbar verwandt mit BSE (und seiner menschlichen Variante, dem Creutzfeldt-Jakob-Syndrom), die vor einiger Zeit für Furore sorgten. Beide haben ihre Ursache in ritualisiertem Kannibalismus: *kuru* wird wahrscheinlich durch den Verzehr der rohen Hirnmasse von Artgenossen verursacht[6], ähnlich dem Rinderwahnsinn, der aufkam, als Bauern die zermahlenen Kadaver von Schafen an ihr Vieh verfütterten. In beiden Fällen führt der Kannibalismus zur Entstehung geheimnisvoller Proteine, sogenannter Prionen, die das Hirngewebe angreifen und in einen löchrigen Schwamm verwandeln.

Das Ganze ist eine bittere Lektion darin, wie hoch der Preis mitunter ist, den man für Profitgier und die Verletzung uralter Tabus zahlen muß. Verblüffend ist vor allem die weitgehende Übereinstimmung der so ausgelösten Degeneration im Hirn von Mensch und Tier. Bei beiden macht sich die Krankheit zuerst durch Bewegungsstörungen der Gliedmaßen und der Gesichtsmuskulatur bemerkbar. Beim Menschen setzt sich dies zu einer grimassenhaften Verzerrung der Gesichtszüge fort, gefolgt von schubweisen Lachkrämpfen. Die nächsten Stadien sind Demenz, Lähmung und schließlich der Tod. Die Symptome erinnern verdächtig an das seltene Phänomen des Veitstanzes, benannt nach dem heiligen Vitus, dessen Martyrium darin bestand, daß er auf glühenden Kohlen tanzen mußte. Vom Veitstanz Betroffene brechen in unkontrollierte, spastische Zuckungen aus, ein Phänomen, das im 14. Jahrhundert in Europa eine religiös verbrämte Tanzhysterie ausgelöst haben soll. Während die Eingeborenen Papua-Neuguineas glaubten, die »lachenden Männer« seien vom Geist ihrer Opfer besessen, nahmen die Christen des Mittelalters an, der Teufel sei in jene gefahren, die dem Veitstanz verfallen waren. Ursache des Veitstanzes ist nicht Kannibalismus, sondern der Verzehr eines bestimmten Schimmelpilzes, der sich mit Vorliebe auf Roggenbrot einnistet. Das Stoffwechselprodukt des Pilzes ist dem LSD verwandt, weshalb die frühen Symptome eines LSD-Trips wohl denen der beschriebenen Krankheiten nicht unähnlich sind: unkontrollierbares Lachen und verzerrte Gesichtsmimik, gefolgt von Halluzinationen und zeitweisen kognitiven Einbußen.

Viele Intellektuelle und Wissenschaftler von Sigmund Freud bis Michel de Montaigne haben sich mit unserem Ekel vor dem Kannibalismus beschäftigt. »Es spottet jeder Logik«, schrieb Freud, »daß wir einander zwar umbringen und dafür Orden verleihen, gleichzeitig aber einen großen Ekel davor empfinden, einander zu verzehren.« Die Ähnlichkeit in der Symptomatik verschiedener Krankheiten, die auf Kannibalismus zurückgehen, und der halluzinogenen Wirkung von Drogen eröffnet interessante Spekulationen. So ist es denkbar, daß unsere heutige Aversion in früher verbreiteten Krankheiten wurzelt, die vom Genuß von Menschenfleisch ausgelöst wurden – oder auch durch eine dunkle Ahnung seiner bewußtseinsverändernden Wirkung. So stehen dann auch verschiedene Randerscheinungen der Geschichte in einem neuen Licht da. Die alten Griechen etwa bezeichneten ihre Menschenopfer als *pharmakos*, was soviel heißt wie Buße. Allerdings entwickelte sich daraus das Wort *pharmakon* im Sinne von Droge. Die offizielle Erklärung der katholischen Kirche, daß der Verzehr des Leibes Christi in Form der Hostie eine Art »Verschmelzung mit dem Göttlichen« bewirke, erlaubt ebenfalls eine psychedelische Lesart. Und wenn der Verzehr rohen Hirns psychische Störungen verursachen kann, dann kann man hierin eine Verbindung zu keltischen Traditionen erkennen, die mit Hilfe ihres »mystischen Fleisches« Visionen hervorriefen. Wie die alten Druiden berichten immerhin auch heutige Creutzfeldt-Jakob-Patienten von einem mysteriösen Gefühl des Losgelöstseins. »Man sollte diese Sitte (die Köpfe Verstorbener zu konservieren) nicht vorschnell als bloßes Trophäensammeln abtun«, schrieb der Keltenforscher T. G. Powell. »Viel wahrscheinlicher ist, daß ein uralter Fruchtbarkeitsmythos dahintersteckt.«

Wenn das Verspeisen von Artgenossen lediglich primitiv und ungesund wäre, so als würde man Exkremente essen, hätte sich kaum ein solcher Kult um den Kannibalismus gesponnen. »Kannibalen überlegen sich genau, *wie* sie ihre Artgenossen verspeisen und wer dafür überhaupt in Frage kommt, ebenso wie das Wann und Wo«, schreibt Margaret Visser in ihrem Buch *The Rituals of Dinner*. Während Visser den Kannibalen durchaus Tischmanieren attestiert, liegt ein anderer Erklärungsansatz in der Betrachtung des Kannibalismus als kultischer Handlung. Weston La Barre vertritt in *Muelos: A Stone Age Superstition About Sexuality* die These, daß es vor langer Zeit eine Art Urreligion gegeben habe, die auf dem Verzehr von Hirnmasse basierte, woraus sich in der Folge verschiedene Kulte von Kopfjägern entwickelt hätten. La Barre schreibt: »Einem alten Glauben zufolge hat die Lebensenergie des Menschen ihren Sitz im Inneren des Schädels. Man nimmt sie in sich auf, indem man das Hirn des anderen verzehrt.« Diese Substanz, *muelos* genannt, sei auch der Träger der sexuellen und geistigen Potenz ähnlich der Samenflüssigkeit, und ihr Verzehr folge festen Regeln wie die Einnahme psychotropher Substanzen. Am besten Bescheid weiß man über die kannibalischen Riten der alten Druiden Nordwesteuropas sowie der Eingeborenenstämme auf Papua-Neuguinea. Bei beiden handelte es sich um sehr isolierte Gesellschaften, die ihre Traditionen ungestört pflegen konnten. Auch die frühen tibetanischen Buddhisten (die *Bonpo*) lebten vergleichbar isoliert, und auch ihnen wird nachgesagt, daß sie ihre Lehrmeister verzehrten, um ihre

Weisheit in sich aufzunehmen. Vor mir auf dem Schreibtisch steht eine tibetanische Skulptur in Form eines Schädels. Ihre Innenseite ist mit eigenartigen Zeichen versehen, wie sie auf vielen religiösen Bildern aus Tibet zu sehen sind. Dort ist oft auch eine Gottheit mit weit aufgerissenen Augen dargestellt, einen Schädel, den *kapala*, in einer Hand und ein Messer, *chugri* genannt, in einer der neun anderen. Die Schädel sind in dieser Darstellung mit einer gräulichen Flüssigkeit angefüllt, die *amrita* heißt und vermutlich Samen sein soll. Die gewölbte und vielfach gewundene Oberfläche erinnert jedoch stark an ein menschliches Gehirn. Heute werden solche Sinnbilder meist als Metaphern interpretiert, nach derselben Lesart, die auch auf die detailreichen Bildnisse kopulierender Gottheiten angewandt wird. Wenn die Abbildung der Sexualität jedoch so offenbar über das bloß Metaphorische hinausgeht, warum sollte das nicht auch auf die Gehirne im offenen Schädel zutreffen? Anthropologen haben tibetanische Eßrituale beschrieben, bei denen geöffnete Schädelhälften mit einer Art Grütze serviert werden, die an Hirnmasse erinnert, tatsächlich jedoch aus Weizen hergestellt wird. Und Tibets mongolische Nachbarn, die *Kanjuren*, verbinden mit dem Wort *amitra* eben das: das menschliche Gehirn.

Endo-Kannibalismus nennt man das Phänomen, wenn lediglich Teile eines verstorbenen Verwandten gegessen werden, um an dessen Weisheit teilzuhaben. Das eigentliche Fleisch wird dabei gar nicht angerührt, sondern verbrannt; nur das Hirn kommt auf den Teller. Exo-Kannibalen dagegen sind solche, die ihre Feinde verzehren, um deren Kraft in sich aufzunehmen. Dafür bevorzugen sie meist ein saftiges Stück Muskelfleisch.

Man könnte zu dem Schluß kommen, daß die Endo-

Kannibalen bereits das Gehirn als Sitz von Denken und Erfahrung in Verdacht hatten. Doch so einfach ist die Sache nicht. Man muß sich durchaus fragen, wie sie überhaupt auf die Idee hätten kommen sollen, dem Gehirn eine solche Rolle zuzuschreiben. Selbst Aristoteles, der Vater der Wissenschaften, glaubte schließlich, das Gehirn sei bloß für die Kühlung des Blutes zuständig. Bei dem Eingeborenenstamm aus dem Urwald Papua-Neuguineas, wo die Lachkrankheit erstmals diagnostiziert worden ist, war das Gehirn der Toten nur den engsten weiblichen Verwandten vorbehalten. Manche Forscher meinen, dies habe seinen Grund darin, daß die Männer sich schon vorher die leckersten Happen sicherten und den Frauen nur Reste übrigließen. Dagegen spricht, daß Hirn von jeher als besondere Delikatesse angesehen wurde.

Bis vor nicht allzu langer Zeit wurde der Verzehr von Rinderhirn bei texanischen Barbecues als Männerritus gepflegt.

Auch wenn ich selbst niemals so weit gehen würde zu behaupten, Texas sei ein Hort steinzeitlicher Verhaltensweisen, so glauben Frühgeschichtler doch, daß der rituelle Verzehr von Hirn seit der Steinzeit verbreitet war und erst allmählich mit der Bronzezeit aus der Mode kam.[7] Die Neandertaler dürften genausowenig etwas vom Gehirn als Sitz des Wissens geahnt haben wie Schimpansen, und doch haben auch sie eine besondere Verwendung für das Hirn ihrer Lieblingsbeute, der Paviane. Jane Goodall konnte zeigen, daß der Kopf des Pavians das einzige Körperteil ist, das nicht in der Schimpansenhorde aufgeteilt, sondern immer dem Alphatier überlassen wird. Selbst wenn zwei Paviane zur Strecke gebracht werden, gebühren beide Köpfe dem Rudelführer, der sein Vorrecht genüßlich auskostet. Natürlich hat dieses Vorrecht des Anführers nichts mit dem Glauben an den vermeintlichen Sitz der Seele im Kopf zu tun. Vielmehr schmeckt den Tieren Hirn wohl einfach besonders gut. Die Grenze zwischen Speisen, die die Sinne benebeln, und solchen, die Genuß bereiten, ist hier fließend.

Das meistgeschätzte Getränk der Welt ist der Wein, auch wenn die meisten von uns beim allerersten Schluck die Nase gerümpft haben. Und das aus gutem Grund, denn Alkohol ist Gift, auf das der Körper spontan mit Ekel reagiert. Erst wenn wir nach und nach die angenehme, berauschende Seite des Alkohols entdecken, lernen wir ihn zu schätzen. Dann sind wir in der Lage, ihn zu genießen.

Wenn bestimmte Primaten einen Appetit auf das Hirn verwandter Spezies haben, dann stellt sich die Frage, was genau die Tiere daran finden. Ist es nur der Geschmack oder gar ein rauschhafter Zustand, den sie suchen? Auch die Tatsache, daß die Kannibalen Papua-Neuguineas das Hirn ihrer Toten den nächsten Verwandten vorbehalten, gibt allein noch keinen Aufschluß über die Gründe. So ist eine irgendwie magische Wirkung durchaus denkbar, ähnlich wie bei den Schamanen, die ihre Visionen mittels Peyote oder anderer Halluzinogene hervorriefen.

Über diese Fragen läßt sich lange spekulieren. Immerhin spricht einiges dafür, daß die Verbindung zwischen Wahnsinn und Visionen sowie dem rituellen Verzehr des Hirns von Artgenossen dazu beigetragen hat, den Kannibalismus den Priestern vorzubehalten, wie es in vielen Kulturen der Fall ist. Die streng hierarchische Sozialordnung der Azteken bestimmte zum Beispiel darüber, wer sich an welchem Körperteil des Geopferten laben durfte. Das Herz gebührte dem Sonnengott, das Muskelfleisch dem Herrscherclan. Den Kopf jedoch, das gilt als gesichert, bekam die Priesterschaft. Es ist nicht klar, was die Priester mit den Köpfen der Opfer genau anstellten, doch haben Archäologen Hunderte von Schädeln ausgegraben, denen das Gehirn entnommen worden war.[8] Man fand keine Hinweise, daß sie anders als für kannibalische Zwecke verwendet worden wären.

Du sollst nicht essen deine Mutter

Sie ist der erste Feinschmeckertempel jedes Menschen. Erstklassiger Service, traumhafte Aussicht, und das Essen ist stets frisch und lecker. Der Preis – einfach unschlagbar! Die Rede ist von der Mutterbrust, deren Milch die unbestrittene Hausmarke Nummer eins ist. Doch diese Zeiten sind für die meisten von uns lange vorbei. Aller internationalen Anstrengungen zum Trotz erlebt die alte Menschheitstradition des Stillens seit rund 50 Jahren einen Niedergang. Durfte einst jeder neugeborene Amerikaner zwei Jahre lang an der Mutterbrust nuckeln, so kommt heute nur noch jedes vierte Baby in diesen Genuß, und dann auch meist nur für wenige Monate. Eine ähnliche Entwicklung ist in vielen Teilen Asiens und Afrikas zu beobachten. Als Erklärung für die Abkehr von der Muttermilch mußte schon vieles herhalten; vom puritanischen Denken der Kolonialzeit bis zum Karrierewunsch der modernen Mütter. Doch die meisten Experten sind sich einig, daß die Hauptursache das Profitstreben einiger weniger Nahrungsmittelkonzerne ist, die die Welt mit einfach zuzubereitenden Milchersatzprodukten überschwemmen. »Angesichts der Millionen von Dollar, die jedes Jahr mit Babyprodukten verdient werden«, schreibt Marilyn Yalon in *History of the Breast*, »dürften die Gründe für die Zunahme der Flaschenfütterung auf der Hand liegen ... Solche Profite wollen sich weder Industrie noch Ärtzeschaft entgehen lassen, und entsprechend lautstark rührt man die Werbetrommel.«

Die Folgen sind unübersehbar. Nach Schätzungen der Weltgesundheitsorganisation (WHO) sterben weltweit jährlich 1,5 Millionen Babys an verunreinigtem Wasser, das für die Zubereitung von Babykost verwendet wird. Das betrifft in erster Linie Entwicklungsländer mit mangelhafter Wasserversorgung, aber auch in Staaten mit sauberem Wasser kann die Flaschenfütterung negative Folgen für die Kinder haben. So neigen sie eher zu Fettleibigkeit, erzielen oftmals schlechtere Ergebnisse bei Intelligenztests und sind empfänglicher für Allergien. Auch Lernschwächen sind schon auf den Konsum industriell gefertigter Babynahrung zurückgeführt worden. Allein in den USA verursacht die Flaschenfütterung Folgekosten von zwei bis vier Milliarden Dollar im Jahr.

Dabei sind die Milchersatzprodukte ursprünglich entwickelt worden, um Müttern zu helfen, die weder selbst stillen noch eine Amme bezahlen können. Und sicher sind die industriellen Produkte noch eher geeignet als etwa Eselsmilch, die Kindern in armen Ländern schon mal verabreicht wurde. Bereits Ende des 19. Jahrhunderts teilten sich über zwanzig verschiedene Hersteller von Babynahrung den Markt, und sie alle achteten darauf, daß ihre Produkte besonders bequem zuzubereiten waren. Außerdem wird in aggressiven Werbekampagnen noch heute die Mutterbrust als unhygienisch gegeißelt, was zwar blanker Unsinn ist – die weibliche Brustwarze sondert von Natur aus einen antiseptischen Wirkstoff ab –, aber trotzdem in Zeiten des Reinlichkeitswahns und der Fortschrittsgläubigkeit gehört wurde. Als man die Produkte dann zunehmend auch in Länder mit schlechter Wasserversorgung exportierte, wurden sie dort vielen Neugeborenen zum Verhängnis. Die Hersteller mußten sich über die Problematik sehr wohl klar gewesen sein. Doch das Geld lockte, und ferne Märkte mußten erobert werden. Einem Bericht von 1974 zufolge wurden allein im August desselben Jahres in dem kleinen westafrikanischen Land Sierra Leone über 250 Werbeanzeigen für Babynahrung geschaltet. Kostenlose Proben wurden an Buschkliniken verschickt, und die Wartezimmer der Ärzte wurden mit Fotos glücklicher Babys geschmückt, die zufrieden an der Milchflasche nuckelten.

Sogar als Krankenschwestern verkleidete Frauen wurden auf Promotiontour in Krankenhäuser geschickt, um junge Mütter von den Vorzügen der Babynahrung dieser oder jener Marke zu überzeugen. Einer Studie zufolge sollen 87 Prozent der nigerianischen Mütter nach dem Besuch solcher »Milchberaterinnen« aufgehört haben, ihre Babys zu stillen. Derlei Marketingmethoden waren unter anderem der Grund für den weltweiten Boykottaufruf gegen Nestlé in den 70er Jahren. Als der Konzern kurz darauf die Autoren des Buches *Nestlé Kills Babies* wegen Verleumdung verklagte, wurde ihm von höchstrichterlicher Stelle ein »gefährliches Spiel mit Menschenleben« bescheinigt. Trotzdem wurde der Klage von Nestlé in dritter Instanz schließlich stattgegeben.[9]

Inzwischen haben sich die großen Produzenten von Babynahrung eine freiwillige Selbstbeschränkung auferlegt, ähnlich der Zigaretten- und Alkoholindustrie. Noch schlimmeren Schäden konnte damit zum Glück vorgebeugt werden, doch sind manche Firmen auch einfach zu subtilerer Werbung übergegangen. So werden an amerikanische Haushalte 50-Dollar-Gutscheine für eigene Produkte oder gleich ganze Probesets verschickt. Die Wurfsendungen sind so kalkuliert, daß sie möglichst kurz nach Niederkunft der Mütter eintreffen. »Das ist alltägliche Praxis«, sagt auch Deborah Myers vom Mutter-Kind-Programm des Kaiser Hospital in Portland, Oregon. »Die Sendungen erreichen die jungen Mütter oft in einer kritischen Phase, in der sie für zweifelhafte Versprechungen empfänglich sind.« Firmensprecher behaupten zwar ständig, Produktproben würden nur an Familien gesandt, die darum nachfragen, doch ist bekannt, daß in den Marketingabteilungen ständig aktualisierte Adreßlisten die Runde machen. Das heimtückische ist, daß die Milchproduktion der Mutterbrust sehr rasch verebbt, sobald das Stillen unterbrochen wird. Der Milchfluß läßt nach, und bei Wiederaufnahme des Stillens hat das Baby dann Schwierigkeiten, an das köstliche Naß zu kommen. Auf diese Weise werden Mutter und Kind praktisch zum Umstieg auf Ersatzprodukte gezwungen.

Keine der betreffenden Firmen, die zusammen einen geschätzten Jahresumsatz von 8 Milliarden Dollar erwirtschaften, würde öffentlich zugeben, eine aktive Verdrängung der Muttermilch zu betreiben. Schließlich halte man sich streng an die staatlichen Auflagen zur korrekten Auszeichnung und Bewerbung der Produkte. Natürlich hat Babynahrung auch schon viele Menschenleben gerettet, doch das ändert nichts an dem geschilderten Problem. Heute findet sich auf jedem Fläschchen Babynahrung ein Hinweis, daß Muttermilch dem Füttern mit Ersatzprodukten vorzuziehen ist, und manche Firmen empfehlen auch, ihr Pulver nicht mit normalem Leitungswasser zuzubereiten. Im Jahr 1999 nahm der Anteil stillender Mütter in den USA erstmals seit 50 Jahren wieder leicht zu, und Präsident Clinton hat sogar das Stillen in öffentlichen

Einrichtungen und auf Plätzen legalisiert. Nur im britischen Unterhaus bleibt Frauen dieses Recht weiter verwehrt. Eine Abgeordnete, die kürzlich während einer Debatte ihr Baby stillen wollte, wurde des Saales verwiesen mit der Begründung, die Hausordnung gestatte weder das Mitbringen von Erfrischungen noch von Besuchern. Der hungrige Nachwuchs verstieß damit also gleich gegen zwei Regeln.

Hast du Milch?

Anders als die menschliche Muttermilch kommt die der Kuh nicht als universelles Lebensmittel in Frage, denn der in ihr enthaltene Zucker, die Laktose, bereitet fast jedem zweiten Erdenbewohner Verdauungsprobleme. Am ehesten für den Genuß von Kuhmilch geschaffen scheint der Nordeuropäer, der sich diese Gewohnheit, ebenso wie seine käsige Hautfarbe, schon vor vielen tausend Jahren zugelegt hat. Daß er Kuhmilch so gut verträgt, ist möglicherweise der Ausgleich für einen latenten Calciummangel aufgrund des Fehlens entsprechend calciumreicher Gewächse in nördlichen Breiten, so Marvin Harris. Der Autor vermutet außerdem, daß die hellere Hautfarbe bei Sonneneinstrahlung eine chemische Reaktion begünstigt, die die Verdauung tierischer Fette erleichtert. Dem griechischen Historiker Herodot muß das ziemlich barbarisch erschienen sein, nicht umsonst warf er den Nordlichtern vor, sie betreiben »keinen anständigen Landbau« und seien zu »Milchsäufern« degeneriert. Auch Hindus, denen ihre weiße Kuh heilig ist, vertragen Milch nur schlecht, weshalb sie (mit Ausnahme der laktosetoleranten Nordinder) eher zu Joghurt und Butter greifen. Die Bakterienkulturen in Joghurt und Käse spalten die Laktose nämlich in kleine

Zuckermoleküle auf, die besser vom Körper aufgenommen werden können. Die Muttermilch der Frau hat also, was die Zusammensetzung angeht, nicht viel mit Kuhmilch gemein.

Amerikanische Schweine

Das letzte Schwein Haitis starb am 21. Juni 1983. Es wurde von einem US-Wissenschaftler getötet. Schwer zu sagen, was dem Mann dabei durch den Kopf ging. Wahrscheinlich glaubte er, den Haitianern einen Gefallen zu tun. Der Schweinebestand der Karibikinsel stand im Verdacht, von einem gefährlichen Virus befallen zu sein. Und die guten alten Freunde aus Amerika hatten versprochen, jedes der kleinen schwarzen Tiere durch ein schönes rosa Ferkel aus den USA zu ersetzen. Kein Grund zur Aufregung also, oder doch?

Die offizielle Begründung für die Vernichtung der haitianischen Schweine der Rasse *Cochon-Planche* lautete, man wolle das Übergreifen der afrikanischen Schweinepest auf den amerikanischen Kontinent verhindern. Die Krankheit war erstmals 1978 in der Dominikanischen Republik aufgetaucht, kurz darauf hatte man ein paar haitianische Schweine positiv getestet. Doch obwohl die Schweinepest, die für den Menschen als unbedenklich gilt, für die Tiere normalerweise zu neunundneunzig Prozent tödlich verläuft, schien die Rasse auf Haiti eine Resistenz gegen den Erreger entwickelt zu haben. Nur eine Handvoll Tiere waren tatsächlich verendet, und als das von den USA finanzierte Tötungsprogramm drei Jahre später anlief, war die Krankheit schon gar nicht mehr nachweisbar. Nichtsdestotrotz setzte Washington seinen 23 Millionen Dollar teuren Plan gegen den entschiedenen Widerstand der haitianischen Bauern in die Tat um und entsandte eine Armada von Helikoptern, damit das haitianische Hausschwein für immer in die Annalen der Geschichte einging.

Es war nicht das erste Mal, daß die Amerikaner einer Tierart den Garaus machen wollten. Im 19. Jahrhundert hatte man die riesigen Büffelherden der Prärie beinahe ausgelöscht und damit die Kultur der amerikanischen Ureinwohner, die dem ökonomischen Machtstreben des weißen Mannes im Wege waren. Zwar gab man im Falle Haitis hehre Motive vor, das Ergebnis war in beiden Fällen jedoch das gleiche.

Anfang der 1980er Jahre war die überwiegende Mehrheit der Haitianer Bauern mit einem Durchschnittseinkommen von 130 Dollar im Jahr. Landwirtschaft wurde hauptsächlich zur Deckung des Eigenbedarfs betrieben, und die Schweinezucht war »eine ihrer tragenden Säulen«, wie der Soziologe Jean-Jacques Honorat betont, »die den Bauern eine karge, aber unabhängige Existenz sicherte«. Das Füttern der Tiere mit Essensresten war preiswert, der Verkauf des Fleisches brachte das nötige Geld für Schuluniformen oder Medikamente. Das wußten auch die US-Behörden, und sie versprachen, jedes noch so mickrige haitianische Ferkel gegen ein amerikanisches Hochleistungsschwein zu tauschen. Das waren in der Tat Brecher! Die amerikanischen Turboschweine brachten locker das Dreifache auf die Waage, und ihr Schinken war so zart und aromatisch, wie man ihn sich nur vorstellen konnte. Doch kaum war die heimische Rasse vernichtet, hieß es auf einmal, daß nur diejenigen Bauern Ersatz bekämen, die für saubere Tränken und zementierte Stallböden sorgten. Das Geld dafür konnte kaum ein Bauer aufbringen. Solchen Luxus hatten die meisten nicht einmal in den eigenen vier Wänden, geschweige denn im Stall. Die heimischen

Schweine hatten von Abfällen, Insekten und Exkrementen gelebt, sie waren so etwas wie Müllabfuhr und Kammerjäger in einem gewesen und hatten die Bauern vor Epidemien bewahrt. Die amerikanischen Gastgeschenke dagegen rümpften nur die Rüssel, als sie kein mit Vitaminen angereichertes Spezialfutter im Trog vorfanden. Das kostete immerhin neunzig Dollar im Jahr – mehr als die Hälfte eines durchschnittlichen Jahreseinkommens.

Man kann sich vorstellen, wie die Geschichte ausging. (Die Haitianer jedenfalls erlebten es.) Von den wenigen Tieren, die die Amerikaner überhaupt lieferten, gingen die meisten am chronischen Wassermangel ein. Die Zahl der Kinder, deren Eltern ihnen den Schulbesuch bezahlen konnten, sank aufgrund des fehlenden Geldes aus dem Verkauf der Schweine um ein Viertel. Die Menschen versuchten heimlich wieder ihre alten schwarzen Schweine einzuführen, doch das Regime Haitis ließ jeden, der das wagte, zusammen mit seinen Schweinen hinrichten. Die Behörden, die den Vertrieb des amerikanischen Schweinefutters regeln sollten, ließen künstlich Engpässe entstehen, um die Preise und die eigenen Schmiergelder in die Höhe zu treiben. Am Ende wurde den Bauern jegliche Schweinezucht verboten, und kaum zehn Jahre nach dem Tod des letzten haitianischen Schweines waren die meisten Bauern gezwungen, das Land ihrer Vorfahren zu verkaufen, um einigermaßen über die Runden zu kommen. Ein US-Offizieller, der an dem Programm beteiligt gewesen war, räumte später ein, daß das Ganze ein großer Fehler gewesen sei.

Wobei »Fehler« die Sache vielleicht nicht ganz trifft. Es stellte sich nämlich heraus, daß die Amerikaner über ihre Freunde bei der Weltbank schon ein Jahr vor Beginn des Programms Druck auf Haiti ausgeübt hatten, von ihrer traditionellen Eigenbedarfswirtschaft auf den Anbau von Exportprodukten umzuschwenken.[10] Man dachte sich das so, daß große Firmen das Bauernland übernehmen würden, um darauf Kaffee und Blumen anzubauen, während die Bauern in die Stadt ziehen und Billiglohnjobs in den Fabriken annehmen sollten, die billige Konsumgüter für den US-Markt produzierten. Die Bauern dachten allerdings nicht im Traum daran, ihr Land aufzugeben – immerhin war Haiti Schauplatz des ersten erfolgreichen Sklavenaufstands der Neuen Welt gewesen und der erste unabhängige Staat ehemaliger Sklaven. Die Vorstellung, sich wieder auf den Plantagen von Weißen abzurackern, schmeckte ihnen nicht. Der Plan der Weltbank ging lange nicht auf, bis eben die Amerikaner mit den haitianischen Schweinen kurzen Prozeß machten, was die Bauern »nebenbei« ihrer Lebensgrundlage beraubte. So waren sie praktisch gezwungen, ihr Land zu einem Spottpreis an die Multis zu verhökern. Innerhalb von nur zehn Jahren wurde Haitis Wirtschaft von der Selbstversorgung auf den Export umgestellt. Die heimische Lebensmittelproduktion sank um ein Drittel, während sich die städtische Bevölkerung verdoppelte. Nicht wenige Haitianer sind nach wie vor überzeugt, daß ihre Schweine getötet wurden, um sie selbst dazu zu zwingen, für einen Dollar am Tag in den Fabriken der Amerikaner zu schuften. Vielleicht war es der Geist der einstigen Sklavenbesitzer, der so seine späte Rache nahm: Schließlich hatte der Sklavenaufstand von 1804 mit einer Voodoo-Zeremonie begonnen, deren Höhepunkt im rituellen Trinken von Schweineblut bestand.

6. Kapitel – Blasphemie

»Hört zu und versteht! Nicht das macht den Menschen unrein, was er durch den Mund in sich aufnimmt, sondern das, was aus seinem Mund herauskommt!«
Matthäus-Evangelium, 15:10–11

Ein gotteslästerliches Menü

APÉRITIF
Brandy »Massai« Alexander
Frisches Rinderblut mit Eis, Milch und Brandy

VORSPEISE
Fritata di Marrano
Rührei mit koscherer Schweinswurst

ERSTER GANG
Leguan-Carpaccio
Mit Hibiskus gefütterter Leguan an katholischer Sauce

HAUPTGERICHT
Adafina mit Matzoh-Fleischbällchen
Ketzerische Henkersmahlzeit mit Fleisch und Erbsen
(Rezept Seite 207)

NACHTISCH
Biscuit de Jesus
Süßgebäck mit naturbelassener Manna-Marmelade

Der heilige Akt des Essens

Im Zentrum fast jeder religiösen Zeremonie steht ein Mann in einem verdächtig nach Küchenchef aussehenden Aufzug, der Häppchen verteilt. Das Essen ist so voller religiöser Bedeutung, daß viele Anthropologen meinen, kultische Rituale und Symbole ließen sich auf konkrete Eßgewohnheiten zurückführen. Die meisten Religionen verbieten den Verzehr bestimmter Speisen und vermitteln so ihren Anhängern eine kulturelle Identität, die sie vom Mob der Ungläubigen und damit von der Blasphemie fernhält. Im 3. Buch Mose des Alten Testaments werden viele solche Essensregeln genannt. So wird zum Beispiel großer Wert auf die Trennung von Milch und Fleisch gelegt – eine Regel, die ursprünglich zu den Zehn Geboten gehört haben soll. Was dererlei Vorschriften angeht, ist das Christentum insgesamt jedoch recht liberal. Man mag das als Versuch werten, sich von anderen religiösen Traditionen abzusetzen, vielleicht diente es auch nur dazu, das Konvertieren zu erleichtern. Was nicht heißen soll, daß es für den frommen Christen nicht so einiges zu beachten gab. So trank er stets in fünf kleinen Schlucken – einen für jede Wunde am Leib Christi – und teilte jeden Bissen in vier Teile, drei für die Heilige Dreifaltigkeit und einen für Maria. Im 16. Jahrhundert unterhielt die spanische Inquisition eine »Küchenpolizei«, die nach sündigen Speisen Ausschau hielt. Im Islam, Buddhismus, Hinduismus und im Judentum werden die Gesetze über verbotene Lebensmittel noch heute sehr streng gehandhabt. Die Auswüchse dieser Glaubensregeln gehören zum Bizarrsten, was die Verehrung für den himmlischen Küchenchef hervorgebracht hat.

Das Judenschwein

Eines schönen Tages stolperte Jesus über einen Rabbi, der sich am Straßenrand niedergelassen hatte. Der Rabbi hatte gerade mit seinen Freunden die jüngsten Gerüchte ausgetauscht, wonach sich dieser Christus zum Messias aufspielte. Also beschloß er, dessen wundersamen Kräfte auf die Probe zu stellen. »Wenn du tatsächlich der Messias bist«, sprach der Rabbi zu Jesus, »dann kannst du mir sicher sagen, was unter dieser Kiste hier steckt.« Der Rabbi war der Meinung, zwei Schweine würden darunter ein Nickerchen halten. Was er nicht ahnte, war, daß sein eigener Sohn sie verscheucht und statt ihrer darunter gekrochen war. Als Jesus dem Rabbi antwortete, sein Sohn schliefe unter der Kiste, da verspottete ihn der Rabbi: »Du bist mir ein schöner Messias!« Jesus wollte den Rabbi von der Wahrheit überzeugen, doch dieser hörte ihm schon nicht mehr zu. Da verwandelte Jesus das Kind kurzerhand in ein Schwein und zog weiter. Diese harmlose Anekdote erzählten sich die frühen Christen, um sich damit die Abneigung der Juden gegenüber Schweinefleisch zu erklären; sie entspringe der Angst, das eigene Kind aufzufressen. Im Laufe der Jahrhunderte entstand daraus das Märchen von den Juden als einer minderwertigen Rasse, die von den Schweinen abstamme. Unter polnischen Christen verbreitete sich das Gerücht, bei der Jüdin würde die Scheide horizontal verlaufen wie bei der Sau und sie würde ihr Kind in nur sechs Monaten austragen.

Metzger tauften die saftigen Lenden des Schweins *Jüdli*, und in manchen Gegenden Deutschlands wurde eigens für Juden und andere »Paarhufer« eine Sondersteuer erhoben. Andernorts mußten sich Juden bei der Vereidigung vor Gericht auf die abgezogene Haut einer Sau stellen, um »auf den Leib ihrer Mutter« zu schwören. Bei Schuldsprüchen wurden Juden an den Füßen aufgehängt, mit dem Kopf nach unten, wie es beim Schlachten von Schweinen üblich war. Besonders bizarr ist der umgekehrte Fall eines Schweins im französischen Falaise, das als Jude verkleidet vor Gericht gestellt wurde, weil man es des heimtückischen Mordes an einem Kind verdächtigte – eine Anklage, die oft gegen Juden erhoben wurde. Als man das Tier schuldig gesprochen hatte, wurde ihm eine Maske mit einem menschlichen Gesicht aufgesetzt. Dann erhängte man das Schwein.

Etwa zur selben Zeit tauchte die Figur der »Judensau« als Wasserspeier an den Kirchenfassaden Mitteleuropas auf. Sie stellt einen Juden dar, der von einer Sau gesäugt wird. Damit gab die Kirche ihren offiziellen Segen zur Gleichsetzung von Juden und Schweinen. Unter Bauern machten Gerüchte die Runde, die Beschneidung der Juden sei in Wahrheit eine Kastration, wie man sie auch bei Ebern vornahm, des zarten Fleisches wegen. In den französischen Pyrenäen legte man vor der Kastration eines Schweins diesem einen Umhang an, in Nachahmung des jüdischen *mohel*, der die Beschneidung vornahm, einschließlich der typischen roten Seidenbänder. Am Ende waren Juden und Schweine im Volksglauben eng miteinander verwandt.[1] Im Jahr 1312 wurde in Rom eine Horde Schweine in feinen Seidenanzügen als Juden zurechtgemacht und durch die Stadt getrieben. Auf geschmückten Wagen kutschierte man sie den Monte Testaccio hinauf. Den Aufzug bezahlen durften natürlich die jüdischen Mitbürger.

Das jüdische Verbot blutiger Speisen hat eine ähnliche Fehldeutung durchgemacht. Antisemiten warfen den Juden im Gegenteil vor, verrückt nach Blut zu sein, da sie es sogar bei ihren religiösen Zeremonien ausschenkten. Am liebsten, hieß es, würden sie das Blut kleiner Christenkinder trinken.

Die explosive Mischung aus Ignoranz, Bigotterie und Angst wurde leider durch Vorschriften noch verschärft, die den Dialog zwischen den Religionen verhinderten.[2] Für fromme Juden war nicht nur unkoscheres Essen tabu, sondern gleich alles, was Ungläubige auch nur berührt hatten. Gemeinsames Weintrinken mit Andersgläubigen war ebenso verboten wie gemeinsames Essen. »Die Christen werteten diese uralten Bräuche, die aus einer Zeit lange vor Entstehung des Christentums stammten, als Beleg für die herablassende Haltung der Juden gegenüber allem Christlichen«, schreibt der Historiker Will Durant. Im Gegenzug wurde Juden und Prostituierten verboten, irgend etwas auf den Märkten anzufassen. Koscheres Fleisch mußte in geschlossenen Kästen aufbewahrt werden, was die Verderblichkeit enorm beschleunigte.

All diese Verdrehungen und Wortklaubereien wären zum Lachen, wenn die Geschichte nicht so einen schlimmen Lauf genommen hätte. »Die Tatsache, daß man es zur Zeit der Aufklärung und auch danach nicht verstand, die Juden als gleichberechtigte Menschen zu begreifen, hatte ihren Grund nicht nur in religiösen Unterschieden«, so Isaiah Shachar. »Es scheint klar, daß die ›Judensau‹ – also die (…) Identifizierung des Juden mit dem Schwein – einen Beitrag zur Diffamierung der Juden als wesensfremde Untermenschen geleistet hat.« Hierauf gründeten die Nazis ihre perfide Ideologie. »Der Nicht-Arier«, so der Autor eines Nazi-Lehrbuches zur Rassenkunde, »nimmt eine Zwischenposition zwischen der nordischen Rasse und dem Tierreich ein.«

Und was nicht Mensch war, durfte also bedenkenlos abgeschlachtet werden. Deutsche, die an Pogromen gegen die jüdische Bevölkerung beteiligt gewesen waren, sagten in Verhören aus, daß das Morden kaum Widerwillen in ihnen erregt habe. Nur das Chaos und der Dreck habe sie gestört.³

Menschen, die auf wundersame Weise Tiergestalt annehmen, gibt es sonst nur in Fabeln und Märchen. Doch rassistische Propaganda ist im Grunde nichts anderes: Gutenachtgeschichten für verängstigte, dumme Erwachsene. So gesehen war Hitler ein großer Märchenonkel, der die mittelalterliche Legende von der »Judensau« zu neuem Leben erweckte. Zuerst wurde mit pseudowissenschaftlichen Theorien die Minderwertigkeit der »jüdischen Rasse« behauptet. Dann wurden Juden und alle, die mit ihnen sympathisierten, zum Tragen des Judensterns gezwungen. Am Ende trieb man sie in eigens eingerichteten Ghettos zusammen und brachte sie in Konzentrationslagern um. Doch nicht die Juden hat Hitlers Wahn zu Tieren gemacht, sondern die Deutschen selbst. In einer Untersuchung der Nazigreuel mit dem Titel *Violence Without Moral Restraint* beschreibt Herbert Kelman, wie jemand, der anderen das Menschsein abspricht, selbst »immer weniger wie ein Mensch handelt ... bis er jede moralische Kategorie verliert«. Offenbar hatte Hitler nicht bedacht, daß jedes Märchen irgendwann mit einer Moral endet.

Die Tafelfreuden der spanischen Inquisition

»Die Angeklagte Beatriz kochte zum wiederholten Male Adafina nach jüdischem Rezept ...« So lautete nach dem Gerichtsprotokoll die Anklage gegen die Hausfrau Beatriz Lopez. Das läßt erahnen, wie heikel es gewesen sein muß, im Spanien des 16. Jahrhunderts eine Dinnerparty zu geben. Katholische Spione streiften durch die Straßen Madrids und schnüffelten nach jüdischer Küche, zum Essen geladene Freunde konnten sich als Spitzel entpuppen und eine Schweinswurst mitbringen, um zu sehen, ob man sie auch in den Eintopf gab, der auf dem Herd kochte. Nach jüdischem Rezept zu kochen oder auch nur bestimmte Zutaten (zum Beispiel Öl) zu benutzen, galt als Ketzerei und konnte einen auf den Scheiterhaufen bringen. Die spanische Inquisition gab gar eine Art Kochbuch heraus, mit dessen Hilfe Nachbarn oder Diener verdächtige Kochgewohnheiten erkennen konnten. Die Juden, auf die es die Katholiken abgesehen hatten, erfanden im Gegenzug täuschend echten Ersatz für Lebensmittel wie die *Chorizo di Marrano*, eine Wurst ohne Schweinefleisch, dafür aber rot eingefärbt, um ihr einen »blutigen Touch« zu geben. Wenn ein Häscher der Inquisition unangemeldet vorbeischaute, wurde schnell die Wurst ausgepackt und demonstrativ genüßlich verspeist. Außerdem wurde es unter Juden wie Katholiken zur Sitte, vor der Haustür Schinken aufzuhängen, um jeden Verdacht von sich abzulenken.

Renee Levine kam nach Sichtung von Urteilsbegründungen aus Hexenprozessen der heiligen Inquisition zu dem Ergebnis, daß die »Verbrechen«, die den Frauen zur Last gelegt wurden, sehr oft in der Zubereitung verbotener Speisen bestanden. Die Juden nahmen das Risiko in Kauf, weil nach Zerstörung ihrer Synagogen die Küche offenbar der einzige Ort war, an dem sie ihre uralte Kultur noch pflegen und weitergeben konnten. Das Gericht, das in den Berichten der Inquisition am häufigsten auftauchte, war *Adafina*, eine Mischung aus Eintopf und Drei-Gänge-Menü. Das Gericht war in den Augen der Inquisitoren deshalb so verdammenswert, weil es traditionellerweise über Nacht gekocht wurde, um am Sabbat, dem jüdischen Ruhetag, jede Arbeit zu vermeiden. Die *matzoh* genannten Fleischbällchen, eine wichtige Zutat, haben die Sache nur noch schlimmer gemacht.

Das folgende Rezept für *Cocido Madrileño* stammt von Juan Carlos Rodriguez, Besitzer und Koch des Restaurants »1492 Food« in New York, das auf traditionelle spanische Küche spezialisiert ist. Ironischerweise gab ausgerechnet das jüdische *Adafina* das Vorbild für das heute in Spanien so beliebte *Cocido* ab. Beide Gerichte bestanden ursprünglich aus drei Teilen: erst die Brühe mit Fleischbällchen, dann Gemüse und schließlich Fleisch. Im Prozeß der Beatriz Lopez gab die Abfolge, in der sie das Gericht bereitete, denn auch den Ausschlag für ihre Verurteilung, wie aus der Anklageschrift hervorgeht: »Nach langem Kochen schöpfte sie zuerst die Brühe ab ... nach dem Gemüse aß sie das Fleisch mit solcher Hingabe, wie sie ansonsten nur die Gesetze des Mose befolgte.« Beatriz Lopez wurde Mitte des 16. Jahrhunderts im Beisein einiger spanischer Geistlicher auf dem Scheiterhaufen verbrannt. Der Gesang des Kirchenchores übertönte ihre Schreie.

300 g Kichererbsen
500 g Rindergehacktes
4 Markknochen (1 bis 1,5 Zentimeter dick)
1 Knochen vom Serranoschinken
1 halbe Morcilla de arroz (eine Art Blutwurst)
1 kg Kohl (grob gehackt)
500 g Möhren (grob gehackt)
1/4 Suppenhuhn je Person
6 mittelgroße, geschälte Kartoffeln
1 halbe spanische Chorizo-Wurst
150 g Tocino-Speck

180 g Fideo-Pasta
Salz
Frisch gemahlener Pfeffer

Kichererbsen über Nacht einweichen lassen, in ein Tuch wickeln und zur Seite stellen. Rinderhack, Markknochen, Schinkenknochen, Blutwurst, Kohl und Möhren in einen Topf mit gut 3 Litern kaltem Wasser geben. Aufkochen lassen und das Fett abschöpfen. Auf niedriger Hitze gut zweieinhalb Stunden köcheln lassen. Dann das Huhn mit den Kichererbsen hinzugeben und noch einmal eine Stunde köcheln lassen. Schließlich die geschälten Kartoffeln, die *Chorizo*-Wurst und den *Tocino*-Speck zugeben und wieder dreißig Minuten ziehen lassen, bis die Kartoffeln weich sind. Alle Zutaten herausnehmen, Fett abschöpfen und weiter köcheln lassen. Mit Salz und Pfeffer abschmecken. Es sollten circa zwei Liter Brühe übrigbleiben, die mit Fleischbällchen und Nudeln zuerst serviert wird. Dann die Kichererbsen und das Gemüse als zweiten Gang, schließlich das Fleisch (eventuell mit Kichererbsen und Gemüse garniert) servieren. Etwas Brühe darübergießen. Reicht für 6 Personen.

Die Fleischbällchen getrennt vorbereiten:

125 g mageres Schweine-, Lamm- oder Rindergehacktes
1 geschlagenes Ei
1/2 TL Thymian
1/2 TL Oregano
Salz
Frisch gemahlener schwarzer Pfeffer
1 Handvoll Semmelbrösel
Olivenöl

Alle Zutaten in einer Schüssel gut durchkneten und aus der Masse 12 Bällchen formen. In heißem Olivenöl kurz anbraten und beiseite stellen, dann in der Brühe zusammen mit der Pasta aufkochen.

Wer das Ganze lieber koscher mag, nimmt statt Schweinefleisch circa zwei Pfund knochenloses, mageres Lamm, statt Speck und Wurst einen Kalbsfuß oder vier Lammhachsen. Circa ein halbes Dutzend gehackte Knoblauchzehen, sechs rohe Eier und einen Teelöffel Kreuzkümmel zusätzlich zugeben, ansonsten wie beschrieben kochen. Die Eier komplett mit Schale in der Brühe mit den anderen Zutaten kochen, vor dem Servieren schälen und halbieren. Man kann den Topf auch bei ganz niedriger Hitze achtzehn Stunden lang ziehen lassen oder im Ofen bei 75° bis 80° Celsius. Von Zeit zu Zeit nachsehen, ob alle Zutaten mit Brühe bedeckt sind.

Die koschere Frage

Die Ansichten über das wahre Wesen der jüdischen Küche gehen weit auseinander. So weit, daß ein New Yorker Gericht kürzlich entschieden hat, die Auszeichnung von Firmen mit dem Prädikat koscher seitens der Stadtverwaltung sei unzulässig. Die verschiedenen Vorschriften seien derart auslegungsbedürftig, daß eine Trennung von Staat und Religion nicht mehr gewährleistet wäre. Fest steht, daß die koschere Zubereitung von Lebensmitteln, auch *kashruth* genannt, ebenso wie das moslemische Pendant *halal* zum großen Teil auf das 3. Buch Mose zurückgehen: »Dies sind die Tiere, die ihr essen dürft unter allen Tieren auf dem Lande«, heißt es dort, gefolgt von der Liste der reinen und unreinen Tiere vom Kaninchen bis zur Eidechse. Die Einteilung folgt den drei Elementen der göttlichen Schöpfung: Erde, Wasser und Luft. Frühe Exegeten zogen daraus den Schluß, nur Tiere, die eindeutig einer Sphäre zuzuordnen sind, wären Gott genehm und dürften verzehrt werden. Alle Kreaturen, die sich dagegen auf der Grenze zwischen zwei Elementen bewegten, wären Teufelswerk. Somit galten Fische, die sich nur im Wasser tummeln, als koscher, der amphibisch lebende Salamander jedoch fiel durch.

Aber das war nur eine Theorie von vielen. Die Zurückhaltung von Juden und Moslems gegenüber dem Schweinefleisch erklären manche Wissenschaftler mit der Anfälligkeit der Tiere für Trichinose, auch wenn diese Krankheit geradezu harmlos ist im Vergleich zum Milzbrand, von dem Kühe und Schafe betroffen sind. Andere Stimmen behaupten, die Schweinephobie sei ein Relikt aus ägyptischer Zeit, als die Verehrung des Gottes Seth auch dessen tierischen Stellvertreter, das Schwein, einschloß. Dies könnte auch erklären, warum einzelne jüdische Kulte einmal im Jahr ein geheimes Fest zu Ehren des Schweines feierten. Nach Ansicht von Frederick Simoons blieb auch nach Abschaffung des Seth-Kultes der Verzehr von Schweinefleisch für Ägypter verboten, mit Ausnahme eines jährlichen Vollmondfestes, das von den Israeliten übernommen worden sei. Warum Vollmond? Weil das heilige Tier der Ägypter ursprünglich nicht das Schwein, sondern das Flußpferd war, das der Legende nach vom Mond abstammte. Flußpferde vom Mond – gut möglich, daß einst, als der Pharao im Mondschein betete, der sich auf dem Nil spiegelte, ein Flußpferd aus dem Wasser stieg ...

Verständlicherweise haben die meisten Rabbis inzwischen aufgegeben, nach einer schlüssigen Erklärung zu suchen. Selbst der große jüdische Gelehrte Maimonides empfahl dem Gläubigen, die Eßvorschriften zwar zu befolgen, sie aber auch als unergründlichen Gegenstand der Meditation zu begreifen. Im Ergebnis führte diese offene Haltung zu jenem Durcheinander, das das New Yorker Gericht beklagte: Die eine Sekte verbietet dieses Fleisch, die andere jene Tomaten und so weiter. Den aufgeklärten modernen Menschen dürften allerdings nur zwei Fragen beschäftigen: Erstens, warum schmeckt koscherer Wein so gräßlich? (Antwort: weil er meistens abgekocht wird.) Zweitens, warum verstehen sich Juden und Moslems so schlecht, wenn ihre Eßvorschriften gar nicht so weit auseinanderliegen?

Das Fleisch der Gerechten

»Der größte Fehler ist, sich von der äußeren Erscheinung der Dinge täuschen zu lassen, besonders zur Fastenzeit im Hause eines Kirchenmannes«, notierte ein italienischer Edelmann des 18. Jahrhunderts. »Ich erinnere mich an ein Essen, bei welchem dem Anscheine nach Cremesuppe, rote Meeräsche, Seezunge und Forelle serviert wurden.« Während der Fastenzeit durften auch kirchliche Würdenträger an sich nur Fisch und Gemüse zu sich nehmen. Bei diesem blasphemischen Gelage war jedoch, wie sich herausstellte, die Suppe aus sehr fein gehacktem Kapaun gemacht, die kunstvoll auf dem Teller arrangierte Forelle war in Wirklichkeit Fasan mit »Schuppen« aus Mandelsplittern.

Dies zeigt, welch künstlerischen Aufwand man darum trieb, manche Verbote zu umgehen. Es geht allerdings auch einfacher. Als die Kirche frisch geborene Kaninchen als »fischartige« Wesen als Fastenschmaus freigab, stieg die Nachfrage danach so rasant an, daß man die Kaninchenzucht in großem Stil aufzog; schließlich mußten die Tiere unmittelbar nach der Geburt getötet werden, damit die Ausnahmeregel griff. Ähnlich phantasievoll waren auch die Missionare in Südamerika, die den Leguan kurzerhand als Fisch deklarierten. Die Vorliebe der Tiere, sich auf Baumstämmen in Gewässernähe zu sonnen, offenbarte deren »wahre Natur«. Außerdem, so läßt uns ein zufriedener Abt aus jener Zeit wissen, erinnere der Geschmack von Leguanrücken an das milde Aroma von Kaninchen: »So häßlich die Kreatur, so schmackhaft ist das Fleisch, hat man erst einmal den Ekel davor überwunden.« Auch heute ist man nicht zimperlich, wenn es darum geht, geltendes Recht auszutricksen: So geben die Japaner ihren kommerziellen Walfang scheinheilig als wissenschaftliche Forschung aus, und die Amerikaner, die gerne mit dem Finger auf die bösen Walfänger zeigen, nehmen die Abholzung des brasilianischen Regenwaldes billigend in Kauf, damit ihre geliebten Hamburger nur ja weiter so billig bleiben wie bisher.

Auch die hehre Tradition des Vegetarismus grenzt zuweilen an Haarspalterei. So verfuhr selbst Buddha in Fragen des Fleischkonsums eher nach dem Motto »Was ich nicht weiß, macht mich nicht heiß«. Denn seine Lehre besagt im Grunde, man könne so viel Schweinshachse futtern, wie man will, solange man nur nicht wisse, ob die Tiere zu eben diesem Zweck getötet worden sind. In Tibet erledigt eine Kaste von Unberührbaren den ungeliebten Schlachterjob, für den Buddhisten offenbar nicht genügend Realitätssinn aufbringen. Andere wiegen die moralischen Vorzüge von Rinderhälften gegenüber Hähnchenschenkeln auf: Beide Tiere seien zwar beseelte Wesen, doch sei es allemal besser, ein Rind zu schlachten, von dem vierzig Menschen satt würden, als ein Huhn, das nur für vier reiche. Je mehr Kilo pro Seele, desto besser, scheint demnach die Karma-Bilanz. Und dann gibt es da noch jene Mönche in Thailand, die der Meinung sind, sie könnten unbesorgt Fisch essen, weil sie ihn nicht töteten, sondern lediglich »aus dem Wasser holen«.

Eines der frühesten Zeugnisse dieser Geisteshaltung ist folgender Dialog aus dem antiken Griechenland um 500 v. Chr.

ERSTER MANN: Die Pythagoräer essen kein lebendes Tier.
ZWEITER MANN: Doch Epicharides, der Pythagoräer, ißt Hund.
ERSTER MANN: Doch erst, nachdem er ihn getötet hat.

Gut aufgegangener Messias

Die jüdische Küche war nicht die einzige, der von christlicher Seite Blasphemie vorgeworfen wurde. Das alte Europa spaltete der Streit um die richtige Rezeptur eines Kekses, genauer gesagt, der Oblate – eben jener, die den Leib Christi beim Abendmahl symbolisiert. Die orthodoxe Kirche Osteuropas, Rußlands und Griechenlands servierte den Meßgängern von jeher einen gut aufgegangenen, luftigen Gottessohn. Das römisch-katholische Pendant dazu war platt und dünn wie Eßpapier. Im Jahr 1054 endlich bemühte man sich bei einem Kirchentreffen um ein einheitliches Rezept. Doch die kompromißlose Haltung der jeweiligen Verhandlungsführer machte das Scheitern absehbar. »Brot ohne Sauerteig ist öde und fad«, erklärten die Orthodoxen, vertreten durch Michael Cerularius, »denn ihm fehlt die Seele und das Salz, mithin der Geist des Messias.« Das ließ Kardinal Humbert, der katholische Vertreter, nicht auf sich sitzen. »Wenn Ihr nicht engstirnig die Augen vor der Wahrheit verschließt«, schrieb er an Cerularius, »dann werdet Ihr Euch unserer Meinung anschließen, daß das Brot Jesu (beim Abendmahl) aus nichts als Mehl und Wasser gebacken war.«

Die Gründe für die unterschiedlichen Auffassungen sind vielschichtiger Natur. Für die Orthodoxen steht das Aufgehen des Teiges für den Lebenswillen Christi. Hausfrauen in Griechenland glauben noch heute, daß sich das Brot aus göttlichem Willen erhebe, als Sinnbild der Auferstehung Jesu, weshalb sie es, geschmückt mit getrockneten Blumen, vor den Kirchenaltar legen. Die römisch-katholische Oblate ist mit dem *Matzoh*-Brot verwandt, das die Israeliten zum Passahfest buken. Natürlich hätte der Vatikan diesen jüdischen Einfluß niemals eingeräumt; Kardinal Humberts Hauptsorgen war vielmehr, von den Orthodoxen als »Matzohisten« beschimpft zu werden, weil sie (die Katholiken) in der Messe *Matzoh*-Brot austeilten.

Dabei hätte man ohne weiteres einen Kompromiß eingehen und sich für die Pita entscheiden können: leckeres, vielseitig verwendbares und nur angebackenes Brot. Doch die Verhandlungen standen von Anfang an unter einem schlechten Stern. Der Katholik Humbert, für sein jähzorniges Temperament bekannt, war schon bei der Ankunft in Istanbul über einen Brief empört, in dem angeblich Cerularius die Oblate verdammte. Humbert ahnte nicht, daß das Schriftstück in Wahrheit aus der Feder eines bulgarischen Geistlichen stammte. Als Humbert dann unangemeldet und wutschnaubend vor Cerularius trat, um ihn zur Rede zu stellen, war der Eklat perfekt. Nach wenigen Tagen des gegenseitigen Anklagens packte Humbert seine Sachen und reiste zurück nach Rom, nicht ohne Cerularius vorher als Ketzer beschimpft und seine Exkommunikation verlangt zu haben, ausgerechnet am heiligsten Ort der orthodoxen Kirche, in der Hagia Sophia in Istanbul. »Der wahnsinnige Michael (Cerularius) ist des Titels eines Patriarchen nicht würdig«, schrieb Humbert und schwang sich zu einer einzigen Schimpftirade auf. Cerularius revanchierte sich, indem er der ganzen römisch-katholischen Kirche wegen ihrer *Matzoh*-Oblaten Ketzerei vorwarf.

Die Kluft zwischen den beiden mächtigsten Kirchen der Welt war danach tiefer den je und sollte die Geschichte Europas für Jahrhunderte prägen.[4] Ganz in dieser Tradition demütigten die Kreuzfahrer im Jahr 1204 die Orthodoxen, indem sie eine Prostituierte zu deren Oberhaupt bestimmten. Vom Streit der Christen profitierten nicht zuletzt die Osmanen in ihrer Eroberungspolitik. Dies stellte wiederum die Weichen für die Ostorientierung der gesamten Balkanregion, die bis zu den Unruhen im ehemaligen Jugoslawien fortlebte, da Russen und Serben eine lange gemeinsame Kirchentradition verband, geprägt von tiefem Mißtrauen gegenüber dem Westen. Mit über neunhundertjähriger Verspätung fanden die beiden Kirchen erst 1965 zueinander.

Eine Hand wäscht die andere

Die Tradition des Dankgebetes vor dem Essen kennen wir nur zu gut. »Herr, wir danken Dir für unser täglich Brot ...« Ganz, wie es sich gehört: Gott, dem Schöpfer der Welt, auf der und von der wir leben, gebührt unsere Dankbarkeit. Doch nicht überall wird das so gesehen. Die nepalesischen Sherpas zum Beispiel betrachten die Götter als *unsere* Gäste, und noch dazu als solche, die sich ruhig etwas besser benehmen könnten. »Hier wird ganz explizit eine Analogie hergestellt zwischen ritueller Opfergabe und sozialer Gastfreundschaft«, schreibt die Anthropologin Sherry Ortner. »Der Mensch ist der Gastgeber, die Götter sind bei ihm zu Besuch ... und müssen zufriedengestellt werden, damit sie dem Menschen wohlgesonnen bleiben.« Die Zeremonie der Sherpas beginnt ungefähr so wie eine Junggesellenparty. Räucherstäbchen werden angezündet, laute Musik wird gespielt und Bier aus den Fenstern auf die Straße geschüttet, damit jeder Bescheid weiß, wo die Post abgeht. Für die himmlischen Gäste, die man erwartet, stehen über drei Meter hohe, tortenartige Skulpturen bereit, sogenannte *tormas*, die als Sitzgelegenheit dienen.[5] Damit es nicht zu einem Aufeinandertreffen mit der Gegenpartei der Dämonen kommt, werden deren ganz ähnlich aussehende »Hocker« (die *gyeks*) so weit wie möglich vom Ort des Geschehens fortgebracht. Dann serviert man den Gästen einen Apéritif, meist geschmolzenes Ziegenfett, gefolgt von einer gemischten Platte mit warmen Vorspeisen. Bei der Feier geht es längst nicht nur darum, die Götter abzufüllen und so gnädig zu stimmen. Die Sherpas nehmen ihre Götter auch in die Pflicht. »Du ißt dich bei mir satt«, lautet ihr Wahlspruch, »dafür mußt du aber auch tun, was ich sage.« Damit die Götter nicht auf die Idee kommen, es könne sich dabei um eine Erpressung handeln, werden sie gleich daran erinnert, daß es die heilige Pflicht jedes Gastes ist, sich dem Gastgeber dankbar zu zeigen. So steht es geschrieben: »Es war nicht meine Idee; du selbst hast dich von Anbeginn der Zeit dazu verpflichtet, mir zu dienen ...«

Auf den Hund gekommen

»Hund ißt man heute nirgends mehr«, sagt Don Climent, der Leiter des San Francisco International Rescue Committee. »Meine laotischen Kunden haben mich gefragt, wie wir es hier in Amerika mit den Hunden halten. Ich glaube aber, die stehen eher auf Eichhörnchen.«

Climent erzählte mir die Geschichte, wie eine Gruppe von Hundefreunden aus Laos Anfang der 1980er Jahre eine Massenpanik in San Francisco ausgelöst hatte. Die Sache kam ins Rollen, als Polizisten im Golden Gate Park einen Hundekadaver ohne Kopf fanden. Während die Beamten noch über den mysteriösen Fund rätselten, fiel ihnen eine Gruppe von Asiaten auf, die, mit Pfeil und Bogen bewaffnet, durch den Park streiften. Der Gedanke an so manche kulinarische Eigenart des fernen Ostens ließ die Beamten stutzen. Als die Nachricht am nächsten Tag in allen Zeitungen stand, verbreitete sich in Kalifornien das Gerücht, eine Clique von Quasi-Kannibalen tyrannisiere die Stadt. Auch philippinische Matrosen wurden beschuldigt, zum nächtlichen Hundefang durch die Vororte zu ziehen. Eine ältere Dame meinte gar, den Spielkameraden ihrer Enkel, ein kleines Hündchen, gehäutet und ausgenommen auf dem Grill eines asiatischen Nachbarn wiederentdeckt zu haben. Ein Mann fand seinen entlaufenen Cockerspaniel unter verdächtigen Umständen in der Garage einer chinesischen Familie. Sofort wurden Stimmen laut, die eine Verschärfung des Tierschutzes forderten. Politiker empörten sich, Immigrantenverbände sprachen von Diskriminierung, und ein braun-weiß gefleckter Jagdhund namens Ringo trat im Fernsehen in einem T-Shirt auf, auf dem stand: »Ich will gestreichelt, nicht gefressen werden!« Dies alles machte letztlich nur klar, daß es zwei verschiedene Arten von Hunden gibt. Zum einen den westlichen Hund, freiheitsliebend, mit wilder Mähne, der wohlgenährte beste Freund des Menschen. Zum anderen den asiatischen Hund, den man ebenfalls schätzt, am liebsten allerdings gegrillt oder gebraten. In China nennt man ihn die »Ziege ohne Hörner« oder einfach »Delikatesse«, und in manchen Restaurants kann man selbst den Welpen aussuchen, den man zum Abendessen verspeisen will. Feinschmecker empfehlen die kleinen rothaarigen Racker mit den Knickohren und schwarzen Zungen; ihr Fleisch sei am zartesten, Kalbfleisch nicht unähnlich. Vietnamesen sagen, »es geht dem Hund an den Kragen«, wenn sie ausdrücken wollen, daß sich eine Verhandlung oder ähnliches noch lange hinziehen wird, denn bei solchen Gelegenheiten serviert man zwischendurch gerne gebratenen Hund.

Der ferne Osten ist der letzte verbliebene Kulturraum, wo Hundefleisch zum normalen Speiseplan gehört. Allerdings wurde diese Tradition auf den pazifischen Inseln und in Amerika schon viel früher gepflegt. Die Azteken unterhielten Welpenfarmen, auf denen sie wohlschmeckende Hündchen züchteten, die so ähnlich ausgesehen haben sollen wie die heutigen Chihuahuas. »Auf dem Markt gab es Käfige mit gut vierhundert Hunden in allen Größen, manche schon verkauft, andere noch zu haben«, notierte der spanische Missionar Bruder Diego Duran Anfang des 16. Jahrhunderts. »Und Berge von Unrat! Als ein Landsmann mein Erstaunen sah, wandte er sich an mich: ›Das ist noch gar nichts, mein Freund. Sonst werden hier noch viel mehr Hunde gehandelt!‹ In der Tat herrschte zu jener Zeit eine rechte Flaute.« In etwas kleinerem Maßstab züchteten auch die Polynesier und Hawaiianer sogenannte Poi-Hunde, eine nicht mehr existierende Rasse von Schoßhündchen, deren Besitz nur der jeweiligen Herrscherfamilie vorbehalten war. Es müssen ziemlich komische Kreaturen gewesen sein, glubschäugig und von plumpem Körperbau, die streng vegetarisch mit Süßkartoffeln und Suppe ernährt wurden. In Berichten europäischer Seefahrer werden die Tiere als halb amphibische Wesen beschrieben, die so träge seien, daß sich ihr Bellen wie kraftlose, kurze Japser anhörte. Die Poi-Hunde waren jedoch mehr als wandelnde Leckerbissen.[6] Jeder stand in spiritueller Beziehung zu einem Kind und wurde wie eine Art Haustier behandelt. Starb das Kind, so wurde auch das Hündchen getötet und mit dem Kind begraben, auf daß es dieses im Jenseits beschütze. Wenn dagegen zuerst der Hund das Zeitliche segnete, zog man seine Zähne auf eine Kette auf, die das Kind fortan als Talisman um den Hals trug. Nicht wenige der Poi-Hunde landeten jedoch im Kochtopf. Üblicherweise wurden die Tiere erstickt, ihr Blut zu einer Art Pudding verkocht und das Fleisch in einem mit Bananenblättern ausgelegten Erdloch geröstet. »Nur wenige von uns überwanden ihren Ekel«, notierte Sir Joseph Banks, der Captain Cook auf seiner Weltumsegelung begleitete, »obwohl der Südseehund nicht weniger mundete als ein guter englischer Lammbraten.«

Wann und wie es zum Wandel im Umgang mit dem »besten Freund« des Menschen kam, ist umstritten. Die Domestizierung des Hundes wird auf rund 12 000 Jahre vor Christus datiert, manche Forscher gehen von über 100 000 Jahren aus. Die erste Symbiose zwischen Mensch und Hund ergab sich vermutlich bei der Jagd, wo man vom feinen Geruchssinn der Tiere profitierte, während diese sich dafür einen Teil der Beute sicherten. Die Hundeforscherin Mary Thurston berichtet von nordamerikanischen Indianern, die auf ihren langen Jagdzügen von Wölfen begleitet wurden,[7] die sich »nachts mit den Indianern zum Schlafen niederließen, allerdings im gebührenden Abstand von einer halben Meile«. Das Verhältnis wurde persönlicher, als die Indianer vom Rudel zurückgelassene Jungtiere aufpäppelten, wie das auch die australischen Aborigines manchmal mit wilden Dingos machten.

Die erste religiöse Anbetung eines hündischen Wesens ist für den ägyptischen Gott Anubis vor 3500 Jahren belegt, welcher die Toten durch das Jenseits geleitete. In einer entsprechenden Kultstätte wurden Hunde als »Priester« gehalten, denen man zu Ehren Anubis' ein paar Streicheleinheiten spendierte.[8] Archäologen haben vielfach mumifizierte Hunde in den Tempelbauten der Azteken entdeckt, die wohl eine ähnliche Funktion erfüllten wie der gekreuzigte Heiland bei den Christen. Die Römer gründeten aus ähnlichen Motiven »Hundekrankenhäuser«, in denen die Patienten gesund geschleckt wurden. Im Italien des 13. Jahrhunderts wurde der heilige Roch berühmt, als er von einem »wundersamen Hund« mit gestohlenem Brot versorgt und so vor dem Hungertod gerettet wurde. Am Festtag des Heiligen Mitte August werden noch heute alle Hunde der Gemeinde in der Kirche mit Süßigkeiten gefüttert.

Die Hochburg der Hundefleisch-Abstinenz ist und bleibt Europa. Grund dafür ist meiner Ansicht nach die Tatsache, daß die Menschen dort schon früh eine starke emotionale Beziehung zu dem Tier aufbauten, mit ihm Nahrung und Schlafplatz teilten und sich gegenseitig wärmten. Die gemeinsame Jagd schmiedete ebenso zusammen. Während der Jäger die Beute an Ort und Stelle zerteilte, durften die Hunde sich über die »Seele«, ein Stück ins Blut des Opfers getunktes Brot, hermachen. Irgendwie ist diese Kameradschaft zwischen Mensch und Hund in anderen Teilen der Welt auf der Strecke geblieben, weshalb auch immer. Die islamische Verachtung für alles Hündische ist offenbar während der Eroberung Persiens im 8. Jahrhundert aufgekommen. Die Perser hatten, wie es scheint, den Hund verehrt und betrachteten das Töten oder den Verzehr der Tiere als Verbrechen. Im Zuge der militärischen und kulturellen Unterwerfung zelebrierten die Eroberer eben das genaue Gegenteil.

Dem Kalifornier von heute liegt die Vergötterung des Hundes ebenso fern wie seine Verteufelung. Hin und her gerissen zwischen politischer Korrektheit – nämlich der Toleranz für fremde Kulturen – und dem Tierschutzgedanken wurde die Entscheidung über ein Verbot von Hundefleisch immer wieder aufgeschoben. Dabei ist es seit über zwanzig Jahren geblieben.

Heilige Kühe

Der Wochenmarkt von Anjuna, einem Dorf am Indischen Ozean, hat einiges zu bieten. Rajasthani-Frauen bieten pfundschwere silberne Armreifen feil, nepalesische Händler präsentieren Totenschädel-Schnitzereien, englische Junkies verpfänden ihre Tennisschuhe, und die Luft vibriert vor Neo-ethno-synthy-techno-house-acid-rave-didgeridoo-Klängen. Und an jeder Ecke stehen sie, die Promis, und muhen gelangweilt jeden an, der ihnen nicht den gebührenden Respekt erweist. Ich hatte einmal selbst einen Stand auf dem Markt von Anjuna, zusammen mit der wunderbaren Nina J. Sie pries ihr Sandelholzbalsam an, ich meinen Honig-Kokosnuß-Kuchen.[9] Das Geschäft lief eher schleppend, bis eines Tages eine der Promi-Kühe an unseren Stand schlenderte und in einem einzigen Rundumfraß meine gesamte Ware vertilgte. Anschließend bekamen auch Ninas kostbaren Kosmetika noch eine ordentliche Ladung Sabber ab. Wir waren begeistert und machten uns gleich daran, einen Kuhkopf aus Pappmaché mit zwei großen goldenen Hörnern zu basteln, damit sich jeder dieses denkwürdigen Tages erinnerte. Am nächsten Markttag kam der Kuchen auf der überdimensionalen pinkfarbenen Pappzunge wunderbar zur Geltung. Es dauerte nicht lange, da riß sich unsere zweibeinige Kundschaft mit demselben Eifer (nur mit weniger Gesabber) um unsere Ware wie zuvor das verzückte Rindvieh.

Kühe leben in Indien wie Gott in Frankreich. Jede von ihnen, so sagt man, beherbergt schlappe 330 Millionen Götter. Shiva gehört die Nase, ihren Söhnen die Nasenlöcher, der Schweif dagegen Sir Hanar, der Göttin der Reinlichkeit. Bei soviel Andrang müßten die Tiere vor lauter Göttlichkeit schier platzen. Jedes ihrer Produkte ist heilig. In Butter gebratenes oder geschwenktes Essen, genannt *pacca*, ist karmamäßig in jedem Fall der »kacca«, allem minderwertigen Essen, vorzuziehen. Manche Hindus weigern sich, Blumenkohl zu kosten, weil sein Name *gobi* dem Wort für Kuh (*gopa*) verdächtig ähnlich ist. Von hochrangigen Hindus, die aus dem Ausland in die Heimat zurückkehren, wird zur inneren Reinigung nach dem Leben unter Ungläubigen erwartet, daß sie ein Kügelchen aus Butter und Joghurt schlucken, gemischt mit einem Tropfen Urin und etwas Dung.

Einem Hindu würde es nicht im Traum einfallen, das Fleisch einer heiligen Kuh zu essen. Dieses Tabu wurde in der Vergangenheit wiederholt kritisiert; wie kann sich ein Land, in dem jährlich Millionen Menschen an Unterernährung sterben, »Seniorenheime« für Kühe leisten, in denen die Tiere friedlich auf das Ende ihrer Tage warten? Was ist schon so Besonderes an diesen stinknormalen Rindviechern? Die religiöse Antwort auf diese Frage ist schnell gegeben. Nach hinduistischer Lehre sind sechsundachtzig Reinkarnationen nötig, damit eine Seele vom Teufel bis zur Kuh aufsteigt, aber nur eine einzige vom Rind zum Menschen. So kann in dem Steak auf unserem Teller die Seele unseres ungeborenen Kindes gesteckt haben. Historiker bevorzugen die Erklärung, daß die religiösen Führer des Hinduismus vor rund zweitausend Jahren ihre Liebe zur Kuh entdeckten, um sich mitfühlender zu geben als diese neumodischen Buddhisten. Die ökologische Erklärung lautet, daß das komplexe Verdauungssystem der Kuh mit seinen vier Mägen noch das dürrste Gras in leckere und gesunde Milch verwandeln kann. Kuhmist ist außerdem ein exzellenter Dünger. Eine solche Ressource schlachtet man also nicht einfach ab. Tatsächlich ist der westliche Heißhunger nach Steaks viel kurzsichtiger, schließlich bedarf es über zehn Kilogramm Weizen, um gerade ein Kilogramm Rindfleisch zu erzeugen.

Doch die hinduistische Verehrung der Kuh ist im Grunde keine Frage der Logik. Wenn indische Moslems einen Streit vom Zaum brechen wollen, brauchen sie nur eine geschundene Rinderherde um den Hindutempel zu treiben. Umgekehrt lösen die Hindus die gleiche Empörung aus, wenn sie »versehentlich« eine Horde Schweine zur nächsten Moschee treiben. Dann ist Zeter und Mordio angesagt, und anschließend zieht jeder mit stolzgeschwellter Brust von dannen.

Die Engländer machten ihrem Ruf als Rüpel alle Ehre, indem sie Moslems und Hindus zugleich vor den Kopf stießen. Als die East India Company ihre indischen Wachmannschaften Mitte des 19. Jahrhunderts mit neuen Gewehren vom Typ Enfield ausstattete, waren sie der letzte Schrei der Waffentechnik: dreimal so zielgenau und zehnmal so schnell zu laden wie das Vorgängermodell. Das Geheimnis lag in der eingefetteten Munition, die jedoch dummerweise mit Schweine- und Rinderfett geschmiert wurde, ausgerechnet den Produkten jener Tiere, die für praktisch jeden Inder, je nachdem, ob Hindu oder Moslem, tabu waren. Zu allem Überfluß mußte die Spitze der Patronenhülse vor dem Laden vom Soldaten abgebissen werden. Die indischen Offiziere erklärten ihren britischen Vorgesetzten das Problem. Wenn wir die Patronen anfassen – geschweige denn in den Mund nehmen! –, machen wir uns zu Unberührbaren. Wie sollen wir dann jemals eine Frau zum Heiraten finden? Unsere eigenen Mütter werden uns enterben! Die britische Kommandantur schrieb einen Brief nach London mit der Bitte, die Patronen doch mit Schafsfett zu schmieren. Doch die Bürokraten in der Hauptstadt wollten von solchen Extratouren nichts wissen. So blieb den indischen Soldaten nichts weiter übrig, als den Befehl zu verweigern. Das stürzte die ganze Region in Unruhen.

Eines Tages kam ein *sadhu* aus dem Dschungel gelaufen, mit vier Fladenbroten, die in seinen Turban eingewickelt waren. Bis heute gibt man sich in Indien ahnungslos, was die Ursache des Aufstands von 1857 betrifft. Es scheint sich um eine Art kulinarischen Kettenbrief gehandelt zu haben. Der erste *sadhu* brachte seine vier Brote dem Dorfältesten einer Nachbarsiedlung mit dem Auftrag, sie unter den Bewohnern aufzuteilen und dann vier neue Brote zu backen, die ihrerseits ins nächste Dorf gebracht werden wollten und so fort. Der Historiker Christopher Hibbert sieht in den Chapati eine Reaktion der Inder auf Gerüchte, wonach die Briten mit Rinderknochenmehl den religiösen Halt der Inder unterminieren wollten, um sie leichter missionieren zu können. Kaum jemand wußte damals, was es mit den Chapati auf sich hatte, doch Unheil lag in der Luft. Zum Auslöser wurde schließlich die vermeintlich harmlose Bitte eines Unberührbaren an einen indischen Soldaten, ihm etwas Trinkbares aus der Feldküche zu bringen. Als der Soldat mit dem Verweis auf seine höhere Kaste die Bitte ablehnte, antwortete der Unberührbare: »Was spielst du dich auf? Bald wirst du aus deiner Kaste ausgestoßen, du Patronenkauer! Kuhmörder! Schweinefreund! Du bist schlimmer als ein Unberührbarer!«

Die indischen Soldaten verloren die Nerven und schossen wahllos um sich, auf britische Offiziere ebenso wie auf Frauen und Kinder. Die Verantwortlichen der East India Company reagierten zwar mit eiserner Härte, trotzdem hebelte die Regierung in London am Ende die mächtige Handelsgesellschaft aus und machte Indien zum Mitglied des British Commonwealth. Diese vermutlich erste Revolte auf indischem Boden konnte nur deshalb niedergeschlagen werden, weil sich die Inder, die den Engländern zahlenmäßig weit überlegen waren, standhaft weigerten, die verhaßten Enfield-Gewehre zu gebrauchen.[10] Revolutionen wegen Kuhfett, Aufstände wegen Roastbeef – das mag uns aufgeklärten Westlern merkwürdig scheinen, doch sollten wir uns daran erinnern, welche Nichtigkeiten auch bei uns mitunter Anlaß für ein Blutbad waren.

Die erste bekannte Gottesdarstellung ist die steinzeitliche Höhlenzeichnung einer gehörnten Figur in Südfrankreich. Hörner waren von frühester Zeit an ein Zeichen sexueller Potenz und übernatürlicher Kräfte. Die alten Babylonier wählten sie als militärische Rangabzeichen, wobei die begabtesten Strategen die meisten Hörner bekamen. Vom Fetisch der Hörner ist es ein kurzer Weg zum Rind. Sei es der griechische Mythos vom Minotaurus, die geheimnisvollen Tempelhörner von Ur oder der Stierkampf in Spanien, auch die westliche Zivilisation ist von der Verehrung für das Rind durchdrungen.[11] Eine der exzentrischsten Varianten stellt der frühägyptische Apis-Kult dar, bei dem eine Kuh oder ein Bulle aufgrund bestimmter Merkmale ausgewählt wurde, um als Gott verherrlicht zu werden. Das Tier wurde vor allem von gebärwilligen Frauen umlagert, die dem glücklichen Rindvieh ihre Genitale präsentierten zwecks beschleunigter Empfängnis. Um sich von solchen frühen Kulten abzusetzen, hat die jüdisch-christliche Tradition die Gottheit mit den Hörnern dämonisiert, zuerst als Goldenes Kalb, später als Beelzebub. Wer dem alten Glauben nicht abschwor, wurde gefoltert und anschließend auf dem Scheiterhaufen verbrannt. In dem Spielfilm »Der Exorzist« hätte Linda Blair, die vom Teufel Besessene, gar nicht Gift und Galle spucken brauchen. Sie hätte auch einfach nur muhen können.

Du und deine wunderbare Haut

Er war der größte Kerl, der mir je begegnet ist, mindestens 2,10 Meter, mit Ohrläppchen, die bis auf die Schultern baumelten, so daß ihn jeder Spaniel darum beneidet hätte. Die Massai aus dem Norden Kenias sind bekannt dafür, daß sie ihre Ohrläppchen durch Beschweren mit Ringen unglaublich dehnen, weil dies ihrem Schönheitsideal entspricht. Der Bursche mußte also so etwas wie der James Dean seines Stammes sein. Sein Outfit ließ allerdings zu wünschen übrig. Er hatte den traditionellen dunkelroten Massai-Umhang und seinen Speer gegen die schlichte Uniform eines Wachmannes eingetauscht und setzte sein Gewehr auf jeden an, der den Hof unseres kleinen Hotels in Isiolo betreten wollte. Doch er war durch und durch ein

Massai geblieben, der am liebsten von der Rinderherde seiner Familie erzählte.

»Wir haben nicht viele Tiere«, sagte er mir traurig, als wir draußen vor der Tür eine Zigarette rauchten, »aber es sind wirkliche Prachtexemplare. Wenn du sie nur sehen könntest!«

Ein saftiges Steak ist ja für viele ein Hochgenuß, aber der Rindfleischhunger der Massai ist so ausgeprägt, daß manche Anthropologen schon von einer kollektiven Neurose sprechen, dem »Rinderkomplex«. Die Massai beten ihre Tiere geradezu an, sie polieren ihnen die Hörner, trinken ihr Blut. Sie geben ihren Kindern die Namen von Kühen. Und Nacht für Nacht stehen die hoch aufgeschossenen Hirtenkrieger mit dem Speer in der Hand bei der Herde und singen sie in den Schlaf.

> *Der Herr hat euch uns geschenkt vor langer Zeit*
> *Ihr seid in unserem Herzen*
> *Euer Geruch ist uns so wohl vertraut.*

Wenn das nicht wahre Liebe ist? Die Forscher Keith Hart und Louise Sperling haben bedeutsame Unterschiede in der Verehrung des Rinds zwischen Massai und Hindus entdeckt. Erstens essen die Massai ihre Rinder. Zwar nur im Notfall, und sie machen die Tiere vor dem Schlachten betrunken, aber das Fleisch verzehren sie, und das nicht ohne Genuß. Die Stammesführer legen in einer Art Testament fest, welches Tier aus der Herde bei ihrer Bestattungszeremonie geschlachtet werden soll. Die Massai setzen sogar einen gewissen Ehrgeiz daran, ausschließlich von Kuhprodukten zu leben, darunter ein beliebtes Mixgetränk aus Milch und Blut. Die einzige Kombination, die ihnen nicht geheuer ist, ist der gleichzeitige Verzehr von Milch und Fleisch. Deshalb übergibt sich ein Massai stets (mit Hilfe eines bestimmten Krautes), um die eben getrunkene Milch aus dem Magen zu bringen, bevor er ein Stück Rindfleisch ißt. Der Verzehr anderer Lebensmittel, die nicht von der Kuh stammen, oder auch nur Kuhprodukte mit solchen zu kombinieren, ist gestattet, gilt aber als unschicklich. Am schlimmsten erwischt es diejenigen, die irgendwohin verbannt werden, wo nur Gemüse angebaut und gegessen wird.

Eine weitere Eigenheit betrifft die Sprache der Massai, die zwar mehr als zehn verschiedene Adjektive zur Beschreibung der Seelenlage einer Kuh kennt, was die Qualität des Fleisches angeht, jedoch merkwürdig arm ist. Einzig die Größe seiner Herde bestimmt das Ansehen eines Mannes, und die Berater des Stammesoberhauptes werden nicht nach Blutsverwandtschaft oder strategischen Erwägungen ausgesucht, sondern nach der Zahl der Tiere, die sie ihr eigen nennen. Dabei sind die Massai gefürchtete Rinderdiebe (sie selbst betrachten es nicht als Diebstahl). Ihre 40 000 Stammesmitglieder brachten es einst auf eine Million Rinder. Der Wert eines Rindes für einen Massai entspricht also etwa dem eines lukrativen Aktienpaketes für einen Wall-Street-Broker. »Nomadische Hirtenvölker (wie die Massai) gehören zu den gerissensten Kapitalisten, die man sich vorstellen kann«, schrieb das Fachmagazin *Cattle as Capital*, »denn sie betrachten ihr Vieh nicht zuletzt als sich-selbst-reproduzierende Wertanlage, ... die quasi nebenbei wichtige Konsumgüter abwirft.« Ihre Zurückhaltung beim Verkauf oder Schlachten der Tiere entspringt nicht zuletzt auch der Hoffnung auf bessere Renditechancen in der Zukunft.

Der Wachmann unseres Hotels in Isiolo hätte dieser Ansicht sicherlich widersprochen. Er war einer dieser besonderen Bekanntschaften, die man manchmal macht, wenn man monatelang unterwegs ist und sich einfach treiben läßt, ohne hektisches Sightseeingprogramm. Ich war mit einem Freund im Norden an der äthiopischen Grenze verabredet und in Isiolo hängengeblieben, weil die Lastwagenfahrer die Route nach Norden aus Angst vor Räuberbanden zu der Zeit mieden. Kühe interessierten mich eher weniger, aber das Thema ist eigentlich unvermeidlich, wenn man mit einem Massai ins Gespräch kommt. Mein neuer Freund erzählte mir an diesem Abend, wie der Gott Engapi einst den Massai alle Rinder der Welt geschenkt und sie auf einem Seil vom Himmel zur Erde hinab geschickt hatte. Als die Massai aus Unachtsamkeit das Seil lösten, wurden sie von Engapi zur Strafe dazu verurteilt, die Tiere, die ihr natürlicher Besitz waren, bis in alle Ewigkeit »einzusammeln«. Mein Freund geriet sogar über die alten Rinderkriege ins Schwärmen – damals, als Diebesbanden ihr Unwesen im Massai-Land trieben, die sich Namen wie »Red Bull« gaben, weil das angeblich eine magische Anziehungskraft auf das Vieh ausübte. Einer der Lieblingstricks der Viehdiebe bestand darin, Pfeile im hohen Bogen durch die Luft zu schießen; wenn die Hirten dann zum Schutz ihre Schilde hochrissen, bekamen sie gleich die nächste Salve in Bauchhöhe ab. Ha, ha! lachte der Wachmann und schulterte sein Gewehr. Was für Dummköpfe!

7. Kapitel – Zorn

»Fleischesser neigen im allgemeinen eher zu Grausamkeit und Wutausbrüchen als andere Männer. Diese Beobachtung gilt überall und zu allen Zeiten. Die Barbarei der Engländer ist dafür nur das bekannteste Beispiel.«
Jean-Jacques Rousseau, *Emile*

Menü des Zornes

APÉRITIF
Kir Royale
Champagner blutrot mit Crème de Cassis

AMUSE-BOUCHE
Insanity Popcorn
Traditionelle Maispops mit verdammt scharfem Chili

ERSTER GANG
Wagyu Kabobs
Rindersteak von bierseligen Tieren
Blutig serviert

HAUPTGANG
Foie Gras
Gebratene Entenleberpastete auf Polenta an Portwein-Pilz-
ragout
(Rezept Seite 251)

FÜR VEGETARIER:
Buddha's Delight
(Lo Han Jai)
Gemischtes Wintergemüse unter Beachtung der Lehre von
den Fünf Bösen Gemüsen
(Rezept Seite 261)

DESSERT
Zwölffuß-Trüffel
Kandierte Früchte
Pflaumentörtchen
Brombeerschnitten
Fruchtsalat
Nach Tudor-Art serviert.

Um zwanglose Kleidung wird gebeten.

Falls der Gastgeber das Haus in Brand steckt, werden die Gäste um geordnetes Verlassen der Party gebeten.

Die zivilisierte Sauce

Hirnforscher haben herausgefunden, daß Hunger und Aggression von ein und derselben Region im Gehirn kontrolliert werden. Reizt man den Hypothalamus, wie diese Region im Fachjargon heißt, so wird der betreffende Mensch (oder das Versuchstier) von Angriffs- oder Freßlust übermannt. Lassen wir einmal die Frage außer acht, was Forscher in ihren Labors zu solchen Experimenten treibt – die Ergebnisse zeigen jedenfalls deutlich die enge Verbindung zwischen den beiden Antrieben. Die Jahrtausende der Jagd nach Eßbarem und des Kampfes ums Überleben haben sie so tief in unser Hirn eingegraben, daß wir beim Anblick eines blutigen Steaks den gleichen Impuls verspüren wie einst der Steinzeitmensch beim Anblick eines stattlichen Mastodons: töten, braten, fressen!

Die instinktive Nähe von Aggression und Essen drückt sich auf vielfältige Weise aus. In manchen Kulturen werden Konflikte ausgetragen, indem die Streithähne um die Wette futtern, bis eine Partei keinen Bissen mehr herunterbekommt. Anderswo hat man Lebensmittel verboten, die verdächtigt wurden, aggressives Verhalten zu fördern, woraus später der Vegetarismus hervorging. Im 18. Jahrhundert verfügte das osmanische Heer in der heutigen Türkei über ein ganzes Regiment von Köchen, den sogenannten *Janissary*.[1] Ursprünglich in den zahllosen Küchen der Paläste des Sultans beschäftigt, wurden sie bald zu einem berüchtigten Killerkommando, dessen Symbol der *qaza sarf* war – der Kochtopf. Die Offiziere wurden *sorbadji*, Suppenchefs, genannt und trugen einen verbogenen Löffel an ihrer Kopfbedeckung. Andere Ränge hießen zum Beispiel *cörekci*, Bäcker, oder *gözlemici*, Pfannkuchenmacher. Kopf der Einheit war (natürlich) der Chefkoch, der vor lauter Machthunger seine Anhänger gleich mehrmals zum Umsturz gegen den Sultan anstiftete. Zu ihren konspirativen Treffen versammelten sich die Verschwörer in der Palastküche und stießen einen riesigen Suppenkessel um als Symbol ihrer Ablehnung des Sultans.

Die subtilste Lösung für das Gewaltproblem des Essens war gefunden, als man in Europa alle negativen Emotionen von der Tafel verbannte. Das Geheimnis bestand in einer köstlichen Sauce, deren Erfindung eine kulinarische Revolution auslöste und den Kontinent Mitte des 19. Jahrhunderts einmal mehr spaltete: Bei den einen, namentlich den Deutschen und Engländern, regierte weiterhin die barbarische Unsitte, Fleisch in nacktem Zustand zu servieren, im Gegensatz zu den zivilisierten Saucenländern wie Frankreich. Neben der aufkommenden Mode, das Fleisch auf dem Teller in einem See aus Sauce Bernaise zu ertränken, ersparte man den Gästen neuerdings auch das Schauspiel, dem Zerteilen des Tieres an der Tafel beizuwohnen. Mit der Abschaffung dieses blutigen Rituals verband man die Hoffnung, den Menschen von seinem barbarischen Wesen zu läutern und dem Weltfrieden einen Dienst zu erweisen. Statt dessen verdanken wir diesem Denken unsere modernen Supermärkte, in denen nichts mehr den Verbraucher daran erinnert, daß er durch ein Mausoleum des Todes und der Leiden spaziert. Überall glitzert und funkelt die bunte Warenwelt, im Hintergrund plätschert leise Musik. Ein paradiesischer Ort, so scheint es.

Der sadistische Koch[2]

Babys werden aus den Bäuchen ihrer Mütter geschnitten und in siedendes Öl geworfen. Leichenberge türmen sich auf den Straßen, Flammen züngeln aus den Häusern, es riecht nach brennendem Fleisch. Männer in blutbefleckten Schürzen, die Augen blutunterlaufen vom Wein und der Hitze, treiben ihre Gehilfen zur Arbeit an. *Peitscht sie, tötet sie, werft sie ins Feuer, und wehe, ihr nehmt einen wieder heraus, bevor er gut durch ist, habt ihr mich verstanden?!*

»Der wahre Feinschmecker«, schrieb der französische Gastronom Brillat-Savarin im 19. Jahrhundert, »steht dem Leiden so gleichgültig gegenüber wie der Eroberer.« Die vorhergehende Beschreibung des Treibens in einer Restaurantküche ist sicher ein wenig überzogen, doch Brillat-Savarins Kommentar ist bezeichnend für seine Epoche. Seine Zeitgenossen glaubten, Fleisch dadurch besonders zart zu kriegen, daß sie die Schlachttiere zu Tode prügeln ließen. Schweinen wurden rotglühende Eisen in den Leib getrieben, um ihr Aroma zu verbessern, und Aale wurden aus demselben Grund bei lebendigem Leib ins Feuer geworfen. Nach einem alten Rezept sollten Gänse, fertig gerupft und gebuttert, aber noch lebendig gebraten werden. »Nur keine Ungeduld«, heißt es in einem Kochbuch des 17. Jahrhunderts,[3] das empfiehlt, neben dem Tier Wasserschalen aufzustellen, damit es nicht gleich am Durst eingehe, solange es noch im Ofen schmort. Der Vogel sei servierfertig, »wenn er goldbraun ist ... Sodann stellen sie ihn auf den Tisch, wo er vor den staunenden Gästen zerlegt wird. Der Vogel sollte verspeist sein, noch ehe die Lebensgeister ganz aus ihm gewichen sind!«

Solche Praktiken waren bis ins 18. Jahrhundert hinein üblich. Das alte Rom allerdings war die unbestrittene Hauptstadt der Gewalt als Apéritif für verwöhnte Gaumen.

Manche Gastgeber versüßten ihren Gästen das Essen mit Hinrichtungen oder Gladiatorenkämpfen. Einer Theorie zufolge haben die Römer sich an diesen Schauspielen deshalb so ergötzt, weil sie einen engeren Bezug zu der gewalttätigen Natur des Menschen gehabt hätten. Wie dem auch sei, heutzutage sind vergleichbare Gemetzel rund um den Globus verboten, und viele Restaurantbetreiber legen viel Wert darauf, daß die edlen Spender der Steaks, die sie servieren, mit einem Lächeln im Gesicht gestorben sind. Die *Wagyu*-Rinder Japans, deren Fleisch rund 150 Dollar je Pfund kostet, werden mit Freibier und Massagen verwöhnt, bevor man sie zur Schlachtbank führt. Viele kalifornische Farmer, aber nicht nur die, sind stolz darauf, daß ihr Vieh auf schonende Weise getötet wird, nach einem sorgenfreien Leben wie bei einem ClubMed-Urlaub. Während die Köche früherer Tage felsenfest überzeugt waren, daß ihr Sadismus die Speisen leckerer und bekömmlicher machen würde, wissen wir aus der modernen Tiermedizin, daß glücklichere Tiere auch besseres Fleisch haben. Das Geheimnis heißt Glykogen, der Energielieferant im Muskelgewebe, der das Fleisch zart und geschmackvoll hält. Tiere, die unter Qualen oder Schock verenden, verbrauchen im Todeskampf einen Großteil ihrer Glykogenvorräte. Mit anderen Worten: Eine Kuh, die vor Streß eingeht, schmeckt auch so. Eine, die glücklich entschlummert, bereitet dem Gaumen mehr Freude.

Tiefgefrorene Mordopfer

Der Wunsch, das Essen vom Beigeschmack der Aggression und Gewalt zu befreien, geht weit über Saucen und schonende Schlachtmethoden hinaus. Inzwischen ist man so weit, daß auch nur der kleinste Hinweis auf das einst quicklebendige Dasein eines Lebensmittels vermieden wird, wie ein Besuch im Supermarkt beweist. Rindfleisch wird bis zur Unkenntlichkeit verarbeitet, Pute gewürfelt oder in hauchzarte Scheiben geschnitten. Einen Kopf oder einen Huf bekommt man kaum jemals zu Gesicht, und die meisten Kinder würden wohl keinen Bissen mehr herunterbekommen, wenn sie wüßten, daß der Schinken auf dem Pausenbrot einmal zu so einem süßen kleinen Schweinchen gehörte. Neuerdings bedauern viele dieses Verschwinden der Natur. Wo ist er geblieben, fragen sie, der Schweiß im Angesicht des Jägers? Der Mut der Verzweiflung des gehetzten Wildes? Sehen Sie doch mal im Regal mit dem Party-Knabberzeug nach. Im Ernst: Kartoffelchips sind anscheinend geradezu dafür geschaffen, stellvertretend die Gewaltphantasien frustrierter Sportfans zu befriedigen. Die Hälfte der 19 Milliarden Dollar, die in den USA jährlich für Chips und Co. ausgegeben werden, geht auf das Konto sogenannter »Crunch-Snacks«. Dieses Segment ist in den letzten Jahren um rund 50 Prozent gewachsen, darunter die am schnellsten wachsende Gruppe der »Extreme Foods«, deren Hersteller besonderen Wert auf akustische Effekte legen: alles, was knistert, knackt oder kracht und so die Gewaltgelüste der Kunden befriedigt.

Nehmen wir eine Tüte Cruncher mit dem Werbeslogan »Sind sie zu hart, bis du zu weich«. Schon die Verpackung ist dazu angetan, einen Kampf zwischen Mensch und Plastik anzuzetteln, bis man das verflixte Ding endlich doch bezwingt und es mit letzter Kraft aufreißt. Chips sind kaum als Nahrungsmittel zu bezeichnen, bestehen sie doch aus nichts weiter als Fett und Salz. Ihr Angstschrei ist es, nach dem es uns gelüstet. In *The Secret House* legt David Bodanis eindrucksvoll dar, wie jedes Detail der

Produkte im Supermarktregal von Lebensmittelchemikern extra so designt wurde, daß primitive Instinkte angesprochen werden. Die meisten Chips sind zu groß, um ganz in den Mund zu passen, also dringt ihr Krachen ohne Lautstärkeverlust an die Ohren.[4] Außerdem haben sie viele eingebackene Luftbläschen, die beim Zerbeißen den Knalleffekt noch verstärken. Bodanis beschreibt das aggressive Moment des Zerbeißens, das die Hersteller gerne den »besonderen Kick« nennen. Kein Wunder, daß die Chipsfirma *Frito-Lay* einen millionenschweren Werbevertrag mit dem Boxchampion George Foreman abgeschlossen hat.

Am Ende läuft dieses Marketingkonzept darauf hinaus, mit kleinen Gewaltimitationen unseren Appetit anzustacheln. Der neuste Schrei auf diesem Gebiet sind die *3-D Doritos*. Diese Cracker machen beim Zerbrechen besonders viel Lärm, aufgrund ihrer ultraharten Doppelwand mit Luftkammer dazwischen. Eine Prise Chili sorgt außerdem für den richtigen Pepp. Food-Designer rechnen für die Zukunft mit Chips, die größere Mengen Stimulanzien enthalten, ähnlich wie die koffeinhaltigen Softgetränke und Powerdrinks, die zur Zeit so beliebt sind.

Dieser Trend führt zu der Frage, welche Spätfolgen sich daraus für unseren ohnehin schon abgestumpften Geschmackssinn ergeben. »Geschmack und Qualität von Speisen werden zunehmend in den Hintergrund gedrängt. Essen mutiert zu einer weiteren Form der Unterhaltung«, schreibt David Futrelle, der auch eine Parallele zieht zwischen manchem »Knabberspaß« und gewaltverherrlichenden Videospielen. Beide vermitteln nicht nur einen ähnlichen Nervenkitzel, sie folgen auch demselben Konditionierungsmuster von Reiz und Reaktion. Während es allgemein anerkannt ist, daß Gewalt in Videospielen die Hemmschwelle zur realen Gewaltanwendung herabsetzen kann, ist die Sache bei den Hardcore-Chips längst nicht so eindeutig. »Es ist die simple Lust an der Zerstörung«, so Alan Hirsch, Neurologe und Geschmacksforscher aus Chicago. »In der Zerstörung manifestiert sich das persönliche Machtstreben. Deshalb wirkt das laute Krachen mancher Lebensmittel auf die Leute auch so reizvoll. Da können sie ihre aufgestauten Aggressionen rauslassen.«

Wenn Freßtrieb und Aggression tatsächlich in derselben Hirnregion zu Hause sind, fragt sich nur, welchem von beiden wir unsere Lust auf crunchige Chips zu verdanken haben. Von Eßgestörten weiß man, daß sie in Phasen psychischer Anspannung besonders schnell zur Chipstüte greifen. Doch wird der psychische Druck durch dieses Verhalten eher verstärkt oder im Gegenteil abgebaut? Hirsch glaubt an eine kathartische Wirkung der lärmenden Snacks, solange der Konsument die Kontrolle über den Lärm behält. Bei visueller Stimulierung mit Gewaltszenen ist dieser Effekt ebenfalls nachweisbar. Andererseits sprechen Erfahrungen mit jugendlichen Straftätern eine andere Sprache: In Erziehungsheimen sank die Zahl der gewalttätigen Streits unter den Heimbewohnern deutlich, nachdem man das »Junk-Food« vom Speiseplan gestrichen hatte. Eine Studie von Stephen Schoenthaler hat gezeigt, daß sich der Rückgang von aggressivem Verhalten nicht unbedingt an körperlichen Indikatoren wie Blutzuckerwerten oder ähnlichem ablesen läßt. Es müssen also vielmehr psychologische Faktoren für diese Veränderungen verantwortlich sein.

Trotz allem sind die Hersteller von Kartoffelchips natürlich unverdächtig, bewußt aggressives Verhalten fördern zu wollen. Sie wollen ihren Kunden einfach nur mehr Spaß am Knabbern bereiten. Das Problem liegt eher, wenn man so will, in der wachsenden Unfähigkeit der US-Amerikaner, das eine vom anderen zu trennen. Selbst unser beliebtestes Getränk ist im Grunde eine Form genüßlicher Folter. Abgestandene Cola schmeckt fad, weil ein wesentlicher Spaßfaktor fehlt: der prickelnde Thrill an Gaumen und Zunge, der durch das Platzen zahlloser Kohlensäurebläschen entsteht. Ohne sie ist der Trinkgenuß passé. Man sollte also nicht unterschätzen, wie subtil ein leichter Schmerz zur Appetitanregung eingesetzt wird. Wenn Sie das nächste Mal einen Apéritif zu sich nehmen, dann achten Sie einmal darauf, wie der Kir Royale Ihre Zunge mit feinen Nadelstichen malträtiert, wie der Champagner, vom Cassis blutrot gefärbt, im Kerzenlicht vampirisch funkelt. Dann wissen Sie: es ist Essenszeit.

Nur wenn es ein Gesicht hat

Wie rötlich schimmerndes Herbstlaub fallen die reifen Pfirsiche von den Bäumen. Du hebst einen auf mit verschlafenem Lächeln und beißt hinein. Das Fruchtfleisch ist saftig und süß. Vielleicht teilst du die Frucht mit deiner Liebsten, im duftigen Schatten des Baumes, und vielleicht liebt ihr euch danach noch einmal, bevor ihr euch schlafen legt. Mitten in der Nacht erwachst du. Etwas Feuchtes streicht dir über die Füße. Du öffnest die Augen und siehst ein riesiges Tier, das dir die Füße leckt. Kein Grund zur Panik, mein Freund, denn du befindest dich im Al-jannah der Moslems, im Arkadien der Griechen, im Avalon der Kelten, im Garten Eden der Judäer, oder in irgendeinem der Dutzenden von religiösen Heilsorten, wo der Mensch einst ein sorgenfreies Leben führte, ohne sich vor Tod oder Hunger zu fürchten und vor allem ohne rotes Fleisch.

Die Verbindung zwischen Vegetarismus und der Vorstellung vom Paradies reicht nach Meinung mancher Forscher bis in grauste Vorzeit zurück. Vor 8 Millionen Jahren soll es aus klimatischen Gründen ein Massensterben im Tierreich gegeben haben, und die Hominiden lebten notgedrungen rein vegetarisch. Als das Wetter umschlug und die Vorfahren des Menschen wieder die Jagd nach Frischfleisch aufnahmen, könnte der begleitende Proteinschub ein beschleunigtes Wachstum der Großhirnrinde, des Zentrums aller höheren Denkfunktionen, verursacht haben. Die Abkehr vom Vegetarismus, dieser quasi prähistorische Sündenfall, hat einiges mit dem biblischen Mythos gemein. In beiden Fällen bricht der Mensch eine eherne Regel und provoziert damit eine fundamentale Veränderung seines Bewußtseins. Auch in der Bibel wird die Vertreibung aus dem Paradies wiederholt mit einem wachsenden Appetit auf Fleisch assoziiert. Dabei hatte Gott eine streng pflanzliche Diät für seine Menschenkinder vorgesehen. Im Paradies zweiter Klasse, wo sich der Mensch später wiederfand, war Fleisch grundsätzlich zwar erlaubt, jedoch in Maßen. Doch der Ungehorsam des Menschen setzte sich fort, und so ertränkte Gott den Großteil der Menschheit in der Sintflut. Die wenigen Überlebenden hatten fortan freie Hand bei ihrem blutrünstigen Treiben. »Alles, was sich regt und lebt, das sei eure Speise«, sprach Gott zu Noah. »Wie das grüne Kraut habe ich es euch alles gegeben.« (1. Buch Mose, 9:3) So mancher Rabbi hält die Eßvorschriften des Judentums denn auch nur für eine Masche, den Fleischkonsum der Hebräer einzuschränken und den Anreiz für vegetarische Kost zu erhöhen.

Theologische Spitzfindigkeiten wie diese leuchten viel eher ein, wenn man den Vegetarismus selbst als eine Art Religion auffaßt. Menschen werden zu Vegetariern wie durch eine Art Erleuchtung. Sie fühlen sich uns, dem sündigen Rest der Welt, tendenziell überlegen, und wir bestärken sie meist noch darin. Umfragen unter Studenten haben ergeben, daß selbst überzeugte Fleischesser die vegetarische Lebensweise als moralisch und spirituell wertvoll ansehen. Sie ist sicher eine der am schnellsten wachsenden Glaubensgemeinschaften der Welt. Ihre Popularität im Westen fußt allerdings auf einer Reihe pseudowissenschaftlicher Annahmen, was die Wirkungen des Vegetarismus betrifft. »Das Fleisch ist schuld, Madam«, sagt Mr. Bumble in Charles Dickens' *Oliver Twist*, »hätten Sie den Jungen mit Haferschleim großgezogen, es wäre nie soweit gekommen.« Bumbles Erklärung für das ungestüme Temperament des jungen Oliver bringt eine verbreitete Ansicht zum Ausdruck, und das bereits zu einer Zeit, als das Wort Vegetarismus gerade erst geprägt wurde: Der Verzehr von Fleisch führe zu unkontrollierten Gewaltausbrüchen besonders bei Kindern. Tatsächlich ließe sich statistisch leicht belegen, daß in Ländern, in denen der Vegetarismus besonders verbreitet ist, die Gewaltrate deutlich niedriger ist (trotz größerer Armut und Kleinkriminalität). Außerdem ist sicher richtig, daß der Fleischkonsum auf die alte Leidenschaft unserer Spezies für das Jagen und Töten anspielt und somit längst vergessene Gelüste wiedererwecken kann. Vegetarier behaupten denn auch regelmäßig, das Schlachten von Tieren fördere ganz allgemein die Tendenz zur Gewalt, da es das Verbot des Tötens außer Kraft setze.

Das Problem mit Überlegungen dieser Art ist, daß es keinen schlüssigen Beweis für einen Zusammenhang von Fleischkonsum und Mordlust gibt.[5] Ich persönlich glaube vielmehr, daß der Reiz des Vegetarismus nicht darauf beruht, daß er uns in friedliebende Individuen verwandelt, sondern daß er uns in eine grundlegend andere Beziehung zur Schöpfung stellt. Nehmen wir das Beispiel des bedrohten Volkes der Jivaro in Südamerika.[6] Dieser Stamm ißt auch Fleisch, doch die Jagd auf Rotwild ist bei ihnen tabu. Zu groß ist ihr Respekt vor den Tieren, die trotz ihrer Scheu manchmal nachts am Rande ihrer Siedlungen auftauchen und in geisterhafter Stille wieder im Dickicht verschwinden. Auch kennen die Jivaro ihre sonderbare Vorliebe, auf dem verlassenen Land der Nachbarn zu grasen, die verstorben sind. So entstand die Idee, daß die Tiere die Geister der Toten seien, die nach Hause zurückkehren. Unmöglich, sie zu fressen, wo es doch ihre Freunde waren. Dies ist die Denkweise, die Menschen seit 2500 Jahren zu Vegetariern werden läßt. Sie glauben, daß auch Tiere eine Seele besitzen, die wiedergeboren wird. Erst dadurch erhält der Verzicht auf Fleisch eine moralische Dimension, daß er alle Tiere zu »unseresgleichen« erhebt, es psychologisch ermöglicht, uns mit ihnen zu identifizieren und sie als Geschöpfe Gottes zu achten.

Hitlers letztes Mahl

Adolf Hitler war der netteste Kerl, den sich ein Schwein vorstellen konnte. Oder eine Kuh, oder ein Schaf. Der Massenmörder war überzeugter Vegetarier und Tierfreund, der in Tränen ausbrach, wenn er nur einen Film sah, in dem einem Tier ein Haar gekrümmt wurde. Wer Fleisch esse, so soll er gesagt haben, sei ein Leichenfledderer und Heuchler und tauge nicht zum »Herrenmenschen«. Zu den frühesten Propagandatricks der Nazis gehörte der Verkauf von Zigarettenetuis mit dem Konterfei des Naturfreunds Hitler, mit nachdenklicher Miene einen Apfel schälend. Die vegetarische Bewegung in

Deutschland sollte nach Hitlers Plan eine tragende Rolle im Nazireich spielen, ja er wollte sogar die fleischlose Ernährung im Parteiprogramm der NSDAP festschreiben. Erst als er die Versorgung der Bevölkerung und damit seine Kriegspläne gefährdet sah, rückte er von dieser Idee ab. Nach der Machtergreifung wurde Hitler auch von vielen Vegetariern als ihr neuer Führer begrüßt.

Für Hitlers bizarre Persönlichkeitsstruktur wurden schon viele Erklärungsversuche gegeben.[7] Er selbst meinte, die Schriften Richard Wagners hätten ihn sehr geprägt. »Wußten Sie, daß Wagner den Verzehr von Fleisch als Ursache für den Niedergang unseres Volkes ansieht?« sagte er einst zu Hermann Rauschning. »Ich rühre kein Fleisch an, weil ich in diesem Punkt mit Wagner vollkommen übereinstimme.« Sicher ist, daß Hitlers empfindlicher Magen nur leichte Kost vertrug und daß die Vorstellung vom grundguten, friedvollen Vegetarier durch das Beispiel Hitlers einen großen Knacks bekommen hat. Deshalb werden aus dem Lager der überzeugten Vegetarier auch immer wieder Stimmen laut, die meinen, Hitler sei kein »echter« Vegetarier gewesen. Oder enthielten seine Vitaminkapseln etwa nicht Gelatine? fragen diese Leute allen Ernstes.

Den Genossen Vegetariern gegenüber hat sich Hitler jedenfalls nicht gerade wie ein Gentleman benommen. Nicht nur, so die Historikerin Jane Barkas, versuchte er die Vereinigung der Wandervögel in eine Art urarischen Ritterorden zu verwandeln, auch die Vegetarierkolonie Eden sollte nach dem Ideal der Nazis umgestaltet werden. Als die Vegetarier da nicht mitspielen wollten, wurde ihre Bewegung kurzerhand verboten. Ihre wichtigste Zeitung, die »Vegetarische Warte«, wurde verboten und die Köpfe der Bewegung in Konzentrationslager gesteckt. Vegetarische Kochbücher wurden eingestampft, und selbst der Besitzer eines beliebten vegetarischen Restaurants in Köln, Walter Fleiss, tauchte plötzlich auf den Steckbriefen der Gestapo auf.[8] Abgesehen von der Angst der Nazis vor jedem eigenständig Denkenden entsprang diese Repression auch der Befürchtung, mit den friedliebenden Vegetariern identifiziert zu werden. Ein Image als Friedensapostel war aber das Letzte, was Hitler und seine kriegshungrigen Schergen anstrebten. Im Krieg verlor die Frage zwar an Brisanz, Hitler blieb aber nach wie vor vom moralischen Wert des Vegetarismus überzeugt, ebenso wie von der Notwendigkeit, die »Untermenschen« vom Angesicht der Erde zu tilgen. »Mehr denn je hält er den Verzehr von Fleisch für eines der Grundübel der Menschheit«, bestätigt auch Propagandaminister Joseph Goebbels in seinem Tagebuch. »Natürlich ist ihm klar, daß wir in Kriegszeiten nicht die Ernährung des Volkes komplett umkrempeln können. Doch für die Zeit danach räumt er dem Thema oberste Priorität ein.« Zur vegetarischen »Endlösung« ist es zum Glück nie gekommen. Statt dessen nahm sich der meistgehaßte Diktator und Tierfreund zu den Klängen russischer Granateinschläge 1945 das Leben. Die Köchin seiner vegetarischen Menüs folgte ihm in den Tod.

Klein Nigoda

Wenn Lewis Carroll das religiöse Kirchenoberhaupt gewesen wäre, hätte sein Tempel so ausgesehen: Zur Linken komplett mit Abertausenden von Bruchstücken zerbrochener Spiegel verkleidet, zur Rechten im Stil des französischen Barock gehalten, allerdings grellpink gestrichen. Die Glockentürme sähen aus, als hätte man sie aus einer Zementtube gedrückt. Überall Statuen merkwürdiger

Figuren, eine Gruppe tuschelnder kleiner Mädchen unter einem Sonnenschirm, Jungs in Kniebundhosen, die einen Basset an der Leine führen. Am beeindruckendsten wäre die zwei Meter hohe Büste eines englischen Soldaten, der sich mit der einen Hand den Bart zwirbelt, mit der anderen auf eine Gruppe steinerner Priester in meditativen Posen deutet. *Hoch mit euch, ihr Kameltreiber*, scheint sein grimmiger Ausdruck zu sagen, *und zurück an eure Arbeit!*

Ich sah den Mann neben mir an, er war der Vorsteher des Klosterkomplexes, der Jain-Tempel in Kalkutta. Weißer *lungi* und ein T-Shirt, das sich über seinen stattlichen Bauch spannte. Jainismus ist ein streng vegetarischer Kult in Indien, dem Buddhismus verwandt, und ich wollte sehen, ob seine Anhänger tatsächlich einen Mundschutz trugen, der sie vor dem versehentlichen Verschlucken einer Fliege bewahrte.

»Stimmt es, daß Jainisten überhaupt kein Fleisch essen?« fragte ich vorsichtig. »Nicht einmal Fisch?«

»Nicht einmal Fisch«, antwortete der Priester. »Niemals.«

»Also nur Gemüse, wie Bohnen und Kartoffeln?« Der Mann sah mich fragend an. Ich versuchte mich an das Hindu-Wort für Kartoffel zu erinnern. »*Alu*«, sagte ich. »Jainisten essen nur *alu* und ...«

»Nein!« rief er entsetzt und hob die Hände. »Kein *alu*!« Er machte ein Theater, als hätte ich ihm vorgeworfen, er fräße kleine Kinder. »Nicht essen *alu*!«

Wie ich erfuhr, war für die Klosterbrüder nicht nur Fleisch, sondern Wurzelgemüse aller Art tabu. Einfach nur Vegetarier sein, war in ihren Augen wohl nicht genug. Zwar wird die Glaubensvorschrift von den über 4 Millionen Jainisten auf der Welt recht verschieden ausgelegt, allseits gebilligt ist jedoch nur der Verzehr von saftigem

Grün. Die Kartoffel hat es da als Bodengewächs besonders schwer. Auch Feigen stehen auf der schwarzen Liste, wegen der vielen Samen, die die Früchte enthalten, ebenso wie Kiwis, Mais und sonstwelche Früchte, die das Leben des Vegetariers versüßen könnten. Hinter alldem steckt der Glaube an die sogenannten *nigodas*, die einfachen Seelen, die am Anfang ihrer langen Reise von Reinkarnationen stehen. Sie hausen in beinahe jeder Frucht und jedem Gemüse, sogar im Honig.

Was auf den ersten Blick wie ein ins Fanatische gesteigerter Respekt vor dem Leben erscheint, entpuppt sich bei näherem Hinsehen als sonderbar lebensfeindlich, zumindest was die irdische Existenz angeht. Jede *nigoda*, die ein Jainist verschluckt, lebt in seinem Körper weiter, und da *nigodas* als noch jungen Seelen eine lange Gegenwart auf Erden bevorsteht, verstärken sie die irdische Bindung des Gläubigen. Das *moksa* oder Nirwana zu erreichen, wird so immer schwieriger. Diese Vorstellung stürzt manchen Jainisten in solche Verzweiflung, daß er alles tut, um sich die *nigodas* vom Leib zu halten, bis hin zum Hungertod. Dieser Glaube nimmt mitunter wahnhafte Züge an, denn auch das Töten einer *nigoda* gilt als schwere Sünde. Um dies zu vermeiden, wird der Boden, auf den man seinen Fuß setzt, zuvor mit einem Besen gewischt. Jede rasche Bewegung im Dunkeln oder das Betreten eines Rasens sind verboten. Selbst seine Notdurft muß man an einem unbedenklichen Örtchen erledigen, damit auch wirklich keine *nigoda* ein zu rasches Ende ereilt. Der 3000 Jahre alte Kult stirbt heute so langsam aus, doch seine Symbole findet man jeden Tag auf Indiens Straßen. So etwa, wenn am Karren eines alten Mannes ein (spiegelverkehrtes) Hakenkreuz prangt – das Zeichen für Sauberkeit. Der Job des Alten ist es, Abfall und Gerümpel, die aus den umliegenden

Häusern einfach auf die Straße gekippt werden, zusammenzukehren und in einem geschlossenen Raum zu lagern, bis die darin enthaltenen Leben eines natürlichen Todes gestorben sind.

À la Française

Dem wahren Feinschmecker gilt sie als die vielleicht letzte Bastion des guten Geschmacks, als Inbegriff der Haute Cuisine: die Gänseleberpastete oder *Foie Gras*. »Die Gans ist nichts«, philosophieren die Autoren des *Larousse Gastronomique*, »doch der Mensch hat sie zum Brutkasten für das edelste Produkt der französischen Küche umfunktioniert.« Die so gepriesene Delikatesse wird hergestellt, indem man die Tiere mit massenweise Mais stopft, bis ihre Lebern auf das Zwei- bis Dreifache der normalen Größe angeschwollen sind. Seit langem schon geißeln Tierschutzverbände diese Methode als Quälerei. In der EU wird über ein mögliches Verbot des Stopfens nachgedacht. Die meisten Bauern aber vertreten immer noch die Ansicht, den Tieren würde das nichts ausmachen. Im Auftrag der französischen Regierung wurde sogar der Endorphinspiegel im Blut der Gänse gemessen, um die Harmlosigkeit des Stopfens zu untermauern. Ohne Erfolg. So ist in letzter Zeit zunehmend ein Sinneswandel zu beobachten. Immer öfter werden Versuche unternommen, mit Hilfe spezieller Kräutermischungen oder elektrischer Stimulation den Appetit der Tiere anzuregen, damit sich diese von selbst mästen. Bislang jedoch vergeblich.

Dies alles beeindruckte den Sterne-Koch Jean-Louis Palladin wenig, als er in den 1970er Jahren für die *Foie Gras* sogar zum Verbrecher wurde. Die US-Regierung hatte zu dieser Zeit den Import bestimmter Lebensmittel verboten, um das Einschleppen von Krankheitserregern aus dem Ausland zu verhindern. Doch Palladin, heute Chef des *Napa* in Las Vegas, gründete zusammen mit Küchenlegenden wie Jean Banchet und André Soltner einen Schmugglerring. »Wir haben es einer Handvoll engagierter Köche zu verdanken«, so Michael Ginor in *Foie Gras: A Passion*, »daß die Spitzenküche Frankreichs auch in den USA einen Platz gefunden hat.«

Das beliebteste Versteck für die heiße Ware waren Fische, die man, vollgestopft mit Leberpastete, extra aus Frankreich einflog. Kein Zöllner dachte im Traum daran, dort nachzuschauen. Auf diese Weise gelang es Palladin nach eigener Aussage, rund zwanzig rohe Gänselebern pro Woche ins Land zu holen. Obwohl eine ganze Riege hochrangiger Politiker Palladins damaliges Restaurant im Watergate Hotel von Washington, D.C., frequentierte, schien sich niemand von ihnen um die Herkunft der dort servierten Gaumenfreuden zu bekümmern. »Wir haben die Foie Gras nie auf der offiziellen Speisekarte geführt. Man konnte uns also nie etwas nachweisen«, verriet Palladin später. »Nur auf Empfehlung des Oberkellners wurde sie serviert, und ein ordinärer Zollbeamter, der hätte sich ein Abendessen bei uns sowieso kaum leisten können.«

Foie Gras mit Polenta und Pilzragout an Portweinsauce

Diese Kreation stammt von Michael Ginor, Besitzer des *Hudson Valley Foie Gras*. Vorsicht: Wegen des hohen Fettgehaltes von bis zu 90 Prozent kann zu langes Kochen böse Folgen haben.

Für das Pilzragout:

> 1 EL Olivenöl
> 500 g gemischte Waldpilze

1 Schalotte
2 EL ungesalzene Butter
150 ml Portwein
50 ml Balsamico-Essig
200 ml kräftige Geflügelbrühe
1 TL frischer Thymian
1/2 TL koscheres Salz
1/4 TL schwarzer Pfeffer

Eine große Pfanne mit dem Olivenöl auf mittlerer Flamme erhitzen. Schalotte und Pilze hineingeben und schwenken. Butter zugeben und ungefähr 10 Minuten anbraten, bis die Pilze golden und zart sind, dann aus der Pfanne nehmen. Portwein und Balsamico-Essig in der Pfanne unter Umrühren aufkochen. Brühe, Thymian, Salz und Pfeffer zugeben und weitere 10 Minuten köcheln lassen, bis das Ganze zu einer Sauce eingedickt ist. Schließlich die Pilze unterrühren und die Pfanne warm stellen.

Für die Polenta:

1,5 l Wasser
2 TL koscheres Salz
400 g gelbes Maismehl
4 EL ungesalzene Butter
150 g Sahne
100 g gemahlener Peccorino-Käse
1 gute Prise schwarzer Pfeffer (nach Belieben)

Wasser und Salz in einem mittleren Topf über großer Flamme zum Kochen bringen. Nach und nach das Maismehl einstreuen, dabei ständig umrühren. Wenn an der Oberfläche Luftblasen platzen, die Hitze reduzieren und unter Umrühren in 10 bis 15 Minuten zu fester Konsistenz eindicken. Die übrigen Zutaten langsam untermischen. Weiter ziehen lassen, bis sich die Polentamasse (nach 3 bis 5 Minuten) vom Topfrand löst. Noch warm servieren, bevor die Polenta fest wird.

Für die Foie Gras:

> ca. 750 g Foie Gras
> koscheres Salz
> frisch gemahlener schwarzer Pfeffer

Foie Gras in circa 1 Zentimeter dicke Streifen schneiden. Jeweils eine Seite der Streifen mit einem scharfen Messer in Kreuzmuster einritzen. Dann beidseitig nach Belieben mit Salz und Pfeffer würzen. In einer trockenen Pfanne bei mittlerer Hitze kurz anbraten, und zwar 45 Sekunden je Seite. Anschließend mit einem Papiertuch abtupfen. Sofort nach dem Erhitzen mit der gemusterten Seite nach oben servieren.

Serviertip:

Pilzragout und Polenta bereithalten, während man die Foie Gras wie beschrieben zubereitet. Ungefähr 150 g Polenta in der Tellermitte plazieren, mit zwei Streifen Foie Gras garnieren und Pilzragout darum herum geben. Die Foie Gras mit einer Prise Meersalz würzen und den Teller vor dem Servieren mit ein paar Olivenraspel bestreuen.

Böser, kleiner, roter Mann

Als im Jahr 1997 mehrere Polizeibeamte in Kalifornien angeklagt wurden, eine Gruppe von Umweltschützern am Rande einer Demonstration mit Pfefferspray gefoltert zu haben, hätte ein Richter, der etwas von der Sache verstand, sich nach den Inhaltsstoffen des Sprays erkundigt. Hätten die Polizisten den ultrascharfen *Habañero*-Pfeffer verwendet, so wäre die Sache ganz anders zu beurteilen gewesen als etwa mit dem harmlosen *Pasilla*.[9]

Auch Chilischoten wurden seit ihrer Entdeckung durch Christoph Kolumbus vor über fünfhundert Jahren auf verschiedene Art mit Gewalt in Verbindung gebracht. Der ursprüngliche Zweck von Kolumbus' Reise war die Suche nach einer neuen Handelsroute nach Indien, um mit exotischen Gewürzen, allen voran schwarzem Pfeffer, ein Vermögen zu machen. Obwohl Kolumbus durchaus ahnte, daß er nicht in Indien gelandet war, taufte der dickköpfige Seebär die Einheimischen kurzerhand Indianer und ihr pikantes Gewürz Chili, um seine Förderer daheim in dem Glauben zu lassen, er hätte tatsächlich Indien erreicht. Nur so war die Finanzierung weiterer Expeditionen gesichert. Die sogenannten Indianer waren nicht kleinlich im Verteilen ihrer Gewürze, sie bewarfen die Europäer buchstäblich damit in Form von »Chili-Bomben« – brennenden Geschossen voll tückischem *Habañero*, mit denen sie die fremden Eindringlinge vertreiben wollten. Das war zwar nicht so dramatisch wie die mittelalterliche Sitte, verfaulte Tierkadaver über die Burgmauer in belagerte Städte zu katapultieren, zeigte aber dennoch Wirkung. Beim Verbrennen setzt der Pfeffer Gase frei, die einem in kürzester Zeit den Atem rauben.

Bei den Maya und Azteken war Chili als Waffe seit Jahrhunderten im Einsatz. Ungehorsame Kinder wurden damit genauso gezüchtigt, wie es noch heute bei den Bauern des mexikanischen Hochlands üblich ist. Indianer in Panama banden Pfefferschoten an den Bug ihrer Kanus zum Schutz vor Haien. Als sich die Inka den Spaniern zum

Kampf stellten, entzündeten sie zur Verblüffung ihrer Gegner mannshohe Berge von *Rocoto*-Chili (der angeblich Tote wieder zum Leben erweckt). Die weniger martialischen Hopi-Indianer legten Pfefferschoten in einer Reihe vor ihre Wigwams, um den weißen Teufeln den Eintritt zu verwehren. Auch wenn dieser Versuch mißlang, hängt man noch vielerorts zur Abwehr böser Geister getrocknetes Chili über Kinderkrippen.

Des Pfeffers brutale Natur wird verursacht durch eine geschmacklose Substanz namens Kapsaicin, die selbst in Verdünnungen von eins zu elf Millionen noch ein Kribbeln auf der Zunge hinterläßt. Bei größeren Dosen ist es, als würde man sich ein brennendes Streichholz in den Mund stecken. Der Biß in eine reife Chilischote veranlaßt gar unseren Körper, ein ganzes Arsenal von Stoffen freizusetzen, die Schmerz und Panik unterdrücken. An erster Stelle ist hier das Adrenalin zu nennen, das uns zu so mancher Höchstleistung befähigt. Dem ersten Schub folgt die Ausschüttung von Endorphinen, die den Schmerz mildern. Das Hitzeempfinden beim Verzehr von Chili rührt allerdings von der vermehrten Freisetzung der sogenannten Substanz P an den Nervenenden auf der Zunge her. Da dies aber keinen »echten« Schmerz darstellt, verursachen die ins Blut geschwemmten Endorphine eher eine Art rauschhafte Betäubung. Das muß der Kick sein, den sogenannte »Mouth Surfer« suchen, wenn sie sich bei ihren gastro-masochistischen Treffen alles das auf der Zunge zergehen lassen, was richtig schön ätzt, um dann mit rauchenden Ohren, tränenden Augen und keuchendem Atem bei einem kalten Corona Zuflucht zu suchen. Eine Art kulinarisches Bungee-jumping – die Gurus des Chilis nennen es »kalkuliertes Risiko« –, das so ausgefallene Saucenkreationen wie Psycho Bitch, Mad Dog Inferno, Sudden Death (mit Ginseng!) oder den Klassiker Dave's Insanity Sauce hervorgebracht hat.

Eine Pflanze südamerikanischen Ursprungs, die einen kurzen heftigen Energieschub bewirkt, gefolgt von einer vermeintlich wohligen Betäubung – da denkt man zuerst an Kokain. Der Kolumbus-Connection haben wir aber eben auch den Pfeffer zu verdanken. Es sagt einiges über den Zustand unserer Gesellschaft aus, daß wir Substanzen, die vermeintlich die Wollust oder Faulheit steigern, zwar verbannen, dem Stoff aber, der am ehesten zur Gewalt anstiftet, nur in Ausnahmefällen den Prozeß machen. Die sogenannte »Killer-Salsa« – mit dem Bild eines stilisierten Mordes auf dem Etikett – wurde kürzlich in Chicago aus den Supermärkten entfernt, nachdem ein Geistlicher gegen das Verpackungsdesign Klage erhoben hatte.

Irres Popcorn

Das schlimmste geschmacksnervtötende Teufelszeug ist und bleibt Dave's Insanity Sauce. Sie gab das Vorbild für die »Guatemalan Insanity Sauce« ab, die in einer klassischen Folge der *Simpsons* aus dem Jahr 1997 den guten Homer in psychedelische Verzückung stürzte. Daves Kreation gebührt auch die Ehre, von der Nahrungsmittelmesse in Albuquerque, New Mexico, verbannt worden zu sein, nachdem ein älterer Besucher davon probiert und einen leichten Herzinfarkt erlitten hatte. Also Vorsicht! Der Erfinder David Hirshkop, der stets in einer Zwangsjacke zu Fernseh-Kochshows erscheint, empfiehlt, nie mehr als einen Tropfen je Gericht zu verwenden. Wer auf Nummer Sicher gehen will, greift besser zur milderen Variante, der Temporary Insanity Sauce.

Wem nach einer Mutprobe ist, der probiere frisch gemachtes Popcorn mit einer besonderen Sauce: 2 Eßlöffel Butter, 1 Eßlöffel braunen Zucker und 1 Teelöffel Gewürzsalz (oder ähnliches) zusammen erwärmen und genau einen Tropfen Dave's Insanitiy Sauce hinzufügen. Gut umrühren und das Popcorn, ehe die Butter braun wird, darin wälzen. Aufpassen, daß Sie nichts davon ins Auge bekommen.

Ungläubige Stinker

Die Heimat der Königin von Saba gibt heute keinen berauschenden Anblick ab. Auf den Straßen der Stadt türmt sich der Müll. Ziegen stöbern darin nach etwas Eßbarem. Überall Schmutz und Zerfall. Dabei war die Stadt im Jemen, die heute Marib heißt, einst das Zentrum der Welt. Der Tempel der Mondgöttin war der heiligste Ort der arabischen Welt. Auch errichtete man dort den ersten stabilen Staudamm der Welt. Die größte Errungenschaft Sabas jedoch waren Vorkehrungen gegen Mundgeruch. Die alten Inschriften am Tempel künden davon, wie die Mondgöttin zwei Männer mit einer grausamen Krankheit strafte, weil es die beiden gewagt hatten, »im Tempel zu beten nach einem Mahl von stinkenden Pflanzen und Zwiebeln«.[10]

Mit anderen Worten, der Mundgeruch wurde ihnen zum Verhängnis, genauer gesagt ihre Knoblauchfahne. Seither spalten Knoblauch, Zwiebel und Lauch die Welt in Freunde und Feinde. Viele Büromenschen machen einen weiten Bogen um das Gewächs, auf daß sie nicht das gleiche Schicksal erleiden wie die beiden Araber aus den Inschriften – mit dem Unterschied, daß statt der Göttin die lieben Kollegen das Urteil fällen. »Man glaubte, die Götter würden genau wie Menschen von Gerüchen beeinflußt«, so der Archäologe van der Toom in seinen Anmerkungen zu den Tempelinschriften. »Deshalb meinte man sie durch das Anzünden wohlriechender Substanzen gnädig stimmen zu können ... und versuchte andererseits, sie zum Beispiel nicht mit üblem Mundgeruch zu beleidigen.« Die besondere Schwere des Vergehens, dessen sich die beiden Tempelgänger schuldig gemacht hatten, läßt sich auch daran ablesen, daß ihnen die gleiche Strafe zuteil wurde, die sonst Sodomisten vorbehalten war.

Das mag auf den ersten Blick unverhältnismäßig erscheinen, doch offenbar war den Menschen schon damals jeglicher Gestank zuwider. Das kommt nicht von ungefähr. Studien belegen, daß Menschen, die ihren Geschmacks- und Geruchssinn verlieren, auch der Gefahr einer stark reduzierten Libido ausgesetzt sind; rund 90 Prozent von ihnen leiden an depressiver Verstimmung. Die Gründe hierfür sind nicht genau bekannt, doch weiß man zumindest, daß der Geruchssinn in direktem Kontakt zu Regionen im Gehirn steht, welche unsere elementaren Emotionen regulieren. Ekel, Wut und Angst spielen hierbei eine besondere Rolle, weil es diese Emotionen sind, die uns alarmieren, wenn Gefahr droht oder wir im Begriff stehen, verdorbene Nahrung zu essen. Manchem Verhaltensforscher zufolge entstammt der mimische Ausdruck für Ärger dem verzerrten Mienenspiel angesichts übler Gerüche, weshalb sich bis heute eine große Ähnlichkeit im Gesichtsausdruck beider Emotionen erhalten hat. Natürlich ist das gar nicht so einfach nachzuweisen. Fest steht allemal die große Bedeutung des Geruchssinns, für dessen Ausprägung über eintausend genetische Faktoren identifiziert wurden, gegenüber nur vier für das Sehen.

Im Umgang mit den Göttern kam es also von jeher darauf an, daß man gut roch. Auf den ältesten Handelsrouten der Welt wurden Düfte transportiert. Die alten Ägypter sorgten sich so sehr um das Seelenheil ihrer Toten im Jenseits, daß sie ihre Mumien mit Myrrhe und Weihrauch überhäuften. Die ersten Weihnachtsgeschenke waren Parfums, und eine ganze Menge katholische Heilige verdanken ihren Status dem angeblichen Rosenduft ihrer leiblichen Hülle. Dies alles sind Beispiele für »gnädig stimmende Gerüche«, von denen van der Toom spricht. Eher stechende Gerüche wie die der Zwiebel- und Knoblauchgewächse hatten dagegen einen schlechten Ruf, weil diese Pflanzen der Überlieferung nach in den Fußabdrücken des Teufels gediehen, als dieser aus dem Garten Eden floh (Knoblauch in den linken Fußspuren, Zwiebeln in den rechten). Ägyptischen Priestern war der Umgang mit beiden gleich ganz verboten, und bis ins 19. Jahrhundert traute sich kein Muslim mit Zwiebel- oder Knoblauchgeruch auch nur in die Nähe einer Moschee. Zwar berichtet die Bibel, wie sehr sich die Israeliten in der Wüste nach ihrem Knoblauch sehnten, doch war bei ihnen der Verzehr der Zehen vor 12 Uhr mittags verpönt. Wer gegen die Regel verstieß, mußte mit Ausschluß aus der Gemeinde rechnen.

Die Ausdünstungen des Knoblauchs blieben vielmehr der Abwehr übernatürlicher Wesen vorbehalten. Schon in einer alten Sanskrit-Handschrift ist vom »Kampf gegen böse Geister« die Rede, und obwohl Pharao Tuts Mumie nach Myrrhe geduftet haben soll, sind ihm auch ein paar Knoblauchzöpfe mit ins Grab gelegt worden, damit er sich im Jenseits seiner Feinde erwehren konnte. In Persien wurde gleich ein ganzes Fest gefeiert, bei dem Dämonen Gerichte aus Knoblauch, Weinraute und Essig serviert bekamen. Die Suppe soll, ihres ekelhaften Geschmacks wegen, die bösen Geister vertrieben haben. Auch die in

Ost- und Mitteleuropa altbekannte Angst der Vampire vor dem Knoblauch soll nicht unerwähnt bleiben.

Im Kampf gegen irdische Feinde hielt man den Knoblauch ebenfalls lange Zeit für nützlich. Nicht nur die Kriegerkaste der Hindus labte sich reichlich daran, auch Julius Cäsar und Alexander der Große versuchten, damit die Kampfkraft ihres Heeres zu stärken, da sie den Knoblauch für ein Geschenk des Kriegsgottes hielten. »Schluckt sie schon, die Zehen«, dichtete Aristophanes im 4. Jahrhundert vor Christus, »mit des Knoblauchs Macht gewinnt ihr jede Schlacht!« Zusammen mit dem markigen Schlachtgeschrei war der Knoblauch Teil der psychologischen Kriegsführung. Tatsächlich muß der Mundgeruch der römischen Legionäre jedem Gegner einen mächtigen Schock verpaßt haben, schließlich bestand die Standardration der »Feldküche« aus einem Gebräu aus Knoblauch, Gerste und vergorenem Wein. Die Waliser schwärmen noch heute von einer siegreichen Schlacht des 17. Jahrhunderts, die sie angeblich nur deshalb gewannen, weil ihre Soldaten Kränze aus wildem Knoblauch auf dem Kopf trugen. Zwar wird behauptet, der Knoblauch sei lediglich dazu gut gewesen, die eigenen Leute in dem Getümmel wiederzuerkennen. Der Legende nach soll es aber der stechende Geruch gewesen sein, der die Angelsachsen überwältigt hat. Bis heute gilt der Lauch (verwandt dem Knob-lauch) als Nationalpflanze des Landes.

Die beiden Knoblauchfreunde, die von der Mondgöttin von Saba so schwer bestraft wurden, hätten das alles kaum überraschend gefunden. Ihnen war klar, daß nichts schlimmer ist als Mundgeruch und umgekehrt nichts besser als appetitliche Düfte. So nahmen sie die Strafe der Mondpriester hin, die ihnen auftrugen, nachts in der Wüste den Kopf eines Rinds über offenem Feuer zu rösten. Da sie die

Nase der Mondgöttin beleidigt hatten, sollten sie dies wiedergutmachen, indem sie den Duft des Rinderbratens in den Himmel hinaufsandten, von wo aus die Göttin ihnen zusah.

Fünf böse Gemüse

Ein junger buddhistischer Mönch fragte einmal den Lama Kalu Rimpoche, ob der Verzehr von Knoblauch seiner Erleuchtung abträglich sei. Rimpoche antwortete mit einer Parabel. »Vor sehr langer Zeit«, sagte er zu dem Mönch, »trank ein Dämon einen Zaubertrank zur Stärkung seiner Kräfte. Er flog hoch hinauf in die Wolken und befahl dem Meer, seine Farbe zu wechseln. Schließlich wurde er von den Göttern zum Absturz gebracht. Wo das Blut des Dämons den Boden tränkte, wuchs Knoblauch.« Diese Sage steht am Beginn der Lehre von den fünf bösen Gemüsen, die dem buddhistischen Mönch nicht nur den Knoblauch verbietet, sondern auch Zwiebeln, Schnittlauch, Frühlingszwiebeln und alle anderen Gewächse der Allium-Familie. Der Verzicht darauf, typisch auch für das folgende Rezept für *Lo Han Jai*, soll dem Gläubigen helfen, seinen Zorn unter Kontrolle zu halten.

Es gibt zahllose Varianten dieses Gerichtes, das je nach dem Grad der eigenen Erleuchtung beliebig abgeändert werden kann.

> 200 g getrocknete schwarze Shitake-Pilze
> 100 g getrocknete Enoki-Winterpilze oder Morcheln
> 200 g getrocknete Tauhu-Pok (Bohnengallerte)
> 100 g Bambussprossen
> 200 g Glasnudeln
> 100 g fritierter Tofu (gewürfelt)

500 g kleingehackter Chinakohl
100 g Karotten (in Scheiben geschnitten)
3 EL Sojasauce
2 EL Zucker
600 ml Wasser
100 g frische Erdnüsse
200 g Wasserkastanien (in Scheiben geschnitten)
100 g Becherlinge
1 TL Sesamöl
Meersalz zum Abschmecken

Die getrockneten Zutaten einzeln circa eine Viertelstunde lang in warmem Wasser einweichen lassen und beiseite stellen. Falls kein vorgebratener Tofu zur Hand ist, den frischen Tofu in etwas Öl goldbraun braten, anschließend abkühlen lassen und mit einem Tuch abtupfen. Von dem Bratöl etwa drei Viertel abgießen und in dem Rest über mittlerer Flamme den Kohl, die Bambussprossen und Karotten eine Minute andünsten. Nun die anderen Zutaten, bis auf das Sesamöl, zugeben und gut mischen. Abgedeckt weitere 15 bis 20 Minuten dünsten, bis das Gemüse gar ist. Mit Salz und Sesamöl abschmecken. Reicht für 6 Personen. Mit Reis (warm) servieren.

Fressen für den Sieg

Wenn ein Mann vom Stamm der Kalauna auf Goodenough Island seine Frau in flagranti mit einem anderen erwischt, folgt seine Rache auf dem Fuß. Er erntet seine saftigsten Süßkartoffeln, schlachtet sein fettestes Schwein und gibt ein Festessen für den Kerl, der ihm Hörner aufgesetzt hat. Dabei freut es ihn dann um so mehr, je verärgerter sein Gast auf die Großzügigkeit reagiert, die ihm zuteil wird. Am nächsten Morgen klopft es dann bei dem Ehemann an der Tür, und wenn er öffnet, steht vor ihm wie erwartet der Konkurrent mit einer verschrumpelten Süßkartoffel in der Hand. Er reicht sie dem Ehemann. »Was?« sagt dieser, »ist das etwa alles, was dein Garten hergibt?« Auf ein Zeichen des anderen kommen seine Freunde aus dem Wald gelaufen, bepackt mit Körben voll Tarowurzeln und Schweinefleisch, Yam und Ananas und Stockfisch. »Denkst du etwa, wir könnten nicht unsere Schulden bezahlen?« rufen sie, während sie dem Ehemann die Körbe vor die Füße stellen. »Wir sind schließlich nicht den ganzen Tag damit beschäftigt, anderen Frauen hinterherzurennen!«

Das ist die Fanfare zur Schlacht, die erst endet, wenn einer der beiden Konkurrenten ein unschlagbar üppiges Mahl aufgetafelt hat. Dieses Verhalten, detailliert beschrieben in Michael Youngs *Fighting with Food*, ist noch ein recht harmloses Beispiel. Bei ähnlichen Überbietungsorgien in Indonesien werden meterhohe Wälle aus Schweinen, Fisch und Früchten aufgeschichtet. Die Kwakiutl-Indianer im Nordwesten Kanadas haben die konventionelle Kriegsführung durch bombastische Gelage ersetzt, in deren Verlauf der Feind mit Lachs und Beeren gemästet und mit Decken und Knöpfen überhäuft wird. Wenn die abgefüllten Gäste keinen Bissen mehr herunterbekommen, werden die Reste ins Feuer geworfen, daß die Flammen nur so züngeln. Entweder das vertreibt die Gäste, oder das Feuer wird mit Fett und Fleisch weiter angefacht. Brennt die Hütte schließlich ab, was nicht selten vorkommt, so ist dem Gastgeber der Respekt seiner Feinde gewiß. Man macht sich schleunigst auf den Heimweg und sucht eine noch größere Hütte zum Abbrennen, denn das ist die einzige Möglichkeit, um die Niederlage doch noch abzuwenden.[11]

Dies sind besonders extreme Beispiele dafür, wie Menschen im Gebrauch von Essen ihre Aggression ausdrücken, doch es sind bei weitem nicht die einzigen. Als der letzte Herzog von Burgund, Karl der Kühne, fremden Würdenträgern beweisen wollte, daß sein kleines Reich militärisch äußerst schlagkräftig war, gab er einen Empfang für die Besucher in Form eines Heerlagers. Dreißig Torten wurden serviert, jede in einem eigenen Miniaturzelt und mit einer goldenen Krone geschmückt, die den Namen einer der von Karl kontrollierten Städte trug. Ein anderer Fürst, der den Streit um die Herrschaft über den Ort Breisach schlichten wollte, lud die verfeindeten Parteien zu einem Essen ein, bei dem zwei Marzipansoldaten über einen großen Räucherschinken wachten. Es versteht sich, daß Breisach für seine Räucherwaren weithin bekannt war. Solche Formen kulinarischer Diplomatie sind, dem Historiker Stephen Mennell zufolge, »nicht bloß zur Unterhaltung und Ausgelassenheit angetan, vielmehr kam darin auch der eigene Anspruch auf Rang und Macht zum Ausdruck«. Und der wurde um so eifriger geltend gemacht, je unansehnlicher das Kriegführen für die Herrschenden wurde.

Man sollte meinen, dem Adel hätte hin und wieder ein Scharmützel als Abwechslung ganz gut gefallen, doch ob es dazu kam, hing in hohem Maß vom Geschick der Köche ab. Als die Medici ihren Sproß 1661 mit der französischen Königstochter Margueritte-Louise vermählten, war an den Feierlichkeiten deutlich abzulesen, daß es bei dieser Heirat einzig um Macht und Einfluß ging statt um die Liebe. (Die Brautleute waren sich so spinnefeind, daß die Heirat per Vollmacht vollzogen werden mußte.) Ein Gang des Festmenüs bestand aus einem großen gerösteten Perlhuhn, in zwei Hälften zerlegt, so daß es einen doppelköpfigen Adler darstellte. In Blüten arrangierte Pinienkerne zierten die Brust des Huhnes, und das Ganze war mit einem Gelee in den Farben des Regenbogens überzogen. Den Kopf des Tieres zierten noch zwei Kronen aus mit Blattgold belegtem Zuckerwerk. Zu beiden Seiten dieses stolzen Symbols der Medici-Dynastie war eine s-förmig geschwungene Tafel angerichtet, üppig gedeckt mit kandierten Früchten, Pistaziencreme und Marzipan, aber auch Eiern, Schinken, gebratenem Kapaun und Kalbsbries. Das Angebot war ebenso reich und verführerisch wie die Braut selbst. Natürlich gab es noch jede Menge andere Gaumenfreuden: diverse Pasteten, toskanischer Frischkäse, Hähnchen in Pfirsichsauce, Ortolane, gebratene Zunge süßsauer und vieles mehr. Das einzige, was auf die Vereinigung der beiden Geschlechter hindeutete, war eine Mandelcremetorte in Form eines Löwenkopfes, des Wappentiers der Brautfamilie, umspielt von Medici-Lilien. Die Ehe wurde übrigens ein Desaster.[12]

Bei besonders pompösen Festbanquettes sprang die Aggression zuweilen auch auf die Gäste über. In englischen Tudorschlössern blieb oft ein ganzer Saal nur dafür vorgesehen, daß die Gäste nach dem Hauptgericht sich die Füße vertreten und unter den Augen ihrer Gefolgschaft mit den herumstehenden Süßigkeiten um sich werfen konnten. Das Festmahl galt als offiziell beendet, wenn im Zuge der wilden Essensschlacht jeder von Kopf bis Fuß eingesaut war.[13]

Den Akt des Essens zum Ausleben aggressiver Instinkte zu nutzen ist an sich eine feine Sache. Man braucht dem Feind nur Messer und Gabel in die Hand zu drücken und ein Schlachtfeld aus Tierleichen und blutrotem Fleisch zu bereiten. Und wenn am Ende alle selig entschlummern, schnappt sich der Gastgeber einen Strauß Petersilie und kaut glücklich darauf herum. *Da hast du's mal wieder allen gezeigt, wer der reichste, mächtigste und beste Gastgeber weit und breit ist.* Normalerweise wird nach dem Krieg dem Sieger ein Festmahl bereitet. Hier kommt das Festmahl zuerst, und wer sich dabei am wackersten schlägt, wird zum König gekrönt. Das Leben steht kopf, so wie sich das gehört. Gott weiß, daß die Welt nur dann einen Sinn hat, wenn sie kopfsteht. Nach diesem Motto schienen auch die Kwakiutl-Indianer zu handeln. »Vor langer, langer Zeit tat der weiße Mann unseren Vätern Böses an, und wir übten blutige Rache«, sprach einer ihrer Häuptlinge vor gut einhundert Jahren. »Heute kämpfen wir mit Butter und Decken und lächeln uns dabei gegenseitig an. O, wie glücklich ist die neue Zeit!«

Die achte Todsünde

»Die Gurke sollte man fein säuberlich zerhacken und in Pfeffer und Essig einlegen, um sie dann schließlich getrost in den Müll zu werfen.«
Samuel Johnson

Wenn alles erlaubt ist und nichts mehr schmeckt

Wer ein Buch wie dieses schreibt, den kann schon ein harmloses Mittagessen aus der Bahn werfen. Vor kurzem saß ich mit ein paar schottischen Verlagsleuten in einem Restaurant. Es ging eigentlich gut los. Wir tranken, wir rauchten, doch dann bestellte einer der Schotten ein *Steak Tatare*. Rohes Fleisch. Ich konnte kaum hinsehen, nicht so sehr wegen des biblischen Verbotes blutiger Speisen, sondern weil ich wußte, daß britische Geschäftsleute mit diesem Gericht traditionell ihren Verhandlungspartner einzuschüchtern versuchen. Dabei hatte ich eigentlich angenommen, das Treffen würde den Charakter eines zwanglosen Kennenlernens haben. Was zum Teufel ging hier vor? Was führten die Jungs im Schilde? Als nächstes bestellte der andere Kollege. Kalbsbries auf Blätterteig. Eine verschlüsselte Botschaft. Blätterteig ist dem *pain mollet* verwandt, der Leibspeise der Aristokraten des 18. Jahrhunderts. Es zeugte von kaltherziger Finesse und bestärkte mich in der Annahme, daß dieser Kerl der Kopf der Verschwörung gegen mich war. Als ich an der Reihe war zu bestellen, schloß ich mich ihm an und bestellte ebenfalls Kalbsbries. Ich würde den Kerlen schon zeigen, daß der Yankee, mit dem sie es zu tun hatten, so schnell nicht zu beeindrucken war und genauso nach Blut dürstete wie sie.

Man muß kein paranoider Autor sein, um zu solchen Überreaktionen verleitet zu werden. Das Essen von rohem Rindfleisch zum Beispiel ist ein klassischer Fall von kulinarischer Provokation. Eßtabus und die damit verbundenen Empfindlichkeiten, wie sie Gegenstand dieses Buches sind, durchdringen nahezu jeden Bereich unseres Lebens, und die alte Binsenweisheit, daß man ist, was man ißt, hat ihren festen Platz in unserem Denken. In einer Studie aus dem Jahr 1989 haben Testpersonen anderen Menschen, die Schweinefleisch aßen, überdurchschnittlich häufig »schweinische« Eigenschaften zugewiesen. Im Alltag werden wir permanent mit Informationen über die Eßgewohnheiten unserer Mitmenschen konfrontiert, über Körpergerüche, die wir meist nur unbewußt wahrnehmen. Auf diesem Weg können unsere Einstellungen gegenüber verschiedenen Lebensmitteln – Einstellungen, die teils auf uralter Erfahrung beruhen – einen Einfluß auf unser soziales Verhalten ausüben, sei es am Arbeitsplatz, in der Partnerschaft oder im Rush-Hour-Gedränge im Bus. Wer neben einer Person sitzt, die den Geruch von Kartoffelchips ausdünstet, der schätzt den Nachbarn, wie Studien belegen, mit hoher Wahrscheinlichkeit als träge und faul ein, dieselben Charakterzüge, die man schon im England des 18. Jahrhunderts den »Kartoffelfressern« andichtete. Die verbreitete Abneigung gegenüber Knoblauch begründen viele mit dem unangenehm scharfen Geruch, doch das Ausmaß seiner Verdammung als »moralisch verwerflich«, wie es vor gut hundert Jahren in Amerika der Fall war, muß tiefere Wurzeln haben als die schlichte Geruchsbelästigung.

Wie sehr die Sünde mit dem Akt der Nahrungsaufnahme verquickt ist, zeigt sich heutzutage sehr deutlich in unserem Umgang mit Rauschmitteln. So vielschichtig die Probleme mit dem Drogenkonsum sicher sind, auch hier finden wir den teils unausgesprochenen Glauben, daß alles, was in den Körper aufgenommen wird, eine Wesensveränderung bewirken kann. Man ist also nicht nur, was man ißt, sondern auch, was man trinkt, raucht, schnüffelt oder sich sonstwie verabreicht. Daß es fast unmöglich ist, die Wirkung psychoaktiver Substanzen von der der Lebensmittel im engeren Sinn zu trennen, zeigten die Beispiele der Schokolade und des Kokains. Die US-Regierung unternimmt große Anstrengungen zur Vernichtung südamerikanischer Koka-Plantagen, weil die Pflanzen der Rohstoff für eine heimtückische Droge sind. Die Andenbewohner dagegen sehen im Koka ein alltägliches Genußmittel; das Kauen der Blätter ist bei ihnen Gewohnheit. Umgekehrt betrachten wir Schokolade heute als normales Nahrungsmittel, obwohl es zu Beginn seiner Karriere im Europa des 18. Jahrhunderts wie ein Rauschgift behandelt wurde. Damals glaubte man, der Genuß von Schokolade verwandle Frauen in lüsterne Huren, und man hatte geradezu panische Angst vor »Kakao-Babys«: Schwangeren, die der heißen Schokolade nicht abschwören, wurden rabenschwarze Kinder prophezeit. Soziale oder gesundheitliche Gründe fallen bei solchen Hirngespinsten eher weniger ins Gewicht, wie das Beispiel des Alkohols zeigt, der trotz aller Folgeschäden toleriert wurde und wird. Genaugenommen müßten wir mit den Alkoholproduzenten der Welt ebenso kurzen Prozeß machen wie mit den Kokabauern Kolumbiens. Die ersten Missionare aus dem Westen, die gegen Koka (und abergläubische Rituale mit Meerschweinen) zu Felde zogen, waren die Spanier im 16. Jahrhundert.

Doch sollten wir uns im Westen nicht vorschnell selbst auf die Schulter klopfen ob der unabweisbaren Rationalität unserer Argumente. Auffällig ist jedenfalls, daß fast jedes Lebensmittel, das irgendwann einmal verboten war, heute wieder erlaubt ist, und daß strenge Tabus für die

Eßgewohnheiten der meisten Menschen kaum mehr eine Rolle spielen. Die Frage bleibt, ob diese Freiheit auch ein mehr an Lebensqualität bedeutet. Sicher ist das Angebot an Nahrungsmitteln in den modernen Industrieländern so groß wie nie zuvor. Andererseits zeigen Umfragen, daß immer mehr Menschen immer weniger Spaß am Essen haben. Der Kulturhistoriker Piero Camporesi nennt als Grund für diese Entwicklung einen »tiefen Bruch mit der Vergangenheit« und vergleicht die Abschaffung der Eßtabus mit dem Wandel der Sexualmoral am Ende des letzten Jahrhunderts. Bei beiden sei der eigentliche Inhalt immer weiter verdrängt worden zugunsten einer zunehmenden Banalisierung und puren Genußsucht. Der Vergleich scheint gerechtfertigt, da Sex und Essen wohl die beiden fundamentalen Antriebe des Menschen darstellen. Außerdem sind beide eng mit der sozialen Einheit der Familie verbunden. So ist nicht von der Hand zu weisen, daß wir um so weniger Zeit mit dem gemeinsamen Essen verbringen, je weniger soziale und spirituelle Bedeutung dem Essen zukommt. Der Niedergang des familiären Mittagessens hat nicht nur den Tischmanieren geschadet, sondern der »Zivilisiertheit« im allgemeinen. Das Ergebnis ist die heutige Fast-Food-Unkultur, die das Essen nur als lästige, schnell zu erledigende Nebensache behandelt.

Am Ende erweist sich, daß die archaischen Tabus und Regeln, so willkürlich und sinnlos sie zuerst scheinen mögen, zumindest das soziale Miteinander mit Bedeutung aufladen. Das Essen dient so nicht bloß der Ernährung des Körpers, sondern zugleich auch der geistigen und geistlichen. Erst dadurch werden Begriffe wie Kultur und Zeit sinnlich nachfühlbar. Der Geruch bestimmter Speisen kündet den Festtag an, dessen besondere Speisen wiederum die Bedeutung des religiösen Anlasses und seiner moralischen Botschaft ins Gedächtnis rufen. Auch bekommen so die einzelnen Phasen des unendlichen Kreislaufes der Jahreszeiten, von Leben und Tod ihren ureigenen Geschmack. Es ist kein Zufall, daß die christliche Fastenzeit in die letzten Wintermonate fällt und das Fastenende vom Wiedererstarken des Lebens im Frühling begleitet wird. Die Beschränkung der eigenen kulinarischen Möglichkeiten ist ein wichtiger Baustein im komplexen Verhältnis des Menschen zur Natur, zu Religion und Moral und mahnt gleichzeitig an die Zeiten der Knappheit, die zum Leben dazugehören – außer natürlich in unserem künstlichen Garten Eden, wo jede Gaumenfreude jederzeit zu haben ist, wenn auch allzu oft in Plastik geschweißt und geschmacklich nicht halb so gut wie das Original.

Der Wunsch nach Rückkehr zu den alten Traditionen ist so gesehen gar nicht abwegig. Doch die Vergangenheit heraufzubeschwören, ist der falsche Weg, denn jede Zeit hat ihre eigenen Tabus und Rituale bei der Befriedigung der Grundbedürfnisse. Allerdings sollte man sich vielleicht nicht ganz so gedankenlos von den Traditionen verabschieden, die zum Teil Jahrtausende alt sind. Und vielleicht sollten wir uns ab und zu daran erinnern, daß jede neue Regel für das soziale Miteinander immer auch neue Schranken setzt – Schranken, die seit Evas Zeiten immer wieder aufs neue überwunden wurden. Denn Tabus und Regeln zu brechen ist die Quelle der menschlichsten aller Freuden.

Danksagung

An erster Stelle danke ich Dan Smetanka von Ballantine Books für seine Geduld und Sachkunde, ebenso Jennifer Hengen und Neeti Madan von Sterling Lord Literistic. Hut ab auch vor Jeff »Left Jones« Harris für die Hingabe, mit der er das Wesen des Absinths erforschte. Mein besonderer Dank gilt denjenigen, die zu diesem Buch Rezepte beigesteuert haben – ihre Namen sind an gegebener Stelle erwähnt –, und den vielen Experten, ohne deren Vorarbeit meine Recherche höllische Ausmaße angenommen hätte, vor allem Stanley Kaplan, Frederic Simoons, den Autoren von *Petit Propos Culinaire* und Piero Camporesi. Sollte ich den einen oder anderen Gedanken nicht ganz korrekt wiedergegeben haben, so entschuldige ich mich dafür. Alle Mißverständnisse gehen auf mein Konto. Eine Reihe von Menschen standen mir mit Rat und Tat zur Seite, darunter David Lindsey, Zarela Martinez, Jerry Feldman, Jean-Louis Palladin, Michael Ginor, Robert Darnton, Zata Vickers, David Kileast, George Faison, Christene Gabriele, John Surinde, Bill Hudders, der Rickscha-Fahrer John, Annabel Bentley, Andy Tomassi, Troy und Paula Allen (Jackson nicht zu vergessen), Pio sowie die Freunde vom New Yorker Restaurant *Veselka* und der *Williamsburg Gridle Factory*. Bedanken möchte ich mich auch bei Allison Dickens für ihren Beistand. Außerdem bin ich den folgenden Einrichtungen zu Dank verpflichtet: der British National Library in London, der Indian National Library in Kalkutta, der Buddhistischen Bibliothek in Dharamsala, der Londoner Guild Library, der Columbia University, der New York University, dem französischen Nationalarchiv, dem Bürgermeisteramt von Paris sowie einer Anzahl peruanischer Wunderheiler. Ich stehe tief in der Schuld der Humanities Library von Manhattan, der bestorganisierten Folterkammer, in der ich je schwitzen durfte. Ein bittersüßes Dankeschön (und mein herzliches Mitleid) auch den Mitarbeitern der Französischen Nationalbibliothek – möge der Architekt, der diesen teuflischen Neubau ersonnen hat, im Purgatorium derer schmoren, die ihr Ego über die Funktionalität ihrer Entwürfe stellen. Ein Tag in der Freihandabteilung seiner Bibliothek dürfte zur Not Strafe genug sein.

Meine tiefste Dankbarkeit und Liebe jedoch gelten Nina J., dem »Toastie« und literarischen Wunderkind, das half, dieses Buch viel besser zu machen, als ich allein es je vermocht hätte.

Anmerkungen

1. Kapitel – Wollust

1 Avitus (eigentlich: Alcimus Ecdicius Avitus) war ein prominentes Mitglied der damaligen Burgundischen Kirche. In seiner Dichtung macht er eine wichtige Unterscheidung zwischen *fructus*, womit offenbar alle im Überfluß vorhandenen Früchte des Gartens Eden gemeint sind, und *pomum*, eben jener Frucht, von der Eva kostet. In den meisten Übersetzungen wird letztere mit »Apfel« wiedergegeben.
2 Weitere Details zur Umdeutung der aztekischen Blumenmythen durch die Spanier sind nachzulesen in Michael Graulichs Artikel »L'arbre interdit du paradis aztèque» in der *Revue de l'histoire des religions* (Bd. 27, 1990).
3 Die Geschichte von der Kreuzigung Christi an einem Apfelbaum stammt von Jessie L. Weston, der in *The Apple Mystery in Arthurian Romance* eine interessante Allegorie auf die Artussage beschreibt, bekannt unter dem Titel *Le Pèlerinage de l'ame*. Das Manuskript geht auf das 11. Jahrhundert zurück, doch scheint die Erzählung noch älteren Ursprungs zu sein. Sie bietet möglicherweise eine Erklärung für eine Anzahl religiöser Bildnisse, in denen das Christuskind mit einem Apfel in der Hand dargestellt ist, den es dem Betrachter anzubieten scheint.
4 Die Etymologie des Wortes Tomate ist knifflig. Ursprünglich stammt der Name wohl vom *xitomatl* der

Azteken. Das italienische *pomodoro* ist wahlweise von *pommo di moro* (Apfel des Mohren), *pommo di morti* (Apfel der Toten) oder *pommo d'amore* (Liebesapfel) abgeleitet worden.

5 Die wilden Gerüchte über die paradiesische Herkunft der Tomate fanden auch in der Kunst vielfältigen Ausdruck. So sind zum Beispiel in dem populären Pflanzenführer *Paradisi in sole* von 1625 Adam und Eva zwischen Ananasstauden abgebildet. Eva ist beim Pflücken einer Frucht von einem niedrigen Busch abgebildet, der einem Nachtschattengewächs ähnelt, auch wenn man nicht mit Sicherheit sagen kann, ob es sich um eine Tomatenpflanze handelt.

6 Zwar wurden einigen Berichten zufolge schon im 17. Jahrhundert in Italien gebratene Tomaten gegessen, doch handelte es sich bei diesen (seltenen) Fällen um grüne Tomaten, wie Camporesi in *The Magic Harvest* betont. Noch 1890 kennt das Kochbuch *Rei dei cuochi* Tomaten-Koulis nur als Dekoration.

7 Die Liste der von Abt Chiari verdammten Speisen findet sich in seinem Buch *Lettere scelte di varie materie piacevoli* von 1752.

8 Die traurige Geschichte von der Prinzessin mit der Gabel erzählt Norbert Elias in *Über den Prozeß der Zivilisation*.

9 Es gibt noch einen Nachtrag zu der Geschichte von Vrinda. Sie wurde nämlich als Rukmini wiedergeboren und heiratete Krishna, den Widersacher Vishnus, welcher Mitschuld am Tod von Vrindas Gatten trug. Die Hochzeit wird heute von den Hindus mit einem aufwendigen Fest begangen, das kaum noch jemand versteht. Unter anderem werden dabei Basilikumtöpfe mit Kuhdung bestrichen.

10 *Theobroma* (»Nahrung der Götter«) war der Oberbegriff für Kakao nach seiner Einführung in Europa im 16. Jahrhundert. Ob es sich um einen Ausdruck des Wohlgefallens handelte oder um ein Relikt der alten Azteken, ist unklar. Die Erfolgsgeschichte der Schokolade ist nachzulesen in Sophie Coes *True Story of Chocolate* und Gorden Wassons *Wondrous Mushroom*.

11 Die Aufregung um die französische Königin und ihren öffentlichen Genuß von Schokolade wird geschildert in den *Memoires de la Duchesse de Montpensier*.

12 Wolfgang Schivelbusch betont in *Das Paradies, der Geschmack und die Vernunft*, daß mit dem Sturz des Ancien Régime die Schokolade als Morgentrunk der französischen Aristokratie außer Mode kam. Wie viele abgelegte Sitten der Erwachsenen blieb sie fortan das Privileg der Kinder.

13 Die Spekulation, daß der Name »Kakao« wegen seiner Ähnlichkeit mit dem umgangssprachlichen Wort für »Kot« in Verruf geriet, stammt von Sophie Coe. Daß die Erwähnung von Schokolade eventuell eine Anspielung auf Madame du Barrys Vorliebe für Analverkehr darstellt, ist dagegen meiner schmutzigen Phantasie entsprungen.

14 Die Initiationsriten der Ureinwohner Papua-Neuguineas beschreiben Robert Stoller und Gilbert Herdt in ihrem Artikel »The Development of Masculinity«.

15 Die genannten Tabus finden sich im Brief des Barnabas, einer biblischen Apokryphe. Sein Pendant aus dem heutigen Amerika in Laura Shapiros *Perfection Salad*.

16 Diese Liste von Aphrodisiaka ist natürlich längst nicht vollständig. Ehrlicherweise muß gesagt werden, daß Rhinozeroshorn und Tigerpenisextrakt in der Volksrepublik

China seit 1993 offiziell verboten sind. Der Schwarzhandel blüht allerdings unkontrolliert.
17 Fraglich bleibt, ob die afrikanische Abneigung gegenüber Eiern durch den Sklavenhandel auch auf die USA übergegriffen hat. Andere halten vielmehr die Art der Zubereitung für den entscheidenden Faktor, da in Teilen Zentralafrikas hartgekochte Eier durchaus gegessen werden.
18 Der Regenbogen als Ursprung des Ur-Eis der Aborigines ist nur meine private Theorie, wird jedoch von weiteren Details ihres Schöpfungsmythos gestützt.

2. Kapitel – Völlerei

1 Die himmlische Belohnung sexueller Art wird zum Beispiel in den Koranversen 37:42ff. angedeutet. Ob auch Frauen in diesen Genuß kommen, ist fraglich, obwohl es im Koran heißt: »Und die Runde machen bei ihnen unsterbliche Knaben.« (Vers 76:19) Zu wessen Vergnügen sie da sind, dem der Männer oder der Frauen, bleibt unklar.
2 Die Reste dieser mythischen Gärten sind noch heute im spanischen Sevilla zu besichtigen. Die Zahlenspiele des Al-Haythami finden sich in seinem Werk *Majia al-zawa'id*, in dem auch vorgerechnet wird, wie sich die sexuelle Potenz der Seligen vervielfache. Wie es dazu kommt, bleibt zwar Al-Haythamis Geheimnis, doch spielen wohl Erbsen dabei eine gewisse Rolle. Das Gemüse wirke so potenzsteigernd, daß schon das Trinken des Kochwassers genug Manneskraft verleiht, um, wie es heißt, »72 Ziegen zu entjungfern«.
3 Waines empfiehlt in seinem Buch *In a Caliph's Kitchen* (das in einem libanesischen Verlag erschienen ist), le-

diglich eine Mischung aus Zucker und Zimt zu verwenden. Allerdings erhalten die Datteln durch Zugabe von Moschus, Kampfer oder Hyazinthe eine besondere Note.

4 Eine andere mögliche Erklärung für die Natur des Manna ist auch die sirupartige Ausscheidung einer Schildlaus der Tamariske, eines Wüstengewächses. Die Flechtentheorie scheint allerdings besser zu passen, wenn man davon ausgeht, daß das Manna tatsächlich vom Himmel gefallen ist.

5 Diese Zahlen aus *Psychology Today* werden von Statistiken aus Europa gestützt. 15 Prozent der weiblichen Teenager in Großbritannien essen nur einmal am Tag etwas aus Angst, sie könnten zunehmen. Rund ein Viertel aller Models sind unter Gesundheitsaspekten als magersüchtig einzustufen. Frauen erkranken rund zwanzigmal häufiger an Anorexie als Männer. Knapp 10 Prozent der Betroffenen sterben an den Folgen des Nahrungsverzichts.

6 Der Fletcherismus, 1898 von Horace Fletcher begründet, besagt hauptsächlich, daß man jeden Bissen mindestens dreißigmal im Mund durchkauen soll. Angeblich wäre dies bei der Gewichtsreduktion hilfreich.

7 Zitiert nach Sophie Coes *America's First Cuisines.*

8 Die Sitte, während des Festmahles den Kopf zu bedecken, hat eine interessante Parallele beim Volk der Guareg im Südwesten Äthiopiens. Wer dort an Appetitlosigkeit leidet, gilt als vom Teufel besessen. Die Heilung besteht darin, sich den Kopf zu bedecken und in einer bestimmten Zeit möglichst viel Essen in sich hineinzustopfen. Das kann bis zu zwölf Stunden dauern, bis der Ärmste schließlich ausruft: »*Tafwahum!*« – »Ich bin satt!«

3. Kapitel – Stolz

1 Lehmessen, im Fachjargon Geophagie, ist in Teilen des Südwestens der USA ein eigener Industriezweig geworden. Dort gibt es im Supermarkt Kaolin-Beutel zu 1,50 Dollar je Portion kaufen.

2 Das Volk der Azande im Sudan hat eine einfache Erklärung für das Verbot gemeinschaftlichen Essens parat. Dort glaubt man, der Streit zwischen einem gewissen Yapu-tapu und seinem Nachbarn Nagilinugo über die Frage, wer das einzige Huhn zum Hirsebrei essen dürfe, habe den Zorn Königs Gbudue erregt. Dieser bestimmte, daß jede Familie fortan außer Sichtweite der nächsten essen solle, damit Eifersüchteleien vermieden würden.

3 Die Parallele zwischen Geflügelleber und etruskischen Riten zieht Giuseppe Alessi in dem Buch *Etruschi: Il mito a tavola*. Wer die Auferstehung der alten toskanischen Küche live miterleben möchte, der sollte Alessis Restaurant »Pentola dell'Oro« in Florenz besuchen.

4 Nach Reay Tannahill tauchte das Maisrezept erstmals in *American Cookery* von Amelia Simmons (um 1796) auf. Bis dahin war die indianische Küche wohl als unwürdig erachtet worden, gedruckt zu werden.

5 Es ist nicht sicher, ob die Indianer die ernährungsphysiologische Bedeutung des Niacins kannten, ihre Einweichtechnik jedoch hatte sich bewährt. Von der »Mordanklage« gegen den Mais berichtet Daphne Roe in *A Plague of Corn*. Anfang des 20. Jahrhunderts fielen schätzungsweise 9000 Amerikaner Pellagra zum Opfer.

6 Ob unsere Einstellung gegenüber Blähungen etwas mit der Theorie des Pythagoras zu tun hat, läßt sich natur-

gemäß nicht endgültig klären. Nach dem Untergang der antiken Welt nahm die Aversion gegen entweichende Verdauungsgase deutlich ab (jedenfalls den mittelalterlichen Tischsitten nach zu urteilen), um dann während der Renaissance im 15. Jahrhundert wiederentdeckt zu werden.

7 Die Vorstellung, daß manche Gemüse, besonders Bohnengewächse, die Faulheit fördern, war bereits in der Antike verbreitet. So vertritt Tannahill in *Food in History* die These, daß diese Abneigung der Römer und Griechen ein Grund dafür war, warum sie die Auffrischung der Böden durch saisonweisen Bohnenanbau, obwohl bekannt, nicht praktizierten.

8 Ob *Galette des rois*, Dreikönigskuchen, *Twelfth Night cake* oder *bolo rei* – der Kuchen hat so viele verschiedene Namen wie Rezepte. In vielen Ländern soll er aus Anlaß eines Festes gebacken worden sein, in dessen Verlauf ein Kind zum »Bohnenkönig« gekrönt wurde. Huguette Botella und Monique Joannes, die Autoren von *Les fèves des rois*, sehen in dieser Tradition eine Wurzel des Karnevals.

4. Kapitel – Trägheit

1 Die Geschichte des François Vatel ist so oft erzählt worden, daß sie genausogut wahr sein könnte. Zum ersten Mal erwähnt wird sie in einem Brief der Madame Marie de Sevigne, die vom Koch des Prinzen Condé berichtet, er habe bei einem Empfang am Hofe Ludwigs XIV. aus Scham über den verspäteten Fisch Selbstmord begangen. Die Lieferung war eine halbe Stunde zu spät in Versailles eingetroffen. Heute ist eine

Hauswirtschaftsschule in Frankreich nach Vatel benannt.
2 Die Liebe englischer Kinder zur amerikanischen Abenteuerliteratur wird in Sarah Freemans *Mutton and Oysters: The Victorians and Their Food* beschrieben. Die Autorin zitiert unter anderem Lord Frederic Hamilton damit, er habe an amerikanischen Kinderbüchern am meisten geschätzt, daß sie »immer von Essen und Trinken handelten«.
3 Eine ähnliche Vorstellung von der Dynastie des Brotes findet sich bei den Zuni-Indianern, die der Anthropologe Frank Cushing Anfang des 20. Jahrhunderts studierte. Die Zuni buken in jedes ihrer Brote eine Nuß von der Sorte, die ihre Vorfahren gegessen hatten, um so die Weisheit der Alten von einer Generation zur nächsten weiterzugeben.
4 Der zitierte Polizeibericht ist die *Traite de la Police* von Polizeichef Delamare aus dem Jahr 1710 (existiert in zahlreichen Varianten). Viele Fakten rund um das *pain mollet* stammen aus Kaplans *The Bakers of Paris and the Bread Question* sowie aus Manuskripten des französischen Nationalarchivs. Wer es ganz genau wissen will: Das Baguette, wie wir es heute kennen, ist erst viel später erfunden worden. Ich benutze das Wort hier als eine Art Oberbegriff für Brot.
5 Historiker streiten nach wie vor, ob sich Marie Antoinette tatsächlich so geäußert hat. Tatsächlich soll sie auf Berichte von verhungernden Bauern erwidert haben: »Qu'ils mangent de la brioche!« Das Brioche ist ein dem *pain mollet* verwandtes Süßgebäck. Es wurde üblicherweise mit »Kuchen« übersetzt.
6 Viele Beispiele erotischer italienischer Backkunst sind im Museo delle Tradizioni Popolari in Rom ausgestellt.

Das folgende Rezept stammt aus Juno di Schinos »The Waning of Sexually Allusive Monastic Confectionary in Southern Italy«.

7 Möglicherweise verführt die Kartoffel tatsächlich zur Trägheit, denn sie fördert die Ausschüttung des Botenstoffes Serotonin im Gehirn, der allgemein eine entspannende Wirkung auf den Organismus hat. Kathleen Des Maisons zitiert diese Befunde in *Potatoes not Prozac*.

8 Reverend Billy Sundays Worte sind zitiert nach *Ardent Spirit* von John Kobler, der die Geschichte der Prohibition faktenreich nacherzählt. Sunday war ein ehemaliger Baseballspieler, dem bei seiner Predigt 1917 geschätzte eine Million Menschen lauschten. Die Statistiken zu den wirtschaftlichen Folgen der Prohibition stammen aus Mark Thorntons *Alcohol Prohibition Was a Failure* (siehe auch: *The Economics of Prohibition*). Obwohl die Prohibition 1933 wieder abgeschafft wurde, lebt ihr Geist laut Thornton im »Drogenkrieg« von heute fort. Eine der (vorhersehbaren) Folgen ist auch hier die Kriminalisierung ganzer Bevölkerungsgruppen.

9 Die Rolle der Frauenbewegung im Kampf gegen den Alkohol beschreibt Ruth Bordin in *Women and Temperance: The Quest for Power and Liberty*. Nicht jeder Barbesitzer stellte sich den streitlustigen Frauen in den Weg. Mancher fand die singenden Damen so unterhaltsam, daß Schauspieler engagiert wurden, um sie auf der Bühne zu parodieren.

10 Die psychoaktive Substanz des Absinths ist auch im Salbei enthalten – ein möglicher Grund für die Beliebtheit des anregenden Salbei-Bieres im Mittelalter. Michael Albert-Puleo spekuliert in einem Aufsatz zur

Salbei-Mythologie darüber, daß das Sprichwort »Salbei im Mai, wirst alt dabei« möglicherweise auf die im Mai erhöhte Wirkstoffkonzentration in den Salbeiblättern zurückgeht.

5. Kapitel – Gier

1 Der Bischof von Amalfi, der von seinen Kollegen zu Tode getrampelt wurde, bekam als Entschädigung einen Marmorsarkophag im Vatikan.

2 Alles Wissenswerte über die verschiedenen Aspekte des Kannibalismus faßt Reay Tannahill zusammen. Die Gesetze Karls des Großen im 9. Jahrhundert werden von manchen Autoren allerdings auch ganz anders interpretiert.

3 Der irische Mönch, dem das Menschenopfer nachgesagt wird, hieß Columba. Bei der Weihung einer Kirche in Iona hat er seine Anhänger wissen lassen, »einer von euch ist zum Opfer bestimmt«. Ein gewisser Ordan trat aus der Menge und sagte, »wenn du mich wählst, so bin ich bereit«. Columba nickte, und »sodann fuhr Ordan gen Himmel«. Ähnliche Fälle von Druiden-Ritualen sind bis ins 13. Jahrhundert dokumentiert.

4 Die Details zu Innozenz' Sorge über den Artuskult finden sich in *The Catholic Encyclopedia*.

5 Die schrecklich verzerrten Gesichter der Affen sind auf Kontraktionen der Gesichtsmuskeln beim Räuchern zurückzuführen. Ich nenne das Land hier beim heutigen Namen, Demokratische Republik Kongo, doch Anfang der 90er Jahre, als ich dort unterwegs war, hieß es noch Zaire.

6 Kuru wurde erst Mitte des 20. Jahrhunderts von dem späteren Nobelpreisträger D. Carleton Gajdusek dia-

gnostiziert. Trotz jüngster Berichte über neue Fälle auf Papua-Neuguinea gilt die Krankheit als ausgerottet. Ursachen und Übertragungswege sind nie genau aufgeklärt worden.

7 Die Informationen über prähistorische Kulte, bei denen Hirnmasse verzehrt wurde, stammen von Weston La Barre, der über Fundstätten der Solo auf Java (circa 150000 Jahre alt) und des Peking-Menschen (circa 400000 Jahre alt) berichtet. Der Anthropologe David Snellgrove schildert tibetanische Zeremonien, bei denen ein hirnartiger Teig aus Schüsseln in Schädelform gegessen wird.

8 Diese Information stammt aus Sophie Coes *First American Cuisine* unter Bezug auf Eduardo Contreras vom Mexican Institute of Anthropology.

9 Die Daten zur Problematik des Flaschenfütterns stammen aus mehreren Artikeln des *American Journal of Nutrition* (vor allem Bd. 09/1999) und aus Publikationen der WHO. Hintergrundinformationen finden sich in Marilyn Yalons *A History of the Breast* sowie in *Milk, Money, and Madness* von Naomi Baumslag und Dia Michels. Zu der Frage, ob Konzerne wie Nestlé mit Postwurfsendungen operieren, nur so viel: Eine Freundin von mir bekam vor circa einem Jahr ein Paket voll Babynahrung, weil sie irrtümlicherweise auf irgendeiner Mailingliste für Bräute gelandet war. Trotz mehrmaliger Nachfrage war Nestlé, der Absender des Paketes, zu keiner Stellungnahme bereit.

10 Näheres hierzu in Jim Ridgeway und Bill Treger: »Aiding and Abetting Mayhem«.

6. Kapitel – Blasphemie

1 Der Großteil der Informationen über den Umgang mit Juden in Europa stammt von Claudine Fabre-Vassas. Das Motiv des Judenschweins wird von Isaiah Shachar in *The Judensau: A Medieval Anti-Jewish Motif and Its History* besprochen.
2 Ob und wie koschere Gesetze die Integration der Juden in Deutschland behinderten, ist eine heikle Frage. Ritchie Robertson zitiert in *The Jewish Question in German Literature 1749–1933* den jüdischen Autor Eduard Bernstein, der in den 20er Jahren diese These vertrat.
3 Die Einstellungen von Deutschen, die aktiv Juden umbrachten, behandelt James Glass in *Life Unworthy of Life*. Der Autor untersucht darin die Motive einer Gruppe von Zivilisten aus der Mittelschicht, die im Juli 1942 in einem polnischen Dorf ein Massaker anrichteten.
4 Nähere Informationen zum Hostienstreit in Mahlon Smiths *And Taking Bread*.
5 Sherry Ortner zufolge hängt die Art der *tormas*, die den Göttern angeboten werden, von den jeweiligen Eßriten ab. Fleischfressende Götter bekommen einen roten »Thron«, vegetarische einen weißen. Der Trick, die guten Geister mit besonderer Gastfreundlichkeit zu umwerben, kommt auch bei tibetanischen Begräbnissen zum Tragen. Dabei ist ein spezieller Stuhl nur für den Geist des Verstorbenen reserviert, der so lange sitzen zu bleiben hat, bis der Priester die Lesung aus dem Buch der Toten beendet hat.
6 Die Beschreibung der polynesischen Poi-Hunde folgt hauptsächlich Margaret Titcombs *Dog and Man in*

the Ancient Pacific. Durch Kreuzung mit anderen, aus Europa eingeführten Rassen sind die Poi heute ausgestorben. Sie sollen aber wohl in einem Projekt auf Hawaii zu Studienzwecken wieder rückgezüchtet werden.

7 Dies schreibt Mary Thurston in *The Lost History of the Canine Race* mit Bezug auf Berichte eines gewissen Reverend J. G. Wood aus dem Jahr 1870.
8 Näheres über die ägyptische Hundestadt Hardai ist nachzulesen bei Mary Thurston oder in William Darbys *Food: The Gift of Osiris*.
9 Wer den Honigkuchen, den ich auf dem Markt von Anjuna feilbot, einmal selbst probieren möchte, der findet den Bäcker am Rande des Dörfchens Arambol auf Goa. Ich kann mir seinen Namen nie merken, aber er lebt in einer kleinen Hütte gleich hinter dem Cricketfeld.
10 Die Revolte ist in Christopher Hibberts *The Great Mutiny of India 1857* geschildert.
11 Die meisten Anregungen zum Thema Hörner, Rinder und Dämonen habe ich aus Margaret Murrays *The God of the Witches* bekommen. Die göttlichen Qualitäten des Rinds werden häufig mit seiner Rolle als Zugtier bei der Feldarbeit erklärt.

7. Kapitel – Zorn

1 Die Armee der Janissary erwähnt Clifford Wright in *A Mediterranean Feast*.
2 Viele der folgenden Anekdoten zur sadistischen Küche nennt Philippa Pullar in *Consuming Passions*.
3 Das Rezept findet sich in *Natural Magic* von John Baptista Porta (1658 in London erschienen).

4 Den einzigen Versuch, den Lärmpegel crunchiger Chips am Ohr des Essenden zu messen, haben meines Wissens Zata Vickers und Carol Christensen in den späten 70er Jahren unternommen. Mit Hilfe von Kopfhörern, auf denen die Probanden laute Musik hörten, wurde ermittelt, ab welcher Lautstärke die Eßgeräusche übertönt wurden. Für Chips und Karotten wurden mit dieser Methode Werte von 110 bis 120 Dezibel bestimmt.
5 Der Zusammenhang von Fleischkonsum und Gewalt wird in Colin Spencers *The Heretic's Feast* behandelt.
6 Die Jivaro sind ein Stamm von circa 20 000 Indianern, die im tropischen Regenwald entlang des Marañon-Flusses im östlichen Peru und Ecuador leben.
7 Jane Barkas beleuchtet das Thema in *The Vegetable Passion* aus vielen verschiedenen Perspektiven. Hitlers Vorhaben, Deutschland in ein Land der Vegetarier zu verwandeln, wird von Bertram M. Gordon in *Fascism. The Neo Right and Gastronomy* erwähnt.
8 Walter Fleiss eröffnete nach seiner Flucht ein vegetarisches Restaurant am Leicester Square in London, das zu einer Institution wurde. Er war es auch, der den Salon Culinaire überzeugte, eine vegetarische Kategorie bei ihren berühmten Kochwettbewerben einzuführen.
9 Die Informationen zu dem Fall von 1997 stammen aus diversen Zeitungsartikeln sowie dem Bericht von Amnesty International Report aus demselben Jahr. Alle Polizeibeamten wurden vom Vorwurf des unangemessenen Gewalteinsatzes freigesprochen.
10 Die Geschichte der beiden Araber erzählt Jacques Ryckman in *Les Confessions publiques Sabeennes*. Wie Ryckman berichtet, lautete die Krankheit, mit der sie gestraft wurden, »Sodomie«. Als die Priester zu Hause

kein Heilmittel dagegen fanden, begaben sich die beiden Männer aus Marib auf eine Pilgerreise.
11 Details und Zitate zu den einzelnen Zeremonien sind nachzulesen in Helen Coderes *Fighting with Property*. Die Kwakiutl lehnten selbst Angebote der kanadischen Regierung ab, die abgebrannten Hütten wieder aufzubauen. Sie befürchteten, die weißen Bürokraten würden deren Größe für künftige Partys beschränken wollen.
12 Elizabeth Davids Beschreibung der Medici-Hochzeit findet sich in »Savour of Ice and of Roses«.
13 Die Schilderung eines Tudor-Banquettes stammt aus C. Anne Wilsons *Banquetting Stuffe*.

Literaturverzeichnis

Ackerman, Diane: *A Natural History of the Senses.* New York 1990

Ackerman, Marie: *Das Schlaraffenland in German Literature and Folk Song.* Chicago 1944

Acton, Harold: *The Last Medici.* London 1932

Adair, Nancy (Hg.): *Word Is Out: Stories of Some of Our Lives.* San Francisco 1978

Albert-Puleo, Michael: »The Botany, Pharmacology and Chemistry of Thujone-containing Plants.« *Economic Botany* 32 (Januar 1978)

Aldana-Benitez, Cornelia (Hg.): *Unmasking a Giant.* Philippines: IBON, 1992. Includes *The Silent Slaughter* by Fides Lim of Philippine Center for Investigative Journalism

Al-Gazalli: *The Revival of Religious Learnings or Gazzali's ihya Ulum-id-Din,* translated by Alhaj Maulana Fazlul Karim. Dacca 1971

Allen, Louis A: *Time Before Morning: Art and Myth of the Australian Aborigines.* New York 1975

Allen, J.B. (Hg.): *First Images of America.* Berkeley 1976

Allison, Dorothy: *Trash: Stories.* Ithaca 1988

Amnesty International: »USA: Police Use of Pepper Spray Tantamount to Torture.« (4. November 1997)

Andrews, Jean: *Red Hot Peppers.* New York 1993

Archetti, Duardo: *Guinea-Pigs: Food, Symbol and Conflict of Knowledge in Ecuador.* Oxford 1997

Archives of Mairie Du Paris, 1970–95

Aristophanes: *The Eccliszausae*, translated by Benjamin Bickley Rogers. Cambridge 1924

Ashton, John: *The History of Bread: From Pre-Historic to Modern Times*. London 1904

Associated Press: »Last Pig in Haiti Is Dead« (21. June 1983)

Astin, Alan: *Cato the Censor*. Oxford 1978

Avitus, Ecdicius Alcimus: *The Fall of Man (De spiritalis historiae gestis libri I–III)*. Edited by Daniel J. Nodes. Toronto 1985

Baker, Linda: »Message in a Bottle.« *In These Times* (21. August 1995)

Baker, Sophie: *Caste: At Home in Hindu India*. London 1990

Baleesta, Henri: *Absinthe et absintheurs*. Paris 1860

Barkas, Jane: *The Vegetable Passion: A History of the Vegetarian State of Mind*. London 1975

Barry, Madame du: *Drame en cinq actes: La Comtesse du Barry*. Paris 1878

Bataille, Christophe: *Absinthe*. Paris 1994

Baudet, E. H. P.: *Paradise on Earth*. New Haven 1965

Baum, Frank: *Ozma of Oz*. New York 1907

Bauman, James: »Les Galettes des Rois: The Eating of Fine Art.« *In Petit Propos Culinaire*, vol. 27

Baumslag, Naomi, and Dia Michels: *Milk, Money, and Madness: The Culture and Politics of Breastfeeding*. Connecticut/London 1995

Beaumelle, L. A.: *Memoire pour Madame Maintenon*. London 1759

Bell, Rudolph: *Holy Anorexia*. Chicago 1985

Beller, Scott: *Fat and Thin: A Natural History*. New York 1977

Bennet, Frederik Debell: *Narrative of a Whaling Voyage round the Globe.* London 1840

Berry, Elizabeth: *The Great Bean Book.* Berkeley 1999

Beverly, Robert: *In the Historical and Present State of Virginia* 1705

Bharati, Agehananda: *The Tantric Tradition.* New York 1970

Bingen, Hildegard von: *Physica.* Rochester 1998

Birmingham, Rev. T.M.C.: *Prohibition, the Way to National Prosperity.* Sonderdruck. 1908

Black, Matthew: *The Scrolls and Christian Origins: Studies in the Jewish Background of the New Testament.* Kalif. 1961

Block, W.: »The Limited Nutritional Value of Cannibalism.« *American Anthropologist* (1970)

Bodanis, David: *The Secret House.* New York 1986

Bonwick, James: *Irish Druid and Old Irish Religions.* London 1894

Bordin, Ruth: *Women and Temperance: The Quest for Power and Liberty, 1873–1900.* Philadelphia 1981

Botella, Huguette, and Monique Joannes: *Les fèves des rois.* Paris 1994

Bouton, Cynthia: *The Flour War: Gender, Class and Community in Late Ancien Régime French Society.* State College 1993

Bouyer, Christian: *Folklore du Boulanger.* Paris 1984

Briggs, Asa: *William Cobbett.* Oxford/London 1967

Brill, E.J.: *Le Repas ritual dans le religion Sud-Arabe.* Leiden/Amsterdam 1973

Brillat-Savarin: *Physiologie du gout (Gastronomy).* London 1877

Briquel, Dominique: *Chrétiens and haruspices: la religion etrusque dernier rempart du paganisme romain.* Paris 1997

Brookes, John: *Gardens of Paradise: The History and Design of the Great Islamic Gardens.* New York 1987

Brothwell, D. R.: »Cannibalism in Early Britain.« *Antiquity Magazine*, 35:304–7

Browning, Christopher: *Ordinary Men: Reserve Battalion 101 and the Final Solution in Poland.* New York 1992

Browning, Frank: *Apples.* New York 1998

Environmental News Network: *Bushmeat: Logging's Deadly Second Harvest* (23. April 1999)

Bynum, Caroline Walker: *Holy Feast and Holy Fast.* Los Angeles 1987

Camporesi, Piero: *Anatomy of the Senses: Natural Symbols in Medieval and Early Modern Italy.* Cambridge 1994

Ders.: *Exotic Brew.* Cambridge 1990

Ders.: *The Magic Harvest.* Cambridge 1993

Capua, Raymond: *The Life of St. Catherine of Siena.* Translated by George Lamb. New York 1934 (Original wurde Mitte des 14. Jahrhunderts publiziert)

Carroll, Jon: »Hold the Bird by Its Head.« *San Francisco Chronicle* (2. Januar 1988)

Cassion, Max: »Une Matiere a Philologie e Fasgiole.« *Camita du patrimoine ethnologique, no. 22.* Paris 1983

Charan, Bimala: *Heaven and Hell in Buddhist Perspective.* Delhi 1973

Chavasse, Pye Henry: *Advice to Mothers on the Management of Their Offspring.* London 1844

Cherici, Peter: *Celtic Sexuality.* London 1994

Chesterston, Gilbert: *William Cobbett.* London 1925

Chetley, Andy: *The Baby Killer Scandal: A War on Want Investigation into the Promotion and Sale of Powdered Milk in the Third World.* London 1979

Chute, C.: *Apples, Apples, Apples.* New York 1971

Climent, Don: Head of International Rescue Committee. (Persönliches Interview)

Cobbett, William: *William Cobbett's Rural Rides.* London 1853

Ders.: *Cobyett's Weekly Political Register,* a. k. a. *Two-Penny Trash.* Periodical years 1802–12 and 1825–34

Ders.: *Cottage Economy,* 18th edition. London 1867

Codere, Helen: *Fighting with Property: A Study of Kwakiutl Potlaches and Warfare, 1792–1930.* New York 1950

Coe, Sophie: »Iguana, Chocolates, Muskrats, and a Glimpse at Cochineal.« *Petit Props Culinaire. 1990,* vol. 65

Dies.: *America's First Cuisines.* Austin 1994

Dies.: *True Story of Chocolate.* New York 1996

Cohn, Norman: *Europe's Inner Demons.* London 1993

Condamine, M: »Le Pain Mollet: Anecdote Historique« (Tiree du Traite de Police du Commissaire la Maree). *Almanach des muses.* Paris o. J.

Condorcet, Marie Jean Antoine Nicolas (Marquis of Condorcet): *The Life of M. Turgot, Comtroller General of the Finances of France in the Years 1774–76.* London 1787

Condren, Mary: *The Serpent and the Goddess.* San Francisco 1989

Conrad, Barnaby: *Absinthe: History in a Bottle.* San Francisco 1988

Conrad, Jack Randolph: *The Horn and the Sword: The History of the Bull as Symbol of Power and Fertility.* New York 1957

Cooper, Joe: *With or Without Beans: Being a Compendium to Perpetuate the Internationally Famous Bowl of Chili Which Occupies Such an Important Place in Modern Civilization.* Dallas 1952

Counihan, Carole M.: *The Anthropology of Food and Body: Gender, Meaning and Power.* New York 1999

Cunnison, Ian: »Giraffe Hunting Among the Hum-Tribe.« *Sudan Notes and Records: Incorporating Proceedings from the Philosophical Society of the Sudan*, vol. 39 (1958)

Curiae, Amicus: *Food for the Million: Maize Against the Potato.* London 1847

Cushing, Frank Hamilton: »Zuni Breadstuff.« *Indian Notes and Monographs*, vol. 8. New York 1920

Ders.: *Zuni Folk Tales.* New York 1931

D'Aussy, Legrand: *Histoire de la vie françois.* Paris o.J.

Darby, William, et al: *Food: The Gift of Osiris.* San Francisco 1977

Darnton, Robert: *The Forbidden Best-Sellers of Pre-Revolutionary France.* New York 1995

Darrah, Byhelen: »The Basils in Folklore and Biological Science.« *Herbarist*, 38 (1972)

David, Elizabeth: »Savour of Ice and of Roses.« Oxford: *Petit Propos Culinaire*, vol. 8

Davidson, Alan (Hg.): *The Oxford Companion to Food.* Oxford 1999

Delamare: *Traite de la Police.* Paris 1710

Delay, J.: *Diethylamide de l'acide d-lysergique et troubles psychiques de l'ergotisme.* Zürich 1951

Der Meer, L. Bouke: *The Bronze Liver of Piacenza: Analysis of a Polytheistic Structure.* Amsterdam 1987

Deslyons, Jean: *Discours ecclesiastiques contre le paganisme des roys de la feve.* Paris 1664

Detienne, Marcel: *The Gardens of Adonis: Spices in Greek Mythology.* Hassocks 1977

DeWitt, David, and Nancy Gerlach: *The Habanero Book.* Berkeley 1995

Diaz del Castillo, B: *The Discovery and Conquest of Mexico 1517–1521.* London 1939

Diederich, Bernard: »Swine Fever Ironies: The Slaughter of the Haitian Black Pig.« *Caribbean Review,* C14, (Winter 1985)

Donkin, R.A.: *Manna: A Historical Geography.* Niederlande 1980

Douglas, Mary: *Purity and Danger: An Analysis of Concepts of Pollution and Taboo.* New York 1966

Drew, Jesse: »Call Any Vegetable: The Politics of Food in San Francisco.« *San Francisco: History, Politics, and Culture.* Edited by James Brook

Du Bois, Cora: »Attitudes Toward Food and Hunger in Alor.« *Language, Culture and Personality: Essays in Memory of Edward Sapir.* Menasaha 1941

Dundes, Alan (Hg.): *The Blood Libel Legend: A Casebook in Anti-Semitic Folklore.* Madison 1991

Duran, Diego: *Historia de las Indies de Nueva España.* Norman 1971

Eidlitz, Rabbi E.: *Is It Kosher? An Encyclopedia of Kosher Foods, Facts and Fallacies.* Jerusalem 1992

Elias, Norbert: *Über den Prozeß der Zivilisation.* Frankfurt a. M. 1998

Epstein, Barbara Leslie: *The Politics of Domesticity: Women, Evangelism and Temperance in Nineteenth-Century America.* Middletown 1981

Etheridge, Elizabeth: *The Butterfly Caste.* Westport 1978

Evans-Pritchard, E: »Azande Historical Texts.« *Sudan Notes and Record,* vol. 37 (1956)

Fabre-Vassas, Claudine: *La bête singulière: les juifs, les chrétiens, le cochon.* Paris 1994

Farmer, Paul: *AIDS and Accusation: Haiti and the Geography of Blame.* Los Angeles 1992

Fauré, Edgar: *Le disgrace de turgot.* Paris 1961

Feeley-Harnik, Gillian: *The Lord's Table: The Meaning of Food in Early Christianity and Judaism.* Washington 1981

Fildes, Valerie: *Wet Nursing: A History from Antiquity to the Present.* London 1988

Flogel, Thomas: »Eating Mushroom in Yunana.« *Petit Propos Culinaire* (Juli 1987)

Forester, Robert (Hg.): *Food and Drink in History: Selections from the Annales, Economies, Societes, Civilisations. Volume 5.* Baltimore 1979

Fountain, John: »Crusader Makes a Salsa a Hot Topic.« *New York Times* (10. Oktober 2000)

Franklin, Alfred: *La Vie privée d'autrefois: le café, le thé et le chocolat.* Paris 1893

Freedman, Seymour: *The Book of Kashruth.* New York 1970

Freeman, Sarah: *Mutton and Oysters: The Victorians and Their Food.* London 1989

French, Laurence: *Psychocultural Change and the American Indian.* New York 1987

Frijhoff, Willem, and Dominique Julia: »The Diet in Boarding Schools.« *ESC Economies Sociales*

Furer-Haimendorf, Christoph: *The Sherpas of Nepal.* London 1964

Fussell, Betty: *The Story of Corn.* New York 1994

Gage, Thomas: *The English American, His Travail by Sea and Land, or a New Survy of the West Indies.* London 1648

Gajdusek, D. Carleton: »Kuru.« *Transactions of the Royal Society of Tropical Medicine and Hygiene* (1969)

Ders.: »Degenerative Disease of the Central Nervous System in New Guinea.« *New England Journal of Medicine* (1978)

Gazette d'un curieux. o.O., o.J.

Gelder, Jan van: *Of Dishes and Discourse: Classical Arabic Literary Representation of Food.* Surrey 2000

Ginor, Michael: *Foie Gras: A Passion.* New York 1999

Ders.: Persönliches Interview

Glass, James: *Life Unworthy of Life: Racial Phobia and Mass Murder in Hitler's Germany.* New York 1997

Goldziher, I.: »Islamisme et Parsisme.« *Revue de l'histoire des religions,* 43 (1901)

Goodall, Jane: *The Chimpanzees of Gombe.* Cambridge 1986

Goody, Jack: *Cooking, Cuisine, and Class.* Cambridge 1982

Gordon, Bertram M: »Fascism. The Neo Right and Gastronomy.« Presented at the 1987 Oxford Symposium on Food and Cookery. London 1988

Gowers, Emily: *The Loaded Table: Representations of Food in Roman Literature.* Oxford 1993

Graetz, H.: *History of the Jews,* six volumes. New York 1894

Graulich, M.: »L'arbre interdit du paradis aztèque« in *Revue de l'histoire des religions,* vol. 27 (1990)

Gray, Francine du Plessix: *At Home with the Marquis de Sade.* New York 1998

Grieve, Maud: *A Modern Herbal.* New York 1931

Grimm, Veronika: *From Feasting to Fasting, the Evolution of a Sin: Attitudes to Food in Late Antiquity.* London/New York 1996

Grunfeld, Dayan Dr. I.: *The Jewish Dietary Laws,* two vols. London 1972

Gupta, Shakti: *Plant Myths and Traditions in India.* Delhi 1991

Hager, Philip: »Asian Refugees Poaching in S. F. Park.« *San Francisco Chronicle* (1. August 1980)

Hale, Edward: *The Life of Christopher Columbus.* Chicago 1893

Hammerer, John: *An Account of a Plan for Civilizing the North American Indians, Proposed in the 18th Century.* New York 1890

Harris, Lloyd J: *The Book of Garlic.* New York 1974

Harris, Marvin: *Cows, Pigs, Wars & Witches.* New York 1974

Ders.: *Good to Eat: Riddles of Culture and Food.* New York 1985

Hart, Keith, and Louise Sperling: »Cattle as Capital.« *Ethnos* 52 (1987)

Hartley, Ralph: *The Age of Unreason: Prohibition and Women and What They're Doing.* Boston 1936

Heinerman, John: *The Healing Benefits of Garlic.* New York 1995

Heiser, C. C.: *Seeds to Civilization: The Story of Food.* Cambridge 1973

Heiser, F.: »Systematics and the Origin of Cultivated Plants.« *Taxon* 18 (36–45)

Hellbom, Anna-Britta: »The Creation Egg.« *Ethnos*, vol. 1 (1963)

Helms, Mary: *Ancient Panama.* Austin 1976

Herskovits, Melville: »The Cattle Complex of East Africa.« *American Anthropologist,* vol. 126

Hibbert, Christopher: *The Great Mutiny of India 1857.* London 1978

Hilderic, Reverend: *Flower and Flower Lore.* New York 1891

Hill, Christopher: *The World Turned Upside Down: Radical Ideas During the English Revolution.* London 1972

Hill, Malcolm: *Statesman of the Enlightenment: The Life of Anne-Robert Turgot.* London 1999

Hirsch, Alan: Neurological Director of Smell & Taste Treatment and Research Center. (Persönliches Interview)

Hobhouse, Henry: *Seeds of Change: Five Plants That Transformed Mankind.* London 1985

Howey, M. O.: *The Cult of the Dog.* Essex 1972

Hunt, Alan: *Governance of the Consuming Passions: A History of Sumptuary Law.* New York 1996

Italicus, Silius: *Punic Wars.* Translated by J. D. Duff. Cambridge 1934

Jagchild, Sechin: *Mongolia's Culture and Society.* Boulder 1979

Janson, Frederic H: *Pomona's Harvest: An Illustrated Chronicle of Antiquarian Fruit Literature.* Portland 1996

Jennings, Duffy: »Angry Outcry over Poaching.« *San Francisco Chronicle* (14. August 1980)

Johnston, B: *Eat and Grow Fat.* New York 1917

Kaplan, Steven L.: *The Bakers of Paris and the Bread Question, 1700–1775.* Durham 1996

Kay-Shuttleworth, James Phillip: *The Moral and Physical Condition of the Working Classes in the Cotton Manufacture in Manchester.* London 1832

Kelman, Herbert: »Violence Without Moral Restraint.« *Crimes of Obedience.* New Haven 1989

Keneally, Thomas: *The Great Shame.* New York 1998

Kennedy, Allison Baily: »Ecce Bufo: The Toad in Nature and in Olmec Iconography.« *Current Anthropology,* 23 (1982), 273–90

Klitzman, Robert: *The Trembling Mountain: A Personal Account of Kuru, Cannibals, and Mad Cow Disease.* New York 1998

Kobler, John: *Ardent Spirits: The Rise and Fall of Prohibition.* New York 1993

Kryter, Karl: *Physiological, Sociological and Social Effects of Noise.* NASA: NASA Reference Publication 1115, 1984

La Barre, Weston: *Muelos: A Stone Age Superstition About Sexuality.* New York 1984

Labnow, Keith: Conservation Program Coordinator at the Arizona-Sonora Desert Museum in Tucson, Arizona. Personal interview

La Comtesse du Barry. Paris 1878

Lamothe-Langon, Baron Etienne Leon: *Memoirs of the Comtesse du Barry with Minute Details of Her Entire Career as Favorite of Louis XV: Written by Herself.* o.J.

Langercrantz, Angell: »Geophagical Custom.« *Studia, ethnographica upsaliensia* XVII (1958)

Langercrantz, Sture: »Forbidden Fish.« *Orientalia Fuecana* vol. II (1953)

Ders.: *Studia ethnographica upsaliensia.* vol. l (1950)

Lanier, Doris: *Absinthe: The Cocaine of the Nineteenth Century, a History of the Hallucinogenic Drug and Its Effect on Artists and Writers in Europe and the United States.* London 1995

Latha, R. E.: *Revised Medieval Latin Work List: From British and Irish Sources.* Oxford 1965

Laufer, Berthold: *Geophagy.* Chicago 1930

Lebeson, Anita Libman: *Jewish Pioneers in America, 1492–1848.* New York 1931

LeClerc, Henri: *Les Légumes de France: leur histoire, usage et vertus thérapeutiques.* Paris 1927

Lekatsas, Barbara: »Inside the Pastilles of the Marquis de Sade.« *Chocolate: Food of the Gods.* Edited by Alex Szogyi. Westwood 1997

Levin, Harry: *The Myths of the Golden Age in the Renaissance.* Bloomington 1969

Levine, Renee: *Women in Spanish Crypto-Judau, 1492–1520* (Diss., Brandeis University, 1982)

Lightfoot, J.B. (übers.): *The Epistle of Barnabas.* Athena Data Products 1990

Lochhead, Marion, and John Murray: *The First Ten Years: Victorian Childhood.* London 1956

Loi et Actes de government, l'an II, 25 nivoise. 1793

Longstreet, Augustus Baldwin: »The Fight.« *Georgia Scenes.* New York 1851

Loomis, Stanley: *Du Barry: A Biography.* Philadelphia 1959

Love, Theresa: *Dickens and the Seven Deadly Sins.* Danville 1979

Macalister, R.A. Stewart: »The Vision of Merlino.« *Zeitschrift für Celtische Mythologie.* Tübingen 1924

MacBain, Alexander: *Celtic Mythology and Religion.* Stirling 1917

MacClancy, Jeremy: *Consuming Culture: Why You Eat and What You Eat.* New York 1992

MacCullough, J.A.: *Celtic Mythology.* London 1993

MacDonald, Arthur: *Statistics of Alcoholism and Inebriety.* International Congress of Criminal Anthropology. Hartford 1909

MacDowell, Jim: *Hamasta: The Enigma of Cannibalism on the Pacific Northwest.* Vancouver 1997

Macherel, Claude: *Une vie de pain: faire, penser et dire le pain en Europe.* Brüssel 1994

Magennis, Hugh: *Food, Drink and Feast in Anglo-Saxon and Germanic Literary Traditions.* Dublin 1999

Malouin, Paul-Jacques: *Descriptions des ans de meunier, du vermicelier et du boulanger.* Paris 1771

Manchester, Sean: *The Grail Church.* Gwynedd 1995

Marriott, McKim: »Caste Ranking and Food Transactions: A Matrix Analysis.« *Structure and Change in Indian Society.* Chicago 1968

Marsh, George: *Report on the Artificial Propagation of Fish.* George Perkins Research Center

Marsh, Peter: *Aggro: The Illusion of Violence.* London 1978

Marsh, Thomas: *Roots of Crime: Bio-Physical Approach to Crime Prevention and Rehabilitation.* New York 1981

Marsh, William Parker: *Celtic Christianity: Ecology and Holiness.* New York 2000

Martínez, Zarela: *The Food and Life of Oaxaca* New York 1997

Dies.: Personal interview.

Matthews, Thomas. »Culinary Summit.« *Wine Spectator* (15. Mai 1995)

Maugh, Thomas II: »New Analysis of Breast Feeding Studies Suggests a Boost in IQ of 3 to 5 Points.« *Los Angeles Times* (23. September 1999)

Mazzoni, Cristina: *Saint Hysteria: Neurosis, Mysticism and Gender in European Culture.* Ithaca 1996

McCance, Robert: *Breads, White and Brown: Their Place in Thought and Social History.* Philadelphia 1956

McCulloch, J.R.: *A Descriptive and Statistical Account of the British Empire.* London 1847

McIlwaine, Shields: *The Southern Poor White Trash: From Lubberland to Tobacco Road.* Oklahoma 1939

Melchert, Christopher, Director of Regulatory and Technical Affairs for Snack Food. (Persönliches Interview)

Mennell, Stephen: *All Manners of Food: Eating and Taste in England and France from the Middle Ages to Present.* Oxford 1985

Mernissi, Fatima: *Women in Moslem Paradise.* New Delhi 1986

Miller, Bryan: Craig Claiborne obituary. *New York Times* (24. Januar 2000)

Milner, Murray: *Status and Sacredness: A General Theory of Status Relations and an Analysis of Indian Culture.* Oxford 1994

Momigliano, Arnaldo: *Claudius, The Emperor and his Achievement.* London 1934

Morgan, Arabel: *Total Woman Cookbook.* New Jersey 1973

Morgan, Owen: *The Light of Britannia.* New York 1893

Morton, Marcia, and Frederic Morton: *Chocolate: An Illustrated History.* New York 1986

Moulin, M: *Descriptions des arts et metiers, faites ou approuvess par messieurs de l'Academie Royale des Sciences.* Paris 1768

Murray, Margaret: *The God of the Witches.* Oxford 1970

Naj, Amal: *Peppers: A Story of Hot Pursuits.* New York 1992

Neamours, Du Pont (Hg.): *Memoirs de la vie et les ouvrages de M. Turgot.* Paris 1844

Newall, Venetia: *An Egg at Easter: A Folklore Study.* London 1971

Obolensky, Alexander: *Food Notes on Gogol.* Winnipeg 1972

Oldenburg, Don: »On Thin Ground.« *Washington Post* (23. Juni 1998)

Ortner, Sherry: »Gods' Bodies, Gods' Food: A Symbolic Analysis of a Sherpa Ritual.« *The Interpretation of Symbolism.* New York 1975

Orzech, Charles: »Saving the Burning-Mouth Hungry Ghost.« *Religions of China in Practice.* Edited by Donald Lopez. Princeton 1996

Palladin, Jean-Louis: (Persönliches Interview)
Panoff, F.: »Food and Faeces: A Melanesian Rite.« *Man*, vol. 5 (1970)
Parnaik, Eira: »The Succulent Gender: Eat Her Softly.« *Literary Gastronomy* (1988)
Pastoureau, Michel: *Bonum, malum, pomum: une historie symbolique de la pomme*, o.O., o.J.
Paterniti, Michael: »The Last Meal.« *Esquire* (Mai 1998)
Pollock, Nancy: *These Roots Remain: Food Habits in Islands of the Central and Eastern Pacific Since Western Contact.* Honolulu 1992
Powell, T.G.: *The Celts.* London 1958
Probyn, E.: »An Ethos with a Bite: Queer Appetites from Sex to Food.« *Sexualities*, vol. 2 (1999)
Prucha, Frances Paul (Hg.): *Americanizing the American Indians: Writings by the »Friends of the Indians« 1880–1900.* Cambridge 1973
Pullar, Philippa: *Consuming Passions: A History of English Food and Appetite.* London 1970

Rajshekar, V.T.: *Brahminism: Father of Fascism, Racism, Nazism.* Bangalore 1994
Rammel, Hal: *Nowhere in America: The Big Rock Candy Mountain and Other Comic Utopias.* Chicago 1990
Redcliffe, Salaman: *The History and Social Influence of the Potato.* Cambridge 1949
Rice, Michael: *The Power of the Bull.* London 1988

Ridgeway, Jim, and Bill Treger: »Aiding and Abetting Mayhem.« *Multinational Monitor* (März 1994)

Robertson, Ritchie: *The Jewish Question in German Literature 1749–1933.* Oxford 1999

Roden, Claudia: *The Book of Jewish Food.* New York 1997

Roe, Daphne: *A Plague of Corn: The Social History of Pellagra.* Ithaca 1973

Rogers, Mara Reid: *Onions: A Celebration of the Onion Through Recipes, Lore and History.* Boston 1995

Rose, Anthony: »Growing Illegal Commerce in African Bushmeat Destroys Great Ape and Threatens Humanity«, press statement. Antioch University

Ross, Eric: *Food Taboos, Diet and Hunting Strategy: The Adaption to Animals in Amazon.* American Anthropological Institute

Rozin, Paul: »Effects of Oral Capsaicin in Gustator, Olfactor and Irritant.« *Chemical Senses*, 10 (1985), 579

Ders.: Persönliches Gespräch

Rudgley, Richard. *Encyclopedia of Psychoactive Substances.* Boston 1998

Rutherford, Ward: *Celtic Lore.* London 1993

Rutherford, Ward: *Pythagoras, Lover of Wisdom.* Wellingsborough, Northamptonshire 1984

Ryckman, Jacques: *Les Confessions publiques Sabeennes. Le code Sud-Arabe purete rituelle.* Annale dell'Istituto Orientale di Napoli, 32 (1972), 1–15

Sade, Marquis de: *The 120 Days of Sodom and Other Writings.* New York 1966

Sagar, Sunder Lal: *Hindu Culture and Caste System in India.* New Delhi 1975

Sage, Adam: »French Hunters Defy a Ban on Bagging the Bunting.« *London Times* (14. August 1999)

Sahagun, Bernardino de: *Historia general de la cosas de nueva España.* Santa Fe 1950

Saint Germain, Jacques: *La Reynie et las police au grand siècle.* Paris 1962

Saint-Arroman: *Coffee, Tea and Chocolate.* London 1852

Schivelbusch, Wolfgang: *Das Paradies, der Geschmack und die Vernunft. Eine Geschichte der Genußmittel.* Frankfurt a. M. 2002

Schoenthaler, S. J.: »The Alabama Diet-Behavior Program: An Empirical Evaluation at the Coosa Valley Regional Detention Center.« *International Journal of Biosocial Research*, vol. 5 (1983)

Schoenthaler, Stephen: »Diet and Delinquency: Empirical Testing of Seven Theories.« *International Journal of Biosodal Research*, vol. 7 (1985)

Schweid, Richard: *Hot Peppers: Cajuns and Capsicum in New Iberia, Louisiana.* New Berkeley 1989

Scullard, H. J.: *The Etrucscan Cities and Rome.* Ithaca 1967

Sexton, Regina: »I'd Ate It Like Chocolate! The Disappearing Offal Food Traditions of Cork City.« *Oxford Symposium on Food* (1994)

Shachar, Isaiah: *The Judensau: A Medieval Anti-Jewish Motif and Its History* (Warburg Institute Surveys #5). London 1974

Shankman, Paul: »*Le Roti and Le Boulli:* Levi-Strauss' Theory of Cannabilism.« *American Anthropologist Magazine* (1969)

Shapiro, Laura: *Perfection Salad: Women and Cooking at the Turn of the Century.* New York 1986

Shaw, Teresa: *The Burden of the Flesh: Fasting and Sexuality in Early Christianity.* Minneapolis 1998

Shea, George: *The Poems of Alcimus Ecdiscius Avitus*, vol. 172. Tempe, Arizona 1997

Shivley, Donald: »Sumptuary Regulation and Status in Early Tokugawa Japan.« *Harvard Journal of Asiatic Studies*, vol. 25 (1964–65)

Simoons, Frederick: *Eat Not This Flesh.* Madison 1994

Ders.: *Plants of Life, Plants of Death.* Madison 1998

Singh, Mahedra Pratap: *Life in Ancient India.* Vamasi 1981

Skinner, Charles: *Myths and Legends of Flowers, Trees, Fruits and Plants in all Ages and in All Climes.* London 1911

Smith, Andrew: *Pure Ketchup.* Columbia 1996

Ders.: *The Tomato in America.* Columbia 1994

Smith, E.N.: »Some Middle Georgian Don't Like to Talk About ›Dirty‹ Habit.« *Associated Press* (19. April 1999)

Smith, Mahlon: *And Taking Bread: Cerularius and the Azyme Controversy of 1054* (Theologie Historique #47). Paris 1978

Snellgrove, David: *The Nine Ways of Bon.* London 1967

Spencer, Colin: *The Heretic's Feast: A History of Vegetarianism.* London 1993

Spielmann, Robert: *You're So Fat: Exploring Ojibwe Discourse.* Toronto 1998

Splaney, L.: »Hunting Is Greater Threat to Primates than Destruction of Habitats.« *New Scientist* (März 1998)

Srinvasan, Doris: *Concept of Cow in the Rigveda.* Delhi 1979

Stearns, Peter: *Fat History: Bodies and Beauty in the Modern West.* New York 1997

Stein, R.: *Tibet: Religious Customs. o. O., o. J.*

Steingarten, Jeffrey: *The Man Who Ate Everything.* New York 1997

Stehen, Leo: *Ecclesiastical Latin.* London 1995

Stewart, R.J.: *The Mystic Life of Merlin.* New York 1986

Stoller, Robert, and Gilbert Herdt: »The Development of Masculinity: A Cross-Cultural Contribution.« *The*

Journal of the American Psychoanalytic Association, vol. 30 (1982)

Szogyi, Alex (Hg.): *Chocolate: Food of the Gods.* Westford 1997

Tannahill, Reay: *Food in History.* New York 1973

Ders.: *Flesh and Blood.* London 1975

Thiebaux, Marcelle: *The Stag of Love: The Chase in Medieval Literature.* Ithaca 1974

Thompson, G.J.S.: *The Mystic Mandrake.* London 1934

Thornton, Mark: *Alcohol Prohibition was a Failure.* Washington 1991

Ders.: *The Economics of Prohibition.* Salt Lake City 1991

Thurston, Mary: *The Lost History of the Canine Race: Our 15,000-Year-Long Love Affair with Dogs.* Kansas City 1996

Titcomb, Margaret, and Mary Kawena Pukui: *Dog and Man in the Ancient Pacific, with Special Attention to Hawaii.* Honolulu 1969

Tolstoy, Nikolai: *In Quest of Merlin.* London 1985

Toorn, K. van Der: *Sin and Sanction in Israel and Mesopotamia.* Amsterdam 1985

Trusler, John: *The Honors of the Table.* London 1791

Tsao, Hsueh-Chin: *Dream of the Red Chamber.* New York 1929

Turgot, Anne-Robert-Jacques: *Œuvres de Turgot et Documents les Concernant, avec Biographie et Notes,* edited by Gustave Schelle. Five Vols. Paris 1913–23

Vanggard, Thorkil: *Phallos: A Symbol and Its History in the Male World.* New York 1972

Visser, Margaret: *Moretum: Ancient Roman Pesto.* Oxford Symposium on Food & History, 1992

Dies.: *Much Depends on Dinner: The Extraordinary History and Mythology, Allure and Obsessions, Perils and Taboos, of an Ordinary Meal.* New York 1986
Dies.: *The Rituals of Dinner.* New York 1991

Waines, David: *In a Caliph's Kitchen.* Beirut/London 1989
Wasson, Gordon: *Soma.* New York 1968
Ders.: *Wondrous Mushroom.* New York 1980
Welsch, Roger L., and Linda K. Welsch: *Cather's Kitchens: Foodways in Literature and Life.* Lincoln/London 1987
Wenzel, Siegfried: *Fasciculus Moru: A Fourteenth-Century Preacher's Handbook.* Pennsylvania 1989
Weston, Jessie L.: »The Apple Mystery in Arthurian Romance.« *The Bulletin of the John Reylands Library,* vol. 9 (1925)
Wharburton, Clark: *The Economic Results of Prohibition.* New York 1932
White, David: *Myths of the Dog-Man.* Chicago 1991
Wilson, C. Anne (Hg.): *Banquetting Stuffe: The Fare and Social Background of the Tudor and Stuart Banquet.* Edinburgh 1986
Wilson, Bee: »Mein Diat.« *New Statesman,* London (9. Oktober 1998)
Wilson, David: *King James VI and I.* London 1956
Wilson, Peter: *Ploughing the Clouds: The Search for Irish Soma.* San Francisco 1999
Winkelmann, R.K.: *The Erogenous Zones: Their Nerve Supply and Significance,* vol. 34, no. 2 (21. Januar 1959)
Woloy, Eleanora: *The Symbol of the Dog in the Human Psyche: A Study of the Human-Dog Bond.* Wilmette 1990
Wright, Clifford: *A Mediterranean Feast.* New York 2000
Wright, Edward: *The Early History of Heaven.* Oxford 2000

Yalon, Marilyn: *A History of the Breast.* New York 1997

Yoder, Stephen: »In This Bully Battle with Japan, the Cry Is ›Toro, Toro, Toro.‹« *The Wall Street Journal* (7. August 2000)

Young, Michael: *Fighting with Food: Leadership, Values and Social Control in a Massi Society.* Cambridge 1971

Zeuner, E. E.: *A History of Domesticated Animals.* London 1963

Zuckerman, Larry: *The Potato: How the Humble Spud Rescued the Western World.* Boston 1998

Die letzten großen Abenteuer: Sachbücher bei AtV

SIMON ANDREAE
Das Lustprinzip
Warum Männer und Frauen doch zusammenpassen
Warum fühlen wir uns zu manchen Menschen stark hingezogen, während andere uns kalt lassen? Warum werden wir untreu? Simon Andreae zeigt, warum es oft nicht klappt mit der Lust, wie aber Männer und Frauen doch dauerhaft zusammenbleiben können.
Aus dem Englischen von Gabriele Herbst. 318 Seiten. Mit 36 Abb.
AtV 8096

TIM SEVERIN
Der weiße Gott der Meere
Auf der Suche nach dem legendären Moby Dick
»Eine der großartigsten wahren Geschichten, die je erzählt wurden.« DER SPIEGEL
Moby Dick, der legendäre Weiße Wal, hat wie kaum ein anderes Geschöpf der Meere die Phantasie unzähliger Generationen von Seefahrern, Landratten und Lesern beflügelt. In seinem großartigen Abenteuerbericht »Der weiße Gott der Meere« erzählt Tim Severin von seiner Suche nach Moby Dick, die ihn auf den Spuren von Kapitän Ahab und Herman Melville kreuz und quer über den Pazifik führt. Er bleibt dem mystischen Geschöpf auf der Spur, auch wenn es sich ihm immer wieder im letzten Moment zu entziehen scheint – bis er ihm plötzlich begegnet ...
Aus dem Englischen von F. Florian Marzin. 275 Seiten. Mit 34 Abb.
AtV 1857

NICHOLAS CLAPP
Die Stadt der Düfte
Auf der Suche nach dem Atlantis der Wüste
Die geheimnisvolle Stadt Ubar – gelegen im »Leeren Viertel«, der Rub' al-Khali – kannte man lange Zeit als das »Atlantis der Wüste«. Aber hatte es die legendäre Stadt in Arabien wirklich gegeben? Nach jahrelangem Quellenstudium, mehreren Expeditionen und einigen Rückschlägen fand Nicholas Clapp tatsächlich Ubar.
»... als ob man in eine Erzählung aus Tausendundeiner Nacht eintauchte...« STUTTGARTER ZEITUNG
Aus dem Englischen von Andrea Voss. 373 Seiten. AtV 1707

K. C. COLE
Warum die Wolken nicht vom Himmel fallen
Von der Allgegenwart der Physik
Der Schreibtisch binnen Stunden wieder ein heilloses Durcheinander? Die am Sonntag noch ordentlich gestapelte Wäsche schon freitags ein unansehnlicher Haufen? Zum Trost: Dem gesamten Universum ergeht es ebenso, denn Ordnung ist der instabilste aller Zustände. Dies und noch viel mehr erklärt uns K. C. Cole verständlich und unterhaltsam – und auch, warum die Wolken nicht vom Himmel fallen.
Aus dem Englischen von Ulrike Seeberger. 256 Seiten. AtV 8088

Im Glas noch deines Kusses Hauch
Ein erotisches Kochbuch
Herausgegeben von Angela Troni
Mit 5 Reproduktionen nach
historischen Abbildungen
208 Seiten. Samteinband
ISBN 3-352-00694-6

»Stimmt bereits beim Lesen auf knisternde Erotik ein« Vorhang auf

Vom antiken Liebestrunk zur erotischen modernen Küche: In diesem ebenso ungewöhnlichen wie anregenden Kochbuch werden lustvolle Getränke und verführerische Speisen bis zum erotisierenden Menü vorgestellt. Ein eigenes Kapitel ist den Zutaten gewidmet, denen aphrodisierende Wirkung zugeschrieben wird – die also bei keinem erotischen Mahl fehlen sollten. Für alle, die sich zum Fressen gern haben.

»Zur Kunst der Verführung und des Verwöhnens gehören nicht nur die richtige Atmosphäre und das geeignete Ambiente, sondern eben auch erlesene Leckereien und Getränke.« Literatur-Report

»Der rotsamtene Einband mit goldener Schrift harmoniert vorzüglich mit dem Inhalt.« Neues Deutschland

Rütten & Loening

Mehr Informationen erhalten Sie unter
www.aufbau-verlag.de oder in Ihrer Buchhandlung

Jens Mecklenburg
Warum Männer nichst anbrennen
lassen
Rezepte zum Verführen
224 Seiten. Seidenglanzbuchleinen
ISBN 3-352-00695-4

Kochen ist sexy – Männer an den Herd

Ganz groß in Mode: kochende Männer. Hobbyköche schließen sich in Verbänden zusammen. Wettbewerbe lassen den Kult um den Freizeitmaître weiter wachsen. Männer am Herd gelten als sexy. Was aber macht sie so erotisch?
Hier kommen Antworten und Vorschläge, wie Mann in allen Lebenssituationen Herr der (Küchen)lage werden kann. Es folgen die nötigen Kniffe und Tips, damit auch der Anfänger an Herd und Ofen das gebacken bekommt, was alle Männer am besten können: Angeben. Mit 100 Rezepten und literarischen Leckerbissen von Casanova bis Hemingway.

Ein Geschenkbuch in ansprechender Seidenausstattung für den Mann von heute – und für alle Frauen, die sich einen solchen wünschen.

Rütten & Loening

Mehr Informationen erhalten Sie unter
www.aufbau-verlag.de oder in Ihrer Buchhandlung

Michaela Schwarz
Bella Luna
Das Buch vom Mond
Mit 5 Reproduktionen nach historischen Abbildungen
144 Seiten. Samteinband
ISBN 3-352-00640-7

»Ein ideales Buch zum Vorlesen in schlaflosen Vollmondnächten« RADIO EINS

Ebbe und Flut, der Mann im Mond, Mondsüchtige und Schlafwandler – kein anderer Himmelskörper hat die Menschen so beeinflußt und fasziniert wie der Mond. Dieser Band gibt kompetent und leicht verständlich Auskunft über den Mond und seine Geheimnisse. Warum zieht der Mond die Menschen in Bann? Welche Kräuter und Heilmittel unterstehen der Kraft des Mondes? Was hat es mit den Mondgöttinnen und ihren Ritualen auf sich? Hat der Mond einen anderen Einfluß auf Frauen als auf Männer? Was gilt es bei praktischen Tätigkeiten wie Gärtnern und Kochen zu beachten?

Weiterhin enthalten: die schönsten Geschichten rund um den Mond von Johannes Bobrowski, Theodor Storm, Antoine de Saint-Exupéry u. v. a.

Außerdem liegt vor von Michaela Schwarz:
Den Himmel berühren. Alles über Engel. ISBN 3-352-00642-3

Rütten & Loening

Mehr Informationen erhalten Sie unter
www.aufbau-verlag.de oder in Ihrer Buchhandlung

»Man muß sich die Kunden des Aufbau-Verlages als glückliche Menschen vorstellen.«

SÜDDEUTSCHE ZEITUNG

Streifzüge mit Büchern und Autoren:
Das Kundenmagazin der Aufbau Verlagsgruppe finden Sie kostenlos in Ihrer Buchhandlung und als Download unter www.aufbau-verlag.de.

Mit Gesamtverzeichnis der Verlage Aufbau, Aufbau Taschenbuch, Rütten & Loening, Gustav Kiepenheuer und Der Audio Verlag.